"十二五"职业教育国家规划教材

经全国职业教育教材审定委员会审定

21世纪高职高专能力本位型系列规划教材·专业基础课系列

公共关系实务（第2版）

编著 李 东 王伟东

北京大学出版社

PEKING UNIVERSITY PRESS

内 容 简 介

本书根据企业日常公共关系的"实际工作"设定内容,打破了常见的学科理论框架,采用任务式结构,分为 10 个任务,包括召开公共关系活动策划预备会议、开展公共关系调查、策划公共关系活动、实施与评估公共关系活动、处理内部公共关系、处理外部公共关系、实施公共关系专题活动、处理公共关系危机、塑造公关人员形象、运用公共关系沟通工具。这种体例安排便于教师以实际工作为载体进行教学,突出技能训练,淡化理论教学,有利于学生对各项任务的理解和把握,也有利于学生加深对公共关系直接的和感性的认识。

本书可作为高职高专院校、应用型本科院校公共关系相关专业的教材,也可作为企业培训和企业专业人员的参考书。

图书在版编目(CIP)数据

公共关系实务/李东,王伟东编著. —2 版. —北京:北京大学出版社,2015.6
(21 世纪高职高专能力本位型系列规划教材·专业基础课系列)
ISBN 978-7-301-25190-4

Ⅰ.①公… Ⅱ.①李…②王… Ⅲ.①公共关系学—高等职业教育—教材 Ⅳ.①C912.3

中国版本图书馆 CIP 数据核字(2014)第 283651 号

书　　　名	公共关系实务(第 2 版)
著作责任者	李 东　王伟东　编著
责任编辑	李 辉
标准书号	ISBN 978-7-301-25190-4
出版发行	北京大学出版社
地　　　址	北京市海淀区成府路 205 号　100871
网　　　址	http://www.pup.cn　新浪微博:@北京大学出版社
电子信箱	pup_6@163.com
电　　　话	邮购部 62752015　发行部 62750672　编辑部 62750667
印　刷　者	北京鑫海金澳胶印有限公司
经　销　者	新华书店
	787 毫米×1092 毫米　16 开本　14.5 印张　338 千字
	2012 年 2 月第 1 版
	2015 年 6 月第 2 版　2018 年 7 月第 3 次印刷
定　　　价	32.00 元

未经许可,不得以任何方式复制或抄袭本书之部分或全部内容。
版权所有,侵权必究
举报电话:010-62752024　电子信箱:fd@pup.pku.edu.cn
图书如有印装质量问题,请与出版部联系,电话:010-62756370

前 言

公共关系是现代社会组织或个人为自身与公众之间相互了解、相互合作而进行的传播活动，采取的沟通手段以及遵循的行为规范，其核心是社会组织及个人创新精神与实践能力的培养，其主要内容是树立以公众为对象、以形象为目标、以互惠为原则、以传播为手段、以真诚为信条、以长远为方针的思想，构建社会主义和谐社会。公共关系对现代社会组织和个人越来越重要。

本书在第 1 版的基础上作了较大的修订和完善。与第 1 版相比，第 2 版最明显的修订工作有以下两方面：第一是对第 1 版中的引例作了更换，第 2 版的各任务引例更新颖、更贴近公关工作实际；第二是对第 1 版各子任务的知识链接和案例部分作了更换，使子任务更贴近学生的实际需求，也更符合作为公关人员所应具备的理论知识的实际。通过以上两个方面的修订和完善，第 2 版教材更符合学情和工作实际。

关于本课程

"公共关系学"是一门以公共关系的客观现实和活动规律为研究对象的、新兴的、综合性的应用学科，是研究组织与公众之间传播与沟通的行为、规律和方法的一门学科。在社会主义市场经济不断发展完善的今天，没有公关意识的企业不是一个好企业，不掌握一定公关知识和技巧的人不是一个好的企业经营者。开设"公共关系学"的目的就是使学生掌握公共关系的基本理论，熟悉公共关系的主要技巧，成为为社会主义建设事业服务的综合性应用人才。

"公共关系学"是高职高专相关专业的一门技能性课程，也是重要的专业基础课，实用性和操作性非常强，它主要研究公共关系的基本原理、方法以及技术技巧，是现代企业公关人员必须掌握的一项职业技能。学生通过一定的公共关系理论基础的系统学习后，在专业教师的指导下，设立具体的实训项目场景，模拟公关实际工作环境进行实践操作，强调学生的参与式学习，以学生为主体。本课程能够在较短的时间内使学生在专业技能、实践经验、工作方法、团队合作等方面有所提高，学生经过公关实训后，将有能力走向社会，从事公关工作。

关于本书

本书按照"工学结合、任务驱动、项目导向、模拟实习"等人才培养模式的改革导向，按照教学过程"实践性、开放性和职业性"的改革重点的要求，结合当前市场经济发展的前沿问题编写。本书编写体例针对高职高专学生的学习特点，以任务模块作为训练和学习单元，每个模块都围绕职业能力目标来设计工作项目，组织课程训练内容。每一个实训过程强调以学生为主体，按照"教师引导，学生参与"→"学生练习，教师辅导"→"学生动手，教师评价"三个步骤进行，极大地发挥了学生的创造性思维，促进其理论知识向实践能力的转化，真正形成了"教、学、做一体化"的模式。

如何使用本书

本书内容可按照 36 学时安排，推荐学时分配如下。

任务序号	内容	学时
任务一	召开公共关系活动策划预备会议	2
任务二	开展公共关系调查	4
任务三	策划公共关系活动	4
任务四	实施与评估公共关系活动	4
任务五	处理内部公共关系	4
任务六	处理外部公共关系	4
任务七	实施公共关系专题活动	4
任务八	处理公共关系危机	2
任务九	塑造公关人员形象	4
任务十	运用公共关系沟通工具	4
合计		36

本书配套资源

本书配套资源包括电子课件、案例精读等，可在北京大学出版社第六事业部网站（http://www.pup6.cn）上下载。您也可以关注该网站的动向，参与或分享网站资源的精彩。

本书编写队伍

本书由清远职业技术学院李东、王伟东编著。李东是清远职业技术学院外语与经贸学院院长，教授，承担多项省部级课题，理论水平较高，教学实践经验丰富；王伟东具有多年的企业公共关系工作经验，对行业情况比较了解，对教学能提出独到意见，想法具有前瞻性。

本书具体编写分工为：李东编写了任务一～任务五，王伟东编写了任务六～任务十；王伟东承担了本书的总体设计及书稿的初审；李东负责本书的最后统稿和审核。

本书在编写过程中，有关企业公关部的相关人员对本书提出了很多宝贵意见；编者还参考和引用了国内外相关的文献资料，吸收和听取了国内外许多资深公关人士的宝贵经验和建议，取长补短。在此谨向对本书编写、出版提供过帮助的人士表示衷心的感谢！

由于编者水平有限，书中难免存在不妥之处，敬请广大读者批评指正。请将您的宝贵意见反馈到邮箱 sd-ld@126.com。

编　者

2015 年 2 月

目 录

任务一 召开公共关系活动策划预备会议 1
    子任务一 组建公共关系活动团队 2
    子任务二 分析公共关系活动公众 13
    知识与技能检测 21

任务二 开展公共关系调查 22
    子任务一 设计公共关系调查方案 23
    子任务二 实施公共关系调查活动 30
    子任务三 撰写公共关系调查报告 34
    知识与技能检测 42

任务三 策划公共关系活动 43
    子任务一 撰写公共关系实施方案 44
    子任务二 选择传播媒介 50
    子任务三 编制公共关系预算 56
    知识与技能检测 64

任务四 实施与评估公共关系活动 65
    子任务一 实施公共关系活动 68
    子任务二 评估公共关系效果 75
    知识与技能检测 82

任务五 处理内部公共关系 84
    子任务一 处理与员工的关系 86
    子任务二 处理与股东的关系 93
    知识与技能检测 101

任务六 处理外部公共关系 102
    子任务一 处理与消费者的关系 103
    子任务二 处理与媒体的关系 109
    子任务三 处理与政府的关系 113
    子任务四 处理与社区的关系 117
    知识与技能检测 120

任务七 实施公共关系专题活动 121
    子任务一 举办一次新闻发布会 122
    子任务二 举办一次展览会 128

　　　　子任务三　举办一次庆典活动 134
　　　　子任务四　举办一次赞助活动 138
　　　　知识与技能检测 141

任务八　处理公共关系危机 142
　　　　子任务一　拟定公共关系危机预防方案 143
　　　　子任务二　解决一次公共关系危机 149
　　　　知识与技能检测 160

任务九　塑造公关人员形象 161
　　　　子任务一　塑造公关人员个人形象 162
　　　　子任务二　塑造公关人员交际形象 175
　　　　知识与技能检测 190

任务十　运用公共关系沟通工具 192
　　　　子任务一　进行一次有效倾听 193
　　　　子任务二　进行一次口头沟通 198
　　　　子任务三　进行一次非语言沟通 203
　　　　子任务四　撰写公共关系文书 210
　　　　知识与技能检测 221

参考文献 222

任务一

召开公共关系活动策划预备会议

ZHAOKAI GONGGONG GUANXI HUODONG CEHUA YUBEI HUIYI

 引例

海格物流公司

　　海格物流公司成立于2001年,这是我国加入WTO的第一年,也是国家政策向民营物流企业正式开放的第一年。

　　作为一个立足本土、实践现代物流理念的创新成长型企业,海格物流始终坚持以客户需求为核心,从成立起就将"为客户创造价值"作为公司存在意义的基本前提。作为全国物流百强企业、深圳最具竞争力与创新力品牌,海格物流已成为既有制定客户战略及供应链管理需要的整体物流解决方案的能力,又具备高效可靠执行能力的国内领先物流公司。

　　海格物流公司以"零售业及其供应商""国际采购商及其制造企业"为主要服务对象,创新发展兼顾服务个性化及执行标准化的服务模式,在提供口岸运输、报关报检、货运代理、驳船支线、长途汽运、仓储管理等标准化基础服务的同时,不断贴近客户需求,深化服务内容,结合创新理念及信息技术,为客户设计个性化的物流解决方案,为客户的供应链管理提供专业化高效率的物流服务,帮助客户在激烈的市场竞争中脱颖而出;目前海格物流已经成为中国主要的综合物流服务商之一。

　　按照服务内容的深浅宽窄和集成度,海格物流公司业务分为综合物流及基础物流两大类别;根据服务地域及机构分布，海格物流公司组织划分为国内物流、国际物流、口岸运输和仓库管理四大板块。

2005年1月17日，海格物流公共关系部举行了自成立以来所有员工到位后的第一次部门例会，会议上，首先明确了2005年公共关系部的部门规划，明晰了公共关系部工作的四大关系和两项管理，即政府关系、媒体关系、社会公众关系和内部员工关系，以及品牌管理和销售辅助管理；其次详细划分了每位员工的工作职责，分别是网站管理（杨×）、内部推广（陈××）和外部推广（马×）。

同时，会议还制订了公共关系部的一些工作制度进行试行，主要包括项目负责制、负责人（部门负责人）顾问制、周工作报告及周例会制。

项目负责制主要指成立由每个员工负责的、根据自己的职责划分的项目小组，每个人都是所属项目的负责人，带领其他组员开展工作、控制事件进展，并对事件结果承担责任，实行该制度的预期目的主要是明确责权利、促进团队合作、合理评估绩效，以及培养和锻炼管理能力。

负责人顾问制主要是指部门负责人定位为职业规划顾问和工作指导顾问，首先通过与员工充分的沟通，为其制订阶段性的工作计划，帮助其明确职责内不同工作的轻重程度、需要投入的主动性和创造性程度，以促使其形成对工作的正确理解和认识，合理分配时间，同时指明未来发展的方向，有助于其在部门的整体规划下进行自我的职业规划；其次，在具体的工作开展以及单个项目小组中，领导人充当项目顾问的角色，工作重心侧重于对工作的指导和协助，并进行监督和检查，提供给员工充分的发展空间并给予发展过程中的后备支持。

周工作报告及周例会制也是为了充分加强部门内的沟通和了解，工作报告还将特别体现本周工作中的经验、教训、感想和收获，在例会上与大家分享，并且开展每期的主题讨论，对本周重点问题进行较为深入地探讨，以解决问题、排除压力、化解矛盾、改进工作。

本次会议就根据这个制度及部门将要实行的项目负责制，展开了"如何成为一个合格的项目负责人"的主题讨论，每位员工都根据自己的理解，融合具体的工作，畅谈了自己的想法，同时会将每周的讨论主题与内容发布到论坛上，以期得到更多同事的意见及指导。

（资料来源：http://www.hercules-logistics.com/）

案例分析：召开部门例会，可以使员工对海格物流的团队合作充满高昂的信心和激情，员工也会全力以赴投入未来的工作中！

子任务一　组建公共关系活动团队

【知识目标】

- 掌握公共关系部的设置原则和职责
- 掌握公共关系公司的工作原则、内容、收费
- 理解公共关系组织机构的综合利用
- 了解公共关系人员的选拔与培养

【技能目标】

- 能够根据需要组建公共关系部
- 能够掌握公共关系公司的运作

【任务导入】

如何组建高绩效的团队是每个行业每个公司的 HR 们研究的最核心的课题之一。首先，要分析一下组建一个高绩效团队要考虑的因素。第一是公关行业的专业功能，虽然这个角度有点泛，可这是必不可少的因素。第二是人力资源，毕竟人力资源的成长是个客观的事实，不能以人们的主观意志为转移。人力资源成本更是个核心的因素，高绩效就意味着相对较低的成本和相对较高的效率。同时，从微观的角度讲也是三点，即团队的组织架构、人员选择和团队建设。

一、公关团队的三个主要职位

公关行业的专业功能这个话题很大，我们只从公关行业的服务内容来分析。提供什么服务也就对应着需要什么样的服务团队和服务人员。总体来讲公关行业现在提供的服务内容按照现行流传比较广泛的说法包括 8 项说、12 项说等。从任务划分角度归纳，可以分为文案、撰稿、客户服务、媒介、活动执行 5 个大项。目前公关公司不论是外资还是本土提供的核心服务内容对应的最基本的团队配置就是这 5 个职位。有相当一部分公司把文案、撰稿和客户服务这 3 个职位合一，统称客户服务人员。

媒介人员现在在公关行业是很特别的一个职位。国内的公关公司里有一大批媒介，他们的职责就是日常的稿件发布。外资的公关公司的媒介的职责要宽泛些，他们的角色接近于客户助理，而比客户助理的职责又要少些，主要侧重于客户的沟通和维护，也兼任一些稿件写作的工作。发稿的工作也是他们完成，但是外资公司的盈利模式与本土公司的盈利模式有很大区别，所以媒介人员工作重点也不集中在发稿上。总的来说，这个职位在一个公关团队中不占很重要的地位，虽然本土的公关公司的盈利很大一部分来自于此。

活动执行在公关全案中几乎是必不可少的。很多的公关公司设有专门的活动执行部门，业内也有很多公司以专业活动执行见长甚至以此取得成功。现在公关活动几乎可以用事件传播这个词汇来代替了，在 2005 年以"超级女生"为首的公关活动取得了超级效果后，全国类似的事件传播层出不穷，公关活动执行也在一夜之间被提高到了事件传播的高度。而这个职位在一个团队中的地位也从纯执行而有所提升，在公关行业也得到了越来越多的肯定。

二、合理的团队人员布局和分工

公关团队的职位从公关服务的角度分成了客户服务、媒介、活动执行 3 个职位。接下来就是如何把这 3 个职位从人员分工的角度再分解开来，组合成一支高绩效的优秀团队。

谈团队的组合之前先了解一下现在公关行业的人才现状和行业内各个职位的人力成本情况。不言自明的一点是，这个行业是个人才奇缺的行业。尽管很多院校毕业了大批公关专业的大学生，但是这些新人还远远没有成熟，缺乏必要的经验和沉淀。这个行业属于咨询顾问行业，需要基于丰富的经验、长期的思考和身体力行的创意和创新。相对其他行业，公关行业的整体人员薪酬水平还是较高的。同等级别中薪酬水平最高的职位自然是客户服务人员，其次是活动执行，再次是媒介人员。应该说这两个问题是相互联系的，因为奇缺所以昂贵。那么在我们进行团队组合时就有必要充分的考虑到人力成本的问题。

团队的组织架构和各个职位的人员比例，是一个高绩效团队的机制保障。虽然前面把任务归纳成了客户服务、媒介、活动执行 3 个职位，但是，考虑到人力成本的问题，还需另做一种分工。一个团队可以由 1 名客户总监、1～2 名客户经理、1 名专职撰稿的助理、2～3 名客户助理组成。本土的公司可以适当加入媒介人员，比例控制在 1 名客户人员配合 2 名媒介人员。外资公司就可以把其中 1 名客户助理分配执行一部分媒介任务。活动人员没必要每个团队都配备，可以两个团队共用一个活动执行或者视公司活动执行工作的任务量，单独设置活动执行部门。这样配置的一个团队每年应该至少完成 150～240 万的营业额。

其中，各个岗位人员的任务分别是，客户总监保证全年营业额的达成和案子的整体策略高度，客户经理保证每个案子、撰稿的完美程度和对细节的把控及客户关系的维护和日常客户沟通，撰稿人员专门负责各种稿件的撰写及媒体计划的制定。设置撰稿这个职位原因有两个，第一是日常传播的关键点是撰稿的质量，第二是撰稿人员相对综合的客户服务人员性价比更高，可以提高整体的人均绩效。活动执行人员就专门负责活动的执行，这部分的人均绩效也相对综合的客户经理要高。媒介人员专门负责日常的稿件发布和媒体的沟通，可以更好的保证发布的成功率，这部分的人员成本也是整体人力成本中相对较低的。客户助理可以协助客户经理和活动执行人员收集资料，丰富信息，美化方案。有潜质的客户助理可以适时介入方案的创作，为将来晋升为客户经理做准备。这就是一个目前状况下较为理想的性价比较高的客户服务团队的组织架构和人员配备。

三、高绩效团队选聘人才的标准

事情都是由人来完成的，让合适的人做合适的事，才能把事情做好。组建高绩效的公关团队，很重要的一个环节就是选聘人才。

（1）客户总监，要求专业性强，有一定的策略能力和策略高度，但最重要的是为人的包容性。因为一个客户总监最重要的职责是带领团队完成任务，那么他最重要的任务是如何协调好团队成员，而包容是管理的前提。

（2）客户经理，要求学习性强，细致入微。做好客户经理要有超出常人的学习精神，向下属学习，向你的竞争对手学习，向书本学习。总之，只有不断地学习和吸收，才有希望能发展成为客户总监。细致入微，是对其专业性的要求，也是从细节体现专业的需要，没有细致入微的精神，就没有超出对手的专业作品。

（3）客户助理，要求长于沟通和善于思考。公关的本质就是沟通，这个说法不过分。作为公关人的基本要求就是要善于沟通，热爱沟通。爱思考才有钻研精神，有钻研精神才能做好事情。这两点是从本性中就带来的东西，有一定的先天性，所以，最基础的职位就强调其天赋的一面。

（4）活动执行人员只强调一个：细心。活动执行就是细心、细心、再细心。加上一定的经验，就能做好。

另外，HR们选人的时候更要注意人员的团队合作精神。公关行业里有一些人有一定的经验，有一定的资历，也有一定的才华和能力，但是缺乏团队合作精神，过于浮躁，不能正确的评价自己。这样的人往往在每个公司都做的时间不长，频繁跳槽。这种人在团队中是不利于完成工作任务的。

所有的事物都有其出生、成长、衰退的过程，一个团队也是一样。如何保持团队持续成长是组建高绩效团队的关键因素。流水不腐，户枢不蠹。保持团队战斗力的关键一点是要保持团队成员的适当流动性。新人带来很多新的东西能使团队不断地成长和进步。新鲜血液也能让团队更有活力。团队的成员不是越稳定越好，团队成员长期的稳定不变且没有新鲜血液加入，整个团队会在所有的事情上过于统一、默契而缺少创造性。团队成员也会因长期的一成不变而变得怠惰，长期处于没有压力的状态，创造性也会减弱。新成员的加入，对所有的团队成员在精神上都是个冲击，刺激每个成员都更努力地表现自己，更好地发挥潜力。要给团队成员留有足够的上升空间，使其能看到自己努力的目标，从而更加勤奋地工作。

（资料来源：王禹衡．如何组建高绩效的公关团队[OL]．致信网，2006．有删改）

【任务分析】

真正组建一个高绩效团队并不容易，人才奇缺造成的招聘困难就很难解决，其他的问题更是HR们反复研究的课题。本文只是抛砖引玉，希望能有一点东西能给行业的思考者们带来一点启发。文中提到的所有措施、方法和标准都不是HR们常用的或者说书本上讲过的知识，但是作者觉得很重要。至于其他的人力资源的方法，包括人才选聘、面试的技巧、团队激励和绩效考核的方法等，还有待完善。

一、公共关系部

1. 公共关系部的设置原则

（1）规模适应性。规模适应性是指公共关系部的规模大小应当与组织的规模及其发展相适应。

（2）整体协调性。整体协调性就是在设置公共关系部机构时，应与组织内部各部门相协调，如果有冲突，应做适当调整，以免制造矛盾。

（3）工作针对性。工作针对性是指公共关系部的机构设置，要根据不同组织的工作性质和自身所面向的社会公众的特殊性来确定。

（4）机构权威性。机构权威性要把公共关系部放在十分重要的位置上，使它具有一定的权威性。公共关系部必须有责有权，才能有效地发挥其职能，获得最佳功效。

2．公共关系部的职责

（1）资料储存中心。公共关系部集中收集、储存和处理同组织发展密切相关的各种信息，并及时向决策者通报。

（2）信息发布中心。公共关系部具有组织的"喉舌"功能。组织的对外信息发布及大众传播媒介的联系，都是由公共关系部负责的。

（3）社会环境监测中心。公共关系部负责观测和监测社会环境，以及与组织有联系的各种条件因素的发展与变化，为决策者提供决策依据。

（4）趋势预测中心。公共关系部根据调查收集到的信息和有关资料，以及对社会环境的监测，经过科学的分析、归纳，做出对组织有关的发展趋势的预测。

（5）公众接待中心。内部公众、外部公众同组织接触，主要是通过公共关系部，这就使公共关系部成了组织与社会交往的代表。

知识链接

一般企业公共关系部的地位、职责及主要工作

公共关系管理机构：组织内从事公共关系工作的职能机构。主要作用就是搞好本单位的公共关系工作，主要负责信息情报、决策参谋、宣传外交等。一般的企业单位，成立"公共关系部"行使这一职能。

公共关系部：组织内部针对一定的目标，为开展公共关系工作而设立的专业职能机构，常简称为公关部。

公共关系部的地位与职责：

(1) 公共关系部是组织的信息情报部——"耳目"：收集信息，研究信息。

(2) 公共关系部是组织的决策参谋部——"智囊团""思想库"：制定方案，帮助决策。

(3) 公共关系部是组织的宣传外交部——"喉舌""外交官"：传递信息，协调关系。

公共关系部地位提高的前提：公共关系部负责人同时是组织高层负责人之一。国外企业在不断提高公共关系部的地位。随着社会的发展，各组织越来越重视公共关系部的作用，公共关系部担任着大量的工作，具体概况有以下几点：

(1) 举办或参加专题活动，包括举报新闻发布会、展览会、参加经销会、筹划和组织纪念活动等。

(2) 对外联络协调工作，包括与新闻界和社会各界人士的联系，组织安排本组织参与外界有关活动等。

(3) 编辑出版工作，包括编写月底、年度报告和各种宣传资料，出版内部刊物，制作新闻图片、录像带、幻灯片和企业标志等。

(4) 调研工作，包括民意调查、报刊检索、市场分析、资料整理等。

(5) 礼宾接待工作，包括定期接待、日常接待等。

(6) 参与社会组织的决策，如表达对新产品开发与宣传的意见。

(7) 对内协调工作，如加强供、产、销各部门间的信息沟通与合作。

二、公共关系公司

1. 公共关系公司的工作原则

（1）遵纪守法。公共关系公司要自觉遵守国家法律、法令及有关方针政策。公司既是社会服务性机构，又是一个经济实体，其主要任务是为社会服务，不能将贸易开发、商品经营作为主营项目。公司的一切活动与行为都要在国家方针、政策的指导下，以遵纪守法和高质量的服务赢得公众的信任。

（2）讲求真实、准确。公共关系公司必须保证将真实的、准确的信息提供给客户。真实性就是客观地报道，不隐瞒任何情况，对待客户一片真诚，绝不敷衍塞责。准确性就是不夸大、不缩小，实事求是，不夸夸其谈，能针对利弊指明出路，绝不避重就轻。

（3）不干涉内务。由于公共关系公司的工作人员是受委托开展公共关系活动的，因此，他们必然在一定程度上对委托单位的内部情况有所了解。因此，公共关系公司不得利用工作之便对委托单位或委托人的事务施加影响，或将自己的意愿强加于对方。特别是在双方合作结束后，公司更应强化自我约束，不干涉客户内务，不损害客户利益。

（4）保守秘密。由于公共关系公司在代理委托单位的公共关系业务过程中，为保证实现公共关系目标，经常要了解一些委托单位的机密，因此公共关系公司应严格为委托单位保守秘密，并不得接受那些可能利用这些机密的组织的聘请，以防损害委托单位的利益或形象。

（5）避免为相互竞争的委托组织同时服务。公共关系公司不能随意为相互竞争的委托组织同时开展公共关系活动。美国公共关系协会全体大会于1977年通过的最新文本——《关于公共关系业务的职业道德准则》中明确规定："会员在没有获得有关各方的特别允许的情况下，在事实充分展开之后，不得代表相互冲突或竞争的利益集团；在会员的利益正在或可能同客户等的利益相冲突时，应将这些利益冲突，充分告知对方。"

（6）一切为客户着想。公共关系公司的宗旨是信誉第一、服务第一、客户第一。公共关系公司应竭尽全力为客户办好事、办实事，事先向客户介绍服务项目、收费标准等，并站在客户的立场上考虑费用预算，尽可能为客户节约经费。另外，公司在为客户服务的过程中，在没有得到客户的许可和充分告知事实的情况下，不得接受客户以外任何人所给的，同上述服务有关的小费、佣金和高价报酬。

（7）争取互惠三赢。公共关系活动中，应以公司利益、客户利益和公众利益的统一为宗旨，实现共赢。

（8）积极开拓创新。公共关系活动中，必须不断地进行思维创新、方法创新和内容创新，才能适应不断变化的外部环境。

2. 公共关系公司的服务内容

（1）品牌战略咨询。深层次参与客户的公关战略与市场推广策略的制定，从专业角度向客户提出公关建议，协助客户制定有效的品牌传播与公关推广战略。

（2）企业品牌管理。协助客户结合企业内外部的各方资源，更好地管理其品牌与声誉，逐渐树立更具竞争力、更为杰出的品牌形象，帮助客户实现业务发展目标。

（3）企业形象推广。借助先进的传播工具和传播渠道，高效地向目标受众传递企业理念、文化价值观和产品特质，进而树立起鲜明的企业品牌形象，建立起良好的企业声誉。

（4）政府关系。协助客户建立、发展与促进其与政府部门的关系，为客户了解政府相关行业政策并适时进行战略调整提供咨询支持，向政府部门传递客户的商业意见和建议。

（5）产品营销传播。将产品的特质与富有创意的推广策略结合，并通过专业的现场实施，协助企业最近距离地接触受众，以在最短时间内、最大限度地实现市场传播目标。

（6）危机管理与培训。协助客户分析企业薄弱环节，提出详细的公关风险评估和清晰的传播解决方案，帮助企业防患于未然，协助企业顺利并迅速渡过危机。

（7）媒体关系管理。协助客户寻找最合适的传播角度，选择最合适的传播媒介，针对客户最重要的核心受众，确保客户的传播信息准确、适时地予以传递，进而实现传播目标。

（8）媒体应对技巧培训。提供媒体沟通技巧培训服务，协助客户高层官员及新闻发言人全面掌握独特的媒体沟通技巧，了解最新媒体发展动态及现状，建立良好的媒体关系。

（9）市场调研。根据客户需要，向客户提供市场调查服务，包括媒体传播监测及分析、竞争对手剪报监测及分析、行业传播趋势分析、受众调查等多个类别。

（10）公共关系管理。协助客户确定公共关系目标，制订公共关系计划，编制公共关系预算，开展内部与外部的公共关系工作，评价、估计公共关系工作计划实施的效果。

（11）专门技术服务。为客户策划大型会议，举办各种展览和赞助活动，制作有关方面的新闻宣传资料等，提供商标、招牌、门面的设计和装修服务，为客户撰写新闻稿等。

（12）职业培训服务。为客户开设各种公共关系专业短期训练班，委派公共关系专家去企业指导工作，安排企业的一些公共关系人员来公司实习等。

3．公共关系公司的收费方式

（1）项目收费。项目收费是将公共关系业务工作进行分解，分成不同的项目，并根据项目内容及其开支状况来确定费用，然后，对各个项目进行汇总，得出其总费用。

（2）计时收费。计时收费即按参加工作的各级各类人员的不同标准，按工作时间收费。

（3）综合收费。公共关系公司与客户双方根据业务需要，协商确定费用的总金额。

（4）按项目需要分次收费。这是综合服务收费的变通形式。客户若不愿意采用综合收费，也可以按项目实际需要，分次逐项付款。

（5）项目成果分成。即公共关系公司和项目委托人（单位）共同承担风险，共同受益。

4．选择公共关系公司的标准

（1）公司的信誉。公司成立时间、规模、知名度、美誉度，在公共关系界是否权威，能提供哪些服务项目，举办过哪些著名的、重大的公共关系活动，影响力，等等，这些都是客户需要考虑的因素。

（2）公司的客户情况。公司曾经接待过哪些客户，客户的社会地位如何，客户对公司的技术业务和服务态度的满意程度怎样。

（3）公司人员的业务水平。在公司里服务的公共关系人员的业务水平往往决定了该公司的服务水准，所以公司从业人员是否受过专门训练，个人专业水平如何，能否理解客户的要求并努力去满足，能否保证按时完成工作，等等，这些都是客户所关心的问题。

（4）收费标准。一家信誉良好的公司也可能是收费较高的公司，但是客户一般希望能花较少的钱，取得较好的效果。因此，客户选择和评价公司实际上是将其信誉、服务质量同收费标准进行比较。

案例

"07公关·博翼公关公司"成立

2010年9月16日下午，海南大学公共关系专业2007级学生成立了"07公关·博翼公关公司"。据该专业老师王芳介绍，这是公关专业贯彻职场理念，搭建就业平台，增加就业知识，转变学生管理模式和就业模式的一种大胆而新鲜尝试。

成立的模拟公司组织结构实行经理负责制，由行政部、策划部、执行部、外联部、文案部5个部门构成。公司、各部门负责人，以及员工全由2007级学生担任，根据自己部门特色，着正装出席，参加公司启动仪式。

"07公关·博翼公关公司"的成立，不仅是课程与实践相结合的产物，更是公关专业学生成功与社会接轨的有效渠道，学生以塑造职场形象为目标，以贴近实战的方式严格要求自己、为推销自己、走向社会做好充分的准备。

三、公共关系组织机构的综合利用

1. 公共关系部的利与弊

1）公共关系部的优势

（1）熟悉组织情况。公共关系部的工作人员都是组织成员，他们对组织内的各种情况都比较熟悉，尤其是对组织运营的特点和各种因素的相关程度了解得比较透彻，把握得比较准确，如组织内各个部门、各个成员之间的关系及其在组织中所起的作用、谁是关键的人物、何处是关键性的环节、什么是最主要的问题等。同时，他们在组织内拥有良好的人际关系，能及时获取比较可靠的、新的信息。因此，在开展工作时，他们容易抓住组织存在问题的症结，可以对症下药，提高公共关系工作的有效性。

（2）能提供及时的公共关系服务。组织内的公共关系部对本单位情况比较了解，可以随时为组织的领导层提供业务咨询和建议。特别是在突发性的事件出现时，如发生火灾、爆炸等情况时，公共关系部就可以作出快速决定，及时提出对策，发布新闻，协调关系。不失时机是公共关系工作成功的关键之一，而公共关系公司往往来不及赶赴现场，容易贻误时机。

（3）有利于保持公共关系工作的连续性和稳定性。公共关系是组织的一项长期而持久的工作，这是因为组织与社会环境之间的矛盾发展是一个无限的过程，旧的矛盾解决了，新的矛盾又会产生。另外，使组织与公众之间的关系保持平衡与稳定状态，不断完善组织自身在公众心目中的良好形象，创造有利于组织进一步发展的社会环境，是组织的根本目标。很明显，仅开展一两项公共关系活动是难以实现这个根本目标的。而外请的或临时的公共关系人员，由于对组织或工作情况不熟悉，也很难保证工作的连续性和稳定性。这样，公共关系部作为组织内的一个常设机构，在时间、人力、物力上能保持公共关系工作的经常化和职能化，有利于保持公共关系工作的连续性和稳定性。

（4）有利于节约经费。在组织自身发展过程中，公共关系问题随处可见。对那些重大的公共关系专项活动，组织可以委托公共关系公司或聘请公共关系专家来处理，但大量的、例行的事务性工作，都委托公司或专家解决，对组织来说将是一笔庞大的开支。而公共关系部由于与所属组织在利益上的一致性，使其在开展各项活动与实施公共关系计划时，不仅要考虑公共关系工作的效果，同时还要注意尽量节约经费，减少开支。

2）公共关系部的劣势

（1）职责不明，负担过重。这是公共关系部最常见的不足之处。由于公共关系工作涉及面广，组织的领导很容易把许多"三不管"的问题交给公共关系部去办。有时还很容易把许多虽然属于公共关系范畴，但应由其他部门办的事情也交给公共关系部去办，影响公共关系部正常工作的进行。这样，就会造成公共关系部的任务过重，无法集中力量去完成自己应该完成的专项任务。

（2）看问题有时不够客观，即所谓"当局者迷"。公共关系部的人员在处理问题时。有时不够客观，容易受组织内的人际关系等因素的影响。例如，因人事、财务等方面受制于本单位，公共关系部可能违心地去迎合领导的意图，不如实报道情况；或出于对自己前途的考虑，可能掩盖问题的真相，不能客观地、实事求是地看待问题或处理问题。

（3）总费用可能比聘请公共关系公司多。这是因为公共关系部的工作人员都要占有一定的编制，组织除了需要长期支付工作人员的工资外，还需要购置大量的相关办公设备，如长期租用办公地点、购买视听器材等。

（4）有可能成为组织的一种负担。如果组织内公共关系部的建立不具备条件，而是为了赶时髦东拼西凑而成，或其工作人员缺少专业训练，难以胜任工作，或由于公共关系经理不具备领导素质，得不到领导部门的重视，难以开展工作，这样，公共关系部既占编制又浪费了人力，就可能成为组织的一种负担。

2．公共关系公司的利与弊

1）公共关系公司的优势

（1）职业与专业水平比较高。公共关系公司不仅向一般客户提供服务，而且还承担培训公共关系人员的任务，因而其工作人员必须具有较高的职业与专业水平。另外，公共关系公司面向社会广泛聘用人才，因此，公司选择人员面比较广，通常都能选聘相当数量的各种专业的公共关系专家和人才。此外，公共关系公司承办的业务大多是各社会组织难以解决的，这类业务往往既复杂又有难度。在长期的与各种复杂难题打交道的工作实践中，公司的工作人员积累了丰富的工作经验，练就了较高的专业水平。形成了具备各方面知识——教育、政府关系、新闻、财务、美工、广告、法律、声像等的专家队伍。因此，公共关系公司以其人力和经验方面的优势，在应付复杂局面、解决难题方面，要比组织内部的公共关系部更为理想。

（2）看问题比较客观。公共关系公司的专家和工作人员不是组织内部成员，不受组织内部各种人事关系的影响，也不必听命于客户的某位领导，与组织和个人无任何瓜葛。正所谓"旁观者清"，因此，他们看问题不带主观想象或感情色彩，能以客观、公正的态度，实事求是地分析问题和解决问题。

（3）社会关系广泛。公共关系公司活跃于整个社会，在长期的工作过程中，同社会各类组织及各类公众建立了密切而广泛的联系，如与政府部门、财政部门、社会团体及社会各界知名人士都有良好的关系，特别是公共关系公司比组织的公共关系部更为熟悉大众传播媒介。因此，它们能广泛地反映公众的意见，联系工作也方便，有利于扩大和提高组织的知名度与美誉度。

（4）信息比较灵通。公共关系公司的第一项任务就是收集和提供信息，其所有的咨询工作都是在信息分析的基础上进行的。因此，信息是公司的最大优势之一。人们评价公共关系公司质量的一个方法，就是看它掌握信息的多少。现代化的公共关系公司大多采用电子计算机储存和处理信息，能以最快的速度、最好的质量满足客户的需要。

（5）机动性强。由于公共关系公司，尤其是大型公司拥有雄厚的人力、物力和财力，可以针对不同的公共关系任务和不同的客户，组织相对集中的人、财、物，打"歼灭战"。在接受紧急任务或遇到紧急情况时，它们可以临时抽调有关专业人员，组织专门的工作团队，集中力量解决问题。在没有任务时，相关人员又可以回到专业部门去做业务准备，具有很强的机动性。

（6）建议容易为人们所重视。俗话说"远来的和尚会念经"。与公共关系部相比，公共关系公司提出的建议更容易为组织的领导所接受。其原因是：一方面，公共关系公司派出的专家经验比较丰富，专业水平比较高，能提出有价值的建议和方案；另一方面，由于他们是组织专门聘请的，深受组织领导的信赖，在组织领导的心目中有良好的形象和较高的威望，因而他们提出的建议和方案，更具有说服力和影响力，更容易引起重视，更易为组织采纳和实行。

（7）节约经费。这主要是针对中、小企事业单位而言的。这些组织要设置公共关系部，就必须增加人事编制和行政经费，如果组织内公共关系活动比较少，这显然是不太合理的。另外，即使设置有公共关系部的企事业单位，由于公共关系工作千头万绪，即使花了很多钱也很难做得面面俱到，所以在开展某种专业性强、难度大、花费多的公共关系工作或举办临时性的重大公共关系活动时，利用公共关系公司就显得更经济、更有效。

2）公共关系公司的劣势

（1）不太熟悉客户情况。由于公共关系公司是组织外的机构，因而对客户的情况了解不深，而客户有时也不便或不愿意把一些内部的有关情报透露给公共关系公司，这就增加了公共关系公司人员了解情况的难度，特别在最初阶段，因公共关系公司人员无法介入或参与最高决策，难免要影响工作进度和工作质量。

（2）工作缺乏连续性，持久性差。对于组织来说，只聘用公共关系公司的专家，难以使组织内部的公共关系工作持续化、稳定化。因为组织往往只是遇到公共关系问题时，才临时求助于公共关系公司，公共关系公司为某一组织提供服务的时间一般不会太长，这样，公关公司就难以为客户制订和执行长期的公共关系计划。另外，由于收费的限制，公共关系公司也不可能为组织提供长期的服务和大量的调查研究，往往只注重短期目标，这也是不可避免的。即使有些大的咨询公司为某一客户服务时间很长，如10年、20年，甚至30年，但此时的公共关系公司就很难再坚持客观性了，因为公共关系公司的专家有可能已成为客户单位的"内部"成员了。

（3）远离客户。由于大多数公共关系公司设在大城市，因而对于地处中小城市的客户来说，聘请公共关系公司的专家很不方便，不仅路遥费时，而且要增加往返旅途的开支，使人感到得不偿失。特别是遇到紧急情况时，由于公司与客户距离较远，不利于马上开展公共关系工作。

3. 扬长避短，趋利避害，综合利用

前面列举了两种公共关系组织机构的优势与劣势。稍加分析，不难看出，公共关系部的优势往往就是公共关系公司的不足之处，反之亦然。当然，这两种机构的利与弊不能一概而论。由于公共关系顾问的职业素质不同，具体情况不同，所以聘请公共关系顾问容易存在的弊病也不是绝对的。例如，一位水平高、能力强的公共关系顾问在制订公共关系计划时，也可能会千方百计地为委托人精打细算，力求为委托人节约经费，取得良好的工作效果；或委托人提供充分的合作，该顾问又勤于调查研究，也可能会克服由于对本单位情况不熟悉出现的种种弊病，及时提供咨询和建议。因此，有的组织除了自己设置公共关系部外，同时还聘请公共关系顾问，使二者密切配合，扬长避短，趋利避害，以达到最佳效果。又例如，设有公共关系部的组织，遇到专业性强、难度大、层次高的公共关系工作，或者要举办重大公共关系活动时，就聘请公共关系顾问，以利用他们的优势。再例如，组织内部的公共关系部，由于地域或业务范围的限制，无法开展在某一地区或某一国家的公共关系业务时，就得借助全省、全国，甚至国际性公共关系公司的力量。

目前，国内外的许多组织都设立了公共关系部。特别是在国外，利用公共关系公司开展公共关系活动更是十分普遍。美国的企业不论内部的公共关系部规模有多大，通常也与公共关系公司签订合同，与它保持密切合作关系。因此，有意识地扬长避短、趋利避害，在必要时，双手携手合作，就有可能使这两种公共关系机构都能最大限度地发挥它们的作用，使公共关系工作做得有声有色。

案例

中国环球公共关系公司曾经接受联合利华公司的公共关系业务，帮助该公司提高在中国的知名度，了解中国传播界的工作情况，为该公司总裁访华制订公共关系计划。中国环球公共关系公司的计划包括：为该公司编写新闻稿，发往中国各主要报社；向新闻界介绍该公司的情况，安排专访；在各报刊刊登代表团访华的新闻等。这些活动大大提高了该公司在中国的知名度。

四、公共关系人员的选拔与培养

选拔和培养公共关系人员，是我国当前开展公共关系工作和发展公共关系事业的一项迫切任务。其重要意义在于：公共关系是一项社会工作，为了组织的兴旺发达，必须要求这项工作的从业人员有较高的职业技能和专业素养。

1. 选拔公共关系人员的原则

随着现代组织的发展，在用人的问题上，尤其在选用公共关系人员的问题上，提出了以下原则。

（1）因人施任、任人唯贤的原则。社会组织在选择公关人员时，应该改变我国传统的用人习惯，切实根据某人的特点、能力和条件来安排他做最合适，并且是最愿意做的工作，要向他提出高标准的要求，从而迫使他尽力做好工作，发展自身。

（2）广选博择、正视能力的原则。社会组织在选择公关人才时，眼界应该放宽一些，在面向社会招聘公共关系人才，要把那些有志从事公关工作、德才兼备的人招聘进来；同时，在组织内部现有的工作人员中，确有出类拔萃、能胜任公关工作的人，人事部门应该给他们提供施展才华的条件和机会，使其充分发挥自己的才能。社会组织应该通过多种途径，选择能人，优化组合，组成自己的公共关系部门。

（3）取人之长、忍人之短的原则。用人之长，既符合人的特性，又符合公共关系工作的要求。事实上所谓的"完人"或"成熟的人"的说法，根本忽视了人的最特殊的天赋：集中他的全部力量用于一种活动。如果一个人擅长绘画，就应该安排他在公关部中负责宣传、绘画工作,即使他言语迟缓、行动不快也无妨。重视人的长处,就是要求人在自己的强项中出成绩。

2. 公共关系人员的培养目标

公共关系的人才培养应该朝两个方向努力:一是培养通才式的公共关系人才,二是培养专才式的公共关系人才。

(1)通才式的公共关系人才,要求知识面广、头脑灵活、思路开阔、考虑问题周全,并有较全面的智力结构、能力结构和完整的性格结构,在工作中能够独当一面,担任公共关系工作的组织者和指挥者。

(2)专才式的公共关系人才,要精通某一方面的公共关系技术,如新闻写作、广告、美工制作、摄影、书法、绘画、市场分析、资料编辑等。

知识链接

浅谈公关人员的素质能力

公关行业对公关人员的素质、道德修养、工作能力以及知识结构等,有着相当高的要求和标准。

1. 具备良好的心理素质和健全的人格

公关行业要求其从业人员必须具有良好的心理素质与健全的人格。具体来说,有4个方面。

(1)开放的心态。在人类发展的过程中,经历了从封闭到开放的转变。尤其进入21世纪,人与人、国与国之间,有了更加广阔的交往、联系和互动。只有具备开放的心态,才能感受世界和人的多样性,充分尊重别人的利益和需求,学会更好地与人相处,才能更好地完成自己的工作。另外,具有开放心态的人,能保持不断接受新事物的浓厚兴趣,而不会陷入固步自封、满足于现状的误区。

(2)热诚的态度。一位西方哲学家说过,"具有热诚心的男人或女人,总是会对与之接触的人们产生磁石般的吸引力。"热诚的人总是会以一种执着的精神去完成自己的工作,并会努力克服所有的困难。在群体中,具有热诚态度的人也常常具有比较强的亲和力和号召力,在人际交往的过程中,热诚又会表现出对别人的关心,这对于发展自己良好的人际关系网络也是十分有益的。

(3)执着的精神。古时孔子认为,"士不可不弘毅,任重而道远。"执着作为一种心理状态,能够使人以一种强烈的责任感、使命感鞭策自己,用顽强和始终不渝的努力实现自己的目标和理想,而不会轻易半途放弃、灰心失望。在公关工作中,无疑会遇到很多的困难和阻碍,所以,具备这一点是必不可少的。

(4)创新的意识。公共关系是在竞争的外部环境里,组织与公众两个主体之间的联系或互动。当周围环境不断发展变化时,公共关系工作的内容和形式也会相应的改变,这就要求公关人员需要有强烈的创新意识,推陈出新,不断发展,使自己的工作成为一种创造性的劳动。这在从事公共关系事业的过程中也是十分必要的。

总体来说,开放的心态、热诚的态度、执着的精神和创新的意识,这几者的结合构成了公关从业人员所应该具备的心理素质,这是他们能够胜任公共关系工作的内在保证。

2. 具备高尚的从业道德

公关人员的从业道德也是要有很高的要求的。除了要严格恪守国家相关法律和基本的社会道德准则,还要严格遵守公关人员的职业道德。

新版《公关人员国家职业标准》就明确要求必须掌握《合同法》《反不正当竞争法》《消费者权益保护法》《涉外经济法》《广告法》《知识产权法》《著作权法》《劳动法》等法律和国家有关新闻出版、信息传播等方面的法规,并且严格遵守。此外,全国人大通过的《物权法》,与公共关系工作也有密切的关系。

因此,公关人员首先就要学好各种国家法律法规,自觉将自己的公关工作纳入法律的轨道,并在法律许可的范围内进行活动。这也是提高公关人员的专业素质,保证公共关系事业健康、持续发展的重要条件。

现代公共关系的出现与发展，在很大程度上与社会道德的变化有密切的联系。因此，公共关系从业人员必须恪守现代道德及其伦理文化的基本原则：即以人为主体，以人为目的的人道主义，以契约关系为基础的互利原则，以社会正义为核心的公平原则和相互协调、共同发展的原则。它们是现代公共精神的道德基础。所以只有自觉地维护社会道德，真正履行自己的社会责任，公共关系才能真正与各种庸俗关系划清界线，使自己最终得到社会和广大公众的认可。

在公共关系的发展史上，较早的职业道德准则，是美国公共关系学会于1954年正式通过的《职业标准准则》。职业道德是社会对各种不同职业、行业所提出的专业化的道德要求。而公关从业人员的言行不单纯是个人行为，它们不仅代表了组织，而且会对公众和社会风气产生直接的影响。

对于公共关系从业人员的职业道德要求主要体现在以下3个方面。

（1）公正负责。公关人员应该自觉地尊重、维护组织与公众双方的利益，不会因个人私欲而谋取不正当的利益。

（2）诚实客观。公关人员应该本着为组织和公众服务的目的，以真诚的态度对待公众，实事求是。

（3）注重职业形象和信誉。由于公关事业、公关人员是组织联系公众的重要中介，所以自身的形象和声誉对组织与公众都会产生很大的影响。公关人员必须严格自律，以高尚认真的品德，公正严谨的作风，认真负责的态度及专业精湛的技能，来获取组织、公众以及社会的认可和赞赏。

3. 具备优秀的工作能力

英国公关专家杰弗金斯认为，"从广义上说，公关实际工作者需要具备以下几项条件：交际能力、组织能力、与人相处的能力、诚实正直、想象力、求知欲"。从工作需要来看，公关人员必须具备4种能力。

（1）分析、策划能力。美国学者指出，"衡量公关人员的最根本标准是善于发现问题和解决问题"。"成熟的公关人员对其工作时间会作这样的安排：10%的时间用于处理技术性问题，40%的时间用于实施行政管理，50%的时间用于分析与判断问题。"所以，一名合格的公关人员首先应具备较强的分析、策划能力和相应的工作经验。这方面的工作和能力，最能体现公关人员的素养与智慧，也因此而发挥出组织参谋、智囊的重要作用。

（2）组织、管理能力。公关人员具有较强的组织、管理能力，善于协调组织内部、外部的各种关系，合理地组织、安排涉及公众关系、组织环境和无形资产的各种因素、力量，使其能以最优的结构为组织创造最佳的效益。所以只有具备了组织、管理能力，尤其是擅长对组织无形资产的管理，公关人员才有可能以自己特有的条件来参与、影响组织的管理和决策，在组织的战略层面发挥更大的作用。

（3）交际、传播和写作能力。只有通过高水平的写作，才能保证更加有效地传播；只有通过交往和传播，任何高明、奇妙的策划方案和组织、管理计划，才能变成事实，产生预期的效果。公关人员也正是借助自己的交际、传播和写作能力，才真正担负起组织友好使者和宣传、外交人员的责任。

（4）运用计算机和网络的能力。计算机和网络传播技术将成为人类社会最重要的信息传播手段，也是未来公关工作中必备的、最普遍、最方便的信息沟通工作。公关人员通过运用计算机和网络技术，来开展公关事业中的各项工作。

总体来说，公关人员的素质能力的培养是一个长期发展的过程，也是一个不断进步更新的过程。公共人员应通过对自身内在及外在的提高，将公关事业发展到更高的阶段。

（资料来源：http://blog.sina.com.cn/s/blog_51dfe3e10100bj5u.html）

子任务二　分析公共关系活动公众

【知识目标】

- 了解公共关系活动公众的特征
- 理解公共关系活动公众的分类
- 掌握如何分析公共关系活动的公众

【技能目标】

- 能正确地分析公共关系活动的公众
- 能根据公共关系公众的特点进行公关

【任务导入】

北京温特莱酒店是一家地处北京中央商务区的三星级，具有金钥匙服务特色的世界金钥匙酒店联盟精品商务酒店。温特莱酒店遵循人性，提供适于满足宾客需求的优质服务，遵从"以人为本、预控预防、安全环保，创建特色酒店；诚信服务、遵纪守法、持续改进、增强宾客满意"管理方针，努力在经营管理中做到如春的服务、似夏的热情、金秋的收获，将金钥匙服务理念融入企业文化和经营管理之中，创造并保持"一个没有冬天的酒店"文化特色，使光临到此的每一位宾客无处不感受到温特莱人的真诚。

所有在温特莱酒店这个大家庭里的人，从总经理到实习生，都是为来自世界各地的商务宾客提供"先利人，后利己，满意加惊喜"的金钥匙般体贴服务的人，是丰富和完善产品的特性，为宾客提供舒适环境和优质服务的人。作为世界金钥匙酒店联盟成员酒店，将金钥匙的服务理念与温特莱酒店"一个没有冬天的酒店"的服务理念充分结合，本着"充分考虑人性，着眼顾客第一，关注宾客需求，关注员工发展，服务于人"的观念，运用"经营先走一步，管理跟上一步""事情越具体，发展的速度越快""将细节进行到底！""工作要好的结果"的经营哲学，发挥和释放每一位员工的潜能，发挥创造力和创新能力，倡导全员参与性管理，将北京温特莱酒店建设成为具有市场经营能力、能够创造可持续发展的经济效益，具有良好社会形象的酒店；运用人性化、规范化、体系化、企业文化的管理模式，成为在北京同行业同星级酒店最具文化特色和服务特色的酒店；成为深受顾客欢迎和信任，深受社会认可，深受员工信赖和支持的"一个没有冬天的酒店"的品牌酒店。

【任务分析】

北京温特莱酒店具备了公关的 10 个要素和本企业的特性：①顾客是谁；②主要产品或服务；③在地域及地区具有的竞争力；④在技术紧跟时代的表现；⑤实现业务增长并获得合理的财务收益；⑥酒店的基本信念、价值观、伦理道德倾向的经营哲学；⑦特色能力和主要竞争优势；⑧对社会、社区和环境承担的责任；⑨关注员工是有价值的资产；⑩文化定位。

公共关系公众是指与特定的公共关系主体相互联系，相互作用的个人、群体或组织的总和，是公共关系传播沟通对象的总称。

一、分析公共关系公众的特征

1. 公共关系公众的整体性

公众不是单一的群体，而是与某一组织运行有关的整体环境。任何组织的生存和发展都离不开一定的公众环境。

2. 公共关系公众的共同性

公众不是一盘散沙，而是具有某种内在共同性的群体。公众总是和某一特定的共同点联系在一起，共同点的性质决定着公众的性质。

3. 公共关系公众的相关性

公众的共同点不是抽象的，而是具体的，与特定的组织相关的。这种相关性是组织与公众形成公众关系的关键。寻找公众、确定公众很重要的就是寻找和确定这种相关性，并把它们揭示出来、分析清楚，从而确定自己的工作目标、选择自己的对策和行动方案。

4. 公共关系公众的多样性

公众的存在不是单一的，而是复杂多样的。日常的公共关系工作对象，包括各种各样的个人关系、群体关系、团体关系、组织关系等。即便是同一类的公众，也可以有不同的存在形式。公众形式的多样性，决定了沟通方式和传播媒介的多样性。

5. 公共关系公众的变化性

公众不是封闭僵化、一成不变的对象，而是一个开放的系统，处于不断发展变化的过程之中。公众环境的变化，必将导致公共关系工作目标、方针、策略、手段的变化。必须以发展的、动态的眼光来认识和把握公众。

6. 公共关系公众的能动性

公众不只是被动地作为公共关系的客体，而是从自身的利益和需求出发，积极主动地影响某一组织的决策和行为。

二、分析公共关系公众的分类

1. 按人口构成标准分类

可按照人们的性别、年龄、职业、经济状况、教育程度、政治或宗教信仰、民族等标准分类。

2. 按组织的环境标准分类

（1）内部公众。与组织有着归属关系的内部成员。

（2）外部公众。和某一特定组织不存在直接的利害关系，但有着利益关系的外部组织或个人。

3. 按公众的组织状况标准分类

（1）非组织公众。是组织公共关系活动中面对的无组织性的公众，包括流散性的公众、临时性公众、周期性公众、稳定性公众。

（2）有组织的公众。是指公共关系活动中的特定社会组织与公众对象。包括社区性公众、环境性公众、管理性公众。

4. 按组织与公众发生联系的时间标准分类

（1）未来公众。是指准备或将要与某一特定组织发生利害关系的公众。

（2）现在公众。是指已经与某一特定组织发生了利害关系的公众。

5. 按照公众对组织的重要程度标准分类

（1）首要公众。是指对一个组织的生存和发展有重要影响力和决定性作用的公众。

（2）次要公众。对一个组织的生存和发展有一定的影响力，但不具有决定性作用的公众。

（3）边缘公众。其重要性对组织来说最小的那类公众。

6. 根据公众对组织所持态度标准分类

（1）顺意公众。是指对一个组织的政策或行为持赞同或支持态度的公众。

（2）逆意公众。是指对某一组织的政策或行为持反对态度的公众。

（3）独立公众。是指对某一组织的政策或行为持中立态度的公众。

7. 按照公众发展的状况标准分类

（1）非公众。在社会学中没有非公众。公共关系学中的非公众是指，在一定的时空条件下，某些公众既不受某组织某个事件或行为的影响，又不对这个组织产生影响。他们在这个问题或事件中就被称为非公众。

（2）潜在公众。某些公众已经受到了某组织某个事件或行为的影响，但他们本身尚未意识到这种影响及后果的公众。

（3）知晓公众。不仅受到某组织的影响，而且已明确意识到这种影响，知道了这种影响将要带来的后果的那一部分公众。

（4）行动公众。不仅受到某组织某个事件或行为的影响，意识到这种影响及后果，而且行动起来，开始试图采取措施应对这些影响的公众。

8. 按组织的公关任务标准分类

（1）集中影响的公众。在某项公关活动中，对特定组织有特别重要意义，因而需要组织对他们施加更多影响，才能达到公关目标的要求的公众。

（2）扩散影响的公众。在某项公关活动中，对组织不具有特别意义，只需通过重要公众对他们进行更大范围的影响的那一部分公众。

9. 按照组织对公众的态度标准分类

（1）受欢迎的公众。特指十分关爱本组织，处处支持本组织、经常给本组织带来利益和机会，因而使组织为他们所欢迎的公众。

（2）不受欢迎的公众。特指某些不时借故从本组织获取好处或利益而使本组织力图躲避的组织和个人。

（3）被追求的公众。特指那些对本组织公众关系工作有特别意义，但与本组织无直接利害关系，需本组织竭力去接近和争取的组织或个人。如新闻媒体、社会名流。

10. 按照公众对组织的关心程度标准分类

（1）一般公众。那些对本组织的境况不十分关心，对组织目前也无直接影响的公众。

（2）留意公众。那些对本组织的境况和动向十分关注，对组织的发展也有一定影响，需组织也必须对他们予以关注的公众。

（3）需要被告知的公众。那些对本组织的某项活动有重要影响，但他们又不十分关注本组织，需要本组织主动去对他们做工作的公众。

三、分析公共关系活动的公众

下面按照公共关系的工作对象标准来分类进行分析。

1. 雇员关系

雇员是指组织中的职员和工人，雇员关系是指组织在管理过程中形成的人事关系，其中包括组织机构里上下级之间的关系，各个职能部门、科室、班组之间的关系，以及内部员工之间的关系。员工是组织的主体，是组织赖以生存和发展的细胞，他们的思想和情绪无时无刻不影响着组织机制的运行、组织的存在价值和发展目标，组织向社会提供的优质产品和服务，都要通过他们身体力行去实现。掌握用人之道，加强组织的向心力。聚力必聚心，聚心必先尊重人。因此，搞好雇员关系，必须从确立个体价值入手，使团体中的每个成员都能在团体的环境中充分展示自己的个性，追求和实现个人的价值。这样才能加强每一个成员的向心力，通过许许多多的个体活动，去追求和实现组织的目标。

案例

我国现代企业海尔集团，也非常讲究用人之道。海尔能成为世界白色家电第一品牌，中国最具价值品牌，名列全球五百强之一，在处理员工关系方面有许多独特之处。如"心有多大，舞台就有多大"的理念，体现出海尔给员工充分的发展空间，展现他们的才华。海尔对员工实行即时激励，充分挖掘和发挥内部员工的积极性。为鼓励员工搞技术发明和改革创新，海尔集团颁布了《职工发明奖酬办法》，设立了"海尔奖""海尔希望奖""合理化建议奖"等奖项，根据干部和员工对企业创造的经济效益和社会效益，分别授奖。

2. 消费者关系

消费者关系是指企业与本企业产品和服务的购买者、消费者之间的关系，在现代社会，泛指一切物质产品和文化产品及服务的供应者、生产者与购买者、消费者之间的广泛联系。现代企业家认为，"顾客满意"就是经营，让顾客回到经营的起点上来，顾客就是上帝，顾客就是效益，谁拥有顾客，谁就拥有发展的机会。其核心就是使顾客满意。

案例

杭州有家商店，明确要求无论出现什么情况，售货员都必须尊重顾客。一次，一位年老顾客来买鞋，当时柜台业务很忙，女售货员拿出鞋对老者说："请你去试。"老者不由怒火中烧，抓起鞋子就扔向售货员。原来，他听成了"请你去死"。售货员感到很委屈，但还是强忍委屈，在众目睽睽下微笑着向老者解释。商店经理将老者请进接待室，耐心地将事情解释清楚。结果，老年顾客深感歉意，以后他逢人便夸该店的优良服务，成了商店的义务宣传员。这家商店以自己对顾客的热情周到服务，赢得了社会的赞誉。

3. 媒介关系

媒介关系，也称新闻界关系。新闻传播媒介是以传递新闻信息为主要特征的信息传播工具，报纸、杂志、广播、电视是主要的传播媒介。新闻传播媒体是组织与社会公众联系的最主要渠道，也是组织最敏感、最重要的公众之一。

案例

美国知名的医药公司约翰逊联营公司，有段时间曾受到"泰诺"药物中毒事件的困扰。在查出事件跟公司无关的真相后，为消除人们的疑虑，该公司决定推出更加坚固的3层密封包装的新型"泰诺"止痛胶囊。如何才能让公众接受新产品呢？该公司决定发挥新闻媒体的作用。公司在纽约举行了规模盛大的电视记者招待会，通过卫星向全国播送实况。虽然当天发生了勃列日涅夫逝世和航天飞机升空这两件大事，招待会还是获得了巨大成功，美国各大电台、电视台和报纸都做了报道。一年后，该公司及其产品重新获得了公众的信任，"泰诺"止痛胶囊重新获得了原有市场份额的95%。对此，美国的新闻媒体又进行了大量报道，如《华尔街日报》刊登了以"迅速复原,'泰诺'重新赢得市场上的领先地位,使厄运断言者们惊诧不已"为题的文章,《时代周刊》刊登了以"'泰诺'神奇般重返市场"为标题的文章。约翰逊联营公司与新闻界通力合作,开展高透明化的宣传活动,不但走出了困境,而且还重新树立了良好的声誉,赢得了社会各界广泛的合作与支持,开拓了更广阔的市场。

4. 社区关系

社区关系是指组织与周围同处这一区域的其他组织和个人的关系,所以,也称区域关系或地方关系。搞好社区睦邻关系,不仅可以增加职工的安全感,解除他们的后顾之忧,而且也为组织的正常运行提供了一个必不可少的外部环境。要尽可能避免或减少自身活动对社区的负面影响。如做好废水、废烟、废气"三废"的控制与处理,减少噪声,注重安全生产等,使社区成为一个安全的、环境优美的活动区域。

  案例

王永庆,台湾台塑集团董事长,在石油化工界,被称为"经营之神"。但"经营之神"在社区关系处理上却有一系列的公关误区。1995年,台塑集团在彰化的一个工厂,由于维护废气回收设备人员的工作疏忽,导致硫化氢毒气外泄,造成当地居民两死一伤的恶性事故。另外,在台湾南亚塑胶厂附近的辅仁大学,师生的身心健康一直饱受工厂废气的危害和威胁,他们也向台塑提出了强烈抗议。当危机来临时,王永庆怎么应对呢?他没有注意到环境污染的问题,更不愿承担责任。甚至当辅仁大学的学生提出污染问题时,他表示,南亚塑胶厂放出的废气不但不严重,而且他们作了很大努力,基本不构成危害。他还举出自己小时候由于贫穷点燃干草堆驱蚊虫的"经验之谈"说,气味虽然熏得人透不过气来,但可以"训练抵抗力"。学生们闻听此言,一片哗然。这次社区公关的失误,对王永庆和台塑集团形象造成很大的损伤。

5. 股东关系

股东,即企业的投资者。股东关系也称"金融公共关系"或"财务公共关系"。股东关系所包含的公众对象常见的有董事会、个人股东、集体型股东、中外合资型股东等。股东关系在国外是一种很常见的公共关系,由于股东关系涉及企业的"权源"和"财源",与企业的生存和发展休戚相关,所以,处理好与股东的关系则成为企业公关的重要内容。

  案例

美国通用食品公司是美国最大的食品公司之一。公司每逢圣诞节时,就会向股东赠送一套本公司生产的罐头样品,或者是其他的食品样品。股东们为此而感到十分骄傲。他们不仅极力地向外人夸耀和推荐本公司的产品,而且,每年圣诞节前,他们都要准备好一份详细的名单寄给公司,让公司按名单把这些食品作为礼物寄给他们的亲戚和朋友。这种方法很有效。每到圣诞节之前,通用公司都会额外地收到大批的订单,真正实现了股东的投资、消费、推销一体化。不仅加强了企业与股东的联系,而且使企业获得了很大的经济效益与社会效益。

6. 政府关系

政府是国家权力机关的执行机关,是对社会进行统一规划和管理的"大管家",任何社会组织都不能忽视与政府的关系。协调社会组织与政府之间的关系,是公关人员开展外部公关的一项重要内容。与政府建立良好的关系,常常会给组织带来意想不到的利益。要处理好自身利益与国家利益的关系。社会组织的利益总会有和国家利益相冲突的时候,国家利益是应该优先考虑的,但也要兼顾组织自身的利益。当两者无法协调的时候,还是应该以国家利益为重。

 案例

日本住友银行在一次招考职员时,有一道考题是"当国家利益和住友银行利益发生冲突时,你将采取何种对策?"应聘者回答得五花八门,有人回答自己会考虑银行的利益,住友认为如果这样,这个人到了住友会在工作中会捅娄子,由于他只考虑集团的利益,而将国家利益置于脑后,可能因此而违法乱纪;有人回答自己会考虑政府的利益,住友认为如果这样,这个人适合作政府官员;有人回答自己会化解两者的矛盾,这样的应聘者会被录用,因为他具备一定的公关意识,能够考虑协调两者的矛盾,所以会被录用。处理与政府的公共关系,必须具备协调组织与政府矛盾的意识,而且处理好自身利益与国家利益,也需要一定的技巧和艺术。

7. 中间商关系

中间商是联系生产与消费的纽带和桥梁,任何企业生产出来的商品必须销售出去,换回货币,购买所需要的生产资料,才能保证生产的顺利进行,而这一流程必须借助中间商来完成。中间商在生产与消费之间可以简化交易联系,使流通过程节省、便利,为生产者缩短买卖时间,顺利实现社会再生产。

 案例

1999年3月,浙江天丰化学有限公司将其生产的"野老"牌稻苗除草剂首次推上了湖北省农资市场。这一产品的上市取得了极大的成功,短短几个月就占领了湖北省稻田除草剂90%的市场,成为农户的首选品牌。"野老"除草剂之所以获得成功,除了有效的广告宣传外,主要应归功于对经销商——益农公司的选择管理。

8. 同业公众关系

同业公众指的是具有同样业务职能的其他社会组织。他们生产类似的产品,面对类似的公众,分享相同的价值观,处理相同的问题。

竞争肯定是优胜劣汰,但是在竞争的过程中,同业公众之间真诚合作、共谋发展,却能有效提高双方的效益。

 案例

通用汽车和戴姆勒-克莱斯勒都觊觎着电气混合动力型汽车这一快速增长的市场,但又会面临与丰田、本田的竞争,丰田和本田都是早期进入该市场并处于领先地位的汽车公司。因此,这两家公司找到了彼此合作的方法,以加快产品开发的速度,在最短时间内推出具有竞争力的混合动力技术。

9. 名流关系

名流是指那些对公众舆论和社会生活具有较大的影响力和号召力的有名望的人士,如政界、工商界、金融界的首脑人物,科学界、教育界、学术界的权威人士,文化、艺术、影视、体育等方面的明星,新闻业出版界的舆论领袖等。

名人效应是公共关系策划常用的手段之一，它是借助名人已取得的知名度、美誉度及在社会上的巨大影响，来扩大本组织的知名度与美誉度。

 案例

广东省中山市旅游业一直在前进，但同时存在景点规模过小、酒店价格偏高、留不住客人等问题。为此，中山市有关部门集思广益，利用孙中山先生的名人效应，整合市内旅游资源。如今，以孙中山故居纪念馆为中心的旅游资源已被整体规划，市南区旅游资源整合已现雏形，有效地把简单的观光"过客"变成留在中山市进行全方位消费的旅游者，提升了中山市的知名度与美誉度。

 案例

"四环变五环"是一次成功的形象公关

北京时间 2014 年 2 月 24 日凌晨，索契冬奥会闭幕式上，俄罗斯人用自嘲的方式弥补了遗憾：开场舞蹈最后，由舞蹈演员先还原了开幕式时的"故障五环"，再慢慢展开形成了一个完整的五环！这一幕，让现场观众会心一笑，也得到舆论的广泛好评。正如央视官微在评点中所说："一次失误让所有人记住索契，'小插曲'却展示了强大的自信。"

人们也许还记得，两周前那次"乌龙"过后，"五环变四环"引起各界热议甚至争相调侃，主办方面临着不小的形象危机。对此，就连俄罗斯副总理科扎克也专门承诺将在闭幕式上修复故障。此次上演的"四环变五环"兑现了诺言，成功消除了此前的负面影响，俄罗斯人的国际形象还因之加分不少。这一展示"软实力""巧实力"的补救之举，也留给了人们诸多思考空间：众目睽睽之下，该如何进行形象公关？

在全世界范围内，"追求完美"都是许多人的自我期许，尤其是在重大事件、重要时刻，人们就更是小心谨慎，力求完美。但是，世上并没有十全十美的事情，"完美"只能是一种主观追求而非客观常态。许多时候，人们越是努力追求"完美"，就越是容易出现"心态拘谨，动作变形"，导致各种意外和失误。这样的情形，不仅体育赛场常见，在其他领域也很普遍。面对突发而至的"不完美"，如何恰当应对就显得尤为重要。

所谓"形象公关"，说白了，就是把类似"五环变四环"这样掉链子、丢面子的事收拾停当，最大程度减少损失。当然，如能通过形象公关，把坏事变好事甚至化腐朽为神奇，那更是求之不得。在形象公关中，有个现象比较常见：以"硬要面子"来挽回面子，往往事倍功半甚至雪上加霜；以"抛下面子"来修复面子，往往能兼得面子和里子。"四环变五环"的成功补救说明，面对公共形象受损，最不可缺的是坦诚和自信。有坦诚，方能正面以对；有自信，才能巧手化解。

发生在索契冬奥会上的这个"插曲"，也让人想起作家金庸的一次形象公关。十多年前，王朔发表批评长文《我看金庸》，掀起所谓"金王之争"，眼看金庸的"大侠"形象将受重创。面对纷争，金庸写了一篇短文回应："王朔先生的批评，或许要求得太多了些，是我能力所做不到的，限于才力，那是无可奈何的了。'四大俗'之称，闻之深自惭愧。（对我）不称之为'四大寇'或'四大毒'，王朔先生已是笔下留情。我与王朔先生从未见过面。将来如到北京耽搁一段时间，希望能通过朋友介绍而和他相识。"文章发表后，一场风波就此化解，而其间展现的风度和气度、技巧和智慧，不啻于给公众上了一堂公开课、示范课。

（资料来源：左中甫."四环变五环"是一次成功的形象公关[N]. 南京日报，2014-2-25[F02]. 有删改）

知识与技能检测

一、名词解释

1. 公共关系公众。
2. 公共关系管理。

二、思考题

1. 简述公共关系部的设置原则和职责。
2. 公共关系公司的工作原则、内容、收费和选择如何？
3. 论述怎样选拔与培养合格的公共关系人员。
4. 简述公共关系活动公众的特征。
5. 如何对公共关系活动公众进行分类？
6. 开展一次公共关系活动，并分析目标公众，进行合理公关。

三、实训题

1. 项目：公众投诉处理。
2. 目的：掌握公众投诉处理的基本方法。
3. 内容：某家电商场的售货员在销售产品过程中与顾客由于产品质量问题发生了争吵，顾客要求退货，售货员认为产品已经使用，不能退货，事情被投诉到公关部，请模拟处理投诉的过程。
4. 组织：把全班同学分成5人一组并选出组长，分组讨论并模拟处理投诉，教师作出点评并考核。
5. 考核：投诉处理方案及发言情况作为一次作业，教师分别给出成绩并计入学生平时成绩。

任务二

开展公共关系调查

KAIZHAN GONGGONG GUANXI DIAOCHA

 引例

宾馆公共关系部部长的疑惑

有一家宾馆新设了公共关系部,开办伊始,该部就配备了豪华的办公室、训练有素的公关人员、现代化的通信设备……但该部部长却觉得无事可做。后来,这个部长请来了一位公共关系顾问,向他请教"怎么办"。于是这位顾问一连问了几个问题:"本地共有多少宾馆?总铺位有多少?""旅游旺季时,本地的外国游客每月有多少,港澳游客有多少?国内的外地游客有多少?""贵宾馆的'知名度'如何?在过去3年中花在宣传上的经费共多少?""贵宾馆最大的竞争对手是谁,贵宾馆潜在的竞争对手是谁?""过去一年中因服务不周引起房客不满的事件有多少起?服务不周的症结何在?"对这样一些极为普通而又极为重要的问题,这位公共关系部部长竟张口结舌,无以对答。于是,那位公共关系顾问这样说道:"先搞清楚这些问题,然后再开始你们的公共关系工作。"

案例分析:为何部长认为无事可做?为何公关顾问要求先弄清楚那些问题?

子任务一　设计公共关系调查方案

【知识目标】

- 了解设计公共关系调查方案的含义和意义
- 理解设计公共关系调查总体方案
- 掌握如何撰写公共关系调查方案

【技能目标】

- 能够设计公共关系调查总体方案
- 能够撰写公共关系调查工作方案

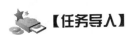【任务导入】

北京长城饭店是1979年6月由国务院批准的全国第三家中外合资合营企业。1983年12月试营业，是北京6家五星级饭店中开业最早的饭店，是北京第一座玻璃大厦，北京20世纪80年代十大建筑之一。随着改革开放的深入发展，北京新建的大批高档饭店投入运营，饭店业竞争日益加剧。长城饭店之所以能在激烈的竞争中立于不败之地，成为京城饭店的佼佼者之一，除了出色的推销工作和优质服务外，饭店管理者认为公共关系工作在塑造饭店形象上发挥了重要的作用。

一提到长城饭店的公关工作，人们立刻会想到举世闻名的里根总统的答谢宴会，北京市副市长证婚的95对新人集体婚礼，颐和园的中秋赏月和十三陵的野外烧烤等一系列使长城饭店声名鹊起的专题公关活动。长城饭店的大量公关工作，尤其是围绕为客人服务的日常公关工作，源于它周密系统的调查研究。

长城饭店日常的调查研究通常由以下几个方面组成。

一、日常调查

1. 问卷调查

每天将表放在客房内，表中的项目包括客人对饭店的总体评价，对十几个类别的服务质量评价，对服务员服务态度评价，以及是否加入喜来登俱乐部和客人的游历情况等。

2. 接待投诉

几位客务经理24小时轮班在大厅内接待客人反映情况，随时随地帮助客人处理困难、受理投诉、解答各种问题。

二、月调查

1. 顾客态度调查

每天向客人发送喜来登集团在全球统一使用的调查问卷，每日回收，月底集中寄到喜来登集团总部，进行全球性综合分析，并在全球范围内进行季度评比。根据量化分析，对全球最好的喜来登饭店和进步最快的饭店给予奖励。

2. 市场调查

前台经理与在京各大饭店的前台经理每月交流一次游客情况，互通情报，共同分析本地区的形势。

三、半年调查

总部每半年召开一次世界范围内的全球旅游情况会，其所属的各饭店的销售经理从世界各地带来大量的信息，相互交流、研究，使每个饭店都能了解世界旅游形势，站在全球的角度商议经营方针。

这种系统的全方位调查制度，宏观上可以使饭店决策者高瞻远瞩地了解全世界旅游业的形势，进而可以了解本地区的行情；微观上可以了解本店每个岗位、每项服务及每个员工工作的情况，从而使他们的决策有的放矢。

综合调查表明，任何一家饭店，光有较高的知名度是远远不够的，要想保持较高的"回头率"，主要是靠优质服务，使客人满意。怎样才能使客人满意呢？经过调查研究和策划，喜来登集团面对竞争提出了"宾至如归方案"。计划中提出在 3 个月内对长城饭店上至总经理，下至普通服务员进行强化培训，不准请假，合格者发证上岗。在每人每年 100 美元培训费基础上另设奖金，奖励先进。其宗旨就是向宾客提供满意的服务，使他们有宾至如归的感觉。随着这一方案的推行，饭店的服务水平又有了新的提高。

（资料来源：张岩松，等. 公共关系案例精选精析[M]. 2 版. 北京：经济管理出版社，2003. 有删改）

【任务分析】

当今社会已经步入了信息化时代，信息对于一个企业来说至关重要。企业的决策离不开信息，而信息质量的高低又直接影响着企业决策的好坏。那么，企业应如何获得高质量、高精确度的信息呢？最重要的一点，就是企业应高度重视和开展周密系统的调查研究工作。从公共关系的工作过程来看，公共关系始于调查研究，只有收集了大量信息，汇集了大量的资料和事实，才能进行有效的公共关系活动。长城饭店在这方面为我们提供了成功经验。长城饭店在信息来源、采集方式、如何处理等方面都有自己的特点，形成了一个全方位的信息系统。信息的收集不仅仅局限于每天住宿的客人身上，而是注意到了信息在空间上和时间上的发展变化。在立足于全市、全国、全世界范围的信息采集与分析的同时，对全年、半年、月、日等不同时段的情况都加以监测，形成了全方位立体交叉的信息网络，既保证了信息来源的广度，又保证了信息的时效性和正确性，从而保证了较高的科学预测能力和科学决策能力。所以，在竞争日益激烈的市场经济条件下，企业要生存，要发展，就要重视日常的公关工作，重视信息的收集与整理，重视调查研究。

一、公共关系调查的含义

公共关系调查是指社会组织运用科学方法，收集公众对组织主体的评价资料，进而对主体公共关系状态进行客观分析的一种公共关系实务活动。

（1）公关调查是认识组织公关状态的一种实践活动。公共关系是社会组织有目的地运用传播手段，密切与公众的联系，提高自身形象和信誉的管理活动。其中，组织处于支配地位，自始至终发挥主导作用；公众是公关活动的对象，发挥积极的能动作用；传播媒介是组织与公众联络的纽带，起着中介作用。

（2）公关调查的任务是尽可能详尽地获得信息，为组织决策提供充分的依据。公关调查是一项艰苦、细致的实践活动，它十分强调调查者要通过各种方法去获取第一手资料和信息。当然，由于客观条件的限制，调查者不可能事事进行实地调查，因此，也可通过查阅文献资料，整理出第二手与组织有关的信息资料。

（3）公关调查要运用科学的方法和技术手段，才能保证工作的正常进行。在调查中，获取信息资料的常用方法有民意问卷征答、公众代表座谈、个别公众访问、典型追踪调查等。整理加工信息资料的方法有综合分析法、归纳推理法、演绎论证法、比较鉴别法等。

（4）公关调查的最终目的是掌握实际情况，研究、分析和解决组织面临的各类实际问题。公关调查中，调查者深入现场所获得的事实材料，属于可以观察到的调查对象外在的行为表现，这样调查材料具有一定的客观性，可以避免产生主观随意性。客观现象是纷繁芜杂、变化无穷的，而调查者观察的视角和方位总是有限的。因而，对调查中获得的资料信息还得进行去粗取精、去伪存真、由此及彼、由表及里的加工制作。

二、公共关系调查的意义

1. 能使组织准确进行形象定位

组织的形象定位是指组织在其公众中形象的定量化描述。组织形象定位的测定可通过对其知名度和美誉度的测评获得。

知名度表示社会公众对一个组织的知晓和了解程度。

计算公式：知名度＝知晓人数/调查人数×100%

美誉度表示社会公众对一个组织的好感和赞美的程度。

计算公式：美誉度＝赞美人数/知晓人数×100%

一个组织的形象尺度是社会舆论和公众评价，公共关系调查可以使组织准确地了解组织在公众中的形象地位。通过形象定位，可以测量出组织自我期望的形象与其在公众中实际形象的差距。组织可针对这个差距制定有效的公共关系活动方案，由此提高该组织在社会中的知名度和美誉度。

2. 能使组织决策依据科学化

社会组织要积极对待自身与环境的交互作用，获取完整、及时和准确的信息资料，必须进行公共关系调查，只有通过调查，才能使组织了解公众的要求和愿望，才能作出符合公众要求和愿望的决策。只有作出符合公众要求和愿望的决策并认真实施，才能使组织在公众的心中树立起良好的形象。

3. 能使组织及时把握公众舆论

公众舆论是自发产生的并处于不断扩大和缩小的动态中，它是公众对组织的一种浮动的表层的认识。但是，当少数人的观点、态度扩展为多数人的观点、态度，分散的、彼此孤立的意见集合为彼此呼应的公众整体意见，声势尚小、影响甚微的局部意见变成声势浩大的公众的共同反响时，对组织的形象将产生极大的影响。积极的公众舆论有利于塑造组织的良好形象，消极的舆论则有损于组织的形象，甚至会造成组织形象危机。因此要密切监测和关注自身所处的公共关系环境，及时检测公众舆论的变化，及时扩大积极舆论，缩小消极舆论。

4. 有利于塑造组织良好的形象

公共关系调查从组织的主观方面来说，以收集信息为主要目的，但在客观上，开展调查活动要与调查对象进行广泛接触，所以调查人员同时向公众传播着组织注重自身形象的信息，恰当的调查本身也会赢得公众对组织的好感。因此，从某种意义上说，公共关系调查本身也是一种传播，也会起到塑造组织形象的作用。

三、公共关系调查总体方案设计

调查方案设计，就是根据调查研究的目的和对象，在进行实际调查之前，对调查工作总任务的各个方面和各个阶段进行通盘考虑和安排，提出相应的调查实施方案，制定出合理的工作程序。

1. 确定调查的目的

调查的目的是指调查所要解决的问题。在确定调查目的时应注意如下问题。

（1）调查目的是调查组织者（或委托者）最需要解决的主要问题。

（2）应力求避免把目的提得过高过宽，或把一些已经了解的问题和策略加以整理就可以取得的资料也包括进去，以免分散精力。

（3）拟定调查提纲。

2．确定调查对象和调查单位

确定调查对象和调查单位，就是确定向谁调查。调查对象是调查所研究对象的总体，它由某些性质相同的被调查的个体单位所组成。调查单位是调查对象中的一个个具体单位，即调查登记的承担者。调查对象应根据调查目的来确定。

3．确定调查项目

确定调查项目就是要明确向被调查者了解写什么问题。确定调查项目时还需注意几个问题。

（1）调查项目应是调查任务所需又能取得答案的。

（2）项目的表达方式必须明确，使答案具有确定的表达形式，如数字式、是否式或文字式。

（3）项目之间应尽量相互联系，资料应相互对照，遵照调查对象的内在逻辑关系。

（4）必要时可以附上项目的解释，以确保调查项目含义的明确、肯定。

4．制定调查提纲和调查表

对项目进行科学的分类、排列，构成调查提纲和调查表。调查表由表头、表体和表脚3部分构成。

（1）表头包括调查表的名称、调查单位的名称性质和隶属关系等。表头内容一般不作统计分析之用，只是核实和复查调查单位的依据。

（2）表体包括调查者项目、栏号和计量单位，它是调查表的主要部分。

（3）表脚包括调查者或填报人的签名和调查日期等，目的在于明确责任、提高填表质量。调查表拟订后，为了便于正确填表、统一格式，还要附填表说明。

5．确定调查时间和地点

（1）调查时间是指调查资料所属的时间。

① 要明确规定资料所反映的是调查对象从何时起到何时止的资料。

② 要明确规定统一的标准调查时点。

③ 要规定调查工作的开始和结束时间。为了提高信息资料的时效性，在可能的情况下，调查期限应适当缩短。

（2）调查地点是指到哪里去调查。它通常与调查单位相统一。

6．确定调查方式和方法

在总体方案中，应规定采用什么组织方式和方法取得调查资料。收集资料的方式有普查、重点调查、典型调查、抽样调查等多种方式。具体调查方法有访谈法、观察法、问卷法和实验法等。调查采取的方式、方法不是固定和统一的，往往取决于调查对象和调查任务。

7．确定研究分析方法

对调查所取得的资料进行研究分析，包括对资料进行的分类、编号、分析、整理、汇总等一系列资料研究工作。

8. 确定提交研究报告的方式

主要包括市场调查研究报告书的形式和份数、报告书的基本内容、报告书中图表的大小等。

9. 制订调查组织计划

调查组织计划是指实施整个调查活动过程的具体工作计划，主要是指调查的组织领导、调查机构的设置、人员的选择和培训、调查工作步骤及其善后处理等。

10. 制订调查预算

通常一个市场调查中实施调查阶段的费用安排仅占总预算的40%，而调查前期的计划准备阶段与后期分析报告阶段的费用安排则分别占总预算的20%和40%。

在进行调查经费预算时，一般需要考虑如下几个方面。

（1）调查方案设计费与策划费。
（2）抽样设计费、实施费。
（3）问卷设计费（包括测试费）。
（4）问卷印刷、装订费。
（5）调查实施费用（包括试调查费用、调查员劳务费、受访对象礼品费、督导员劳务费、异地实施差旅费、交通费、误餐费及其他杂费）。
（6）数据录入费（包括问卷编码、数据录入、整理）。
（7）数据统计分析费（包括统计、制表、绘图及必需品花费等）。
（8）调查报告撰写费。
（9）资料费、复印费等办公费用。
（10）管理费、税金等。

四、撰写公共关系调查工作方案

设计一个完整详细的公关调查方案是顺利地进行公关调查的前提条件，也是圆满完成公关调查工作的有力保障。

公关调查工作方案的撰写，具有一定的格式和规范要求。公关调查工作方案的基本格式包括3个部分，即标题、正文和署名。

1. 标题

一般采用公文式写作法，即采用"事由+文体"的格式，如"公众消费意见调查工作计划案"。在这个标题中，"公众消费意见调查"是事由，而"工作计划案"是文体。在绝大多数情况下，公关调查工作方案的标题都采用"×××（调查内容）调查工作计划案"的形式。

2. 正文

正文是公关调查工作方案的主体内容，一般包括以下几个方面的内容。

第一部分：前言。主要是介绍本次公关调查活动的目的和意义，阐述调查活动的应用价值和理论价值，以便于执行人员充分理解公关调查活动的重要性。

第二部分：研究课题。主要介绍本次公关调查活动的研究内容、课题类型及需要回答的问题等。

第三部分：研究范围和分析单位。主要介绍公关调查的范围和研究对象。

第四部分：研究类型。本次公关调查活动究竟是综合研究还是专题研究，现状描述性研究还是趋势判断性研究，史料追溯性研究还是用户跟踪性研究，诸如此类的问题，在公关调查工作计划方案中应给予明确的说明和介绍。

第五部分：调查和分析的方式、方法。主要介绍本次公关调查活动所采用的主体性调查方法、辅助性调查方法及其组合方式；整理分析资料所运用的主要分析方法、次要分析方法及其组合方式；运用调查、分析方法的注意事项。

第六部分：抽样方案。如何选择样本，这是公关调查工作方案中的重要内容之一。一般而言，公关调查多采用抽样调查技术（普查除外），因此，公关调查工作方案中就少不了抽样方案的内容。在抽样方案部分，主要介绍本次调查活动的研究总体、调查总体、总体编码方法、抽样具体方法、样本规模、样本代表性的评估方法等，以此确保抽样工作的科学性和准确性。

第七部分：调查项目和调查表。这是公关调查工作方案中的关键部分。在这个部分，主要介绍本次公关调查活动的理论假设，项目指标设想，以及据此而拟定的调查问卷表或调查提纲。

第八部分：时间进度安排。主要阐明本次公关调查活动的起始、终结时间，收集资料的规定时间，可容许的时间误差幅度等。

第九部分：经费预算。主要介绍本次公关调查活动所需支出的费用、用途。

第十部分：调查人员的选择与培训。调查人员素质的高低，直接影响着公关调查工作的质量。因此，在公关调查工作方案中，应列出调查人员的聘用标准，以及培训方式和培训要求。在实际工作中，如果课题比较规范、严谨，还可编写《调查人员工作手册》，在《调查人员工作手册》中详尽介绍公关调查方法的运用技巧、工作注意事项等，以指导公关调查人员的调查工作。

3. 署名

署名包括两项基本内容，即编制方案的组织或个人名称和工作方案的写作时间。署名有时置于标题之下，有时置于全文的最后。

案例

肯德基公司调查策划方案

一、调查目的和任务

1. 目的

针对肯德基公司进入中国市场的可行性进行市场调查。

2. 任务

（1）中国人对于西方快餐的接受程度，并进行先行的品牌推广。

（2）根据中国人的接受程度制定开拓中国市场的战略和决策。

二、调查对象和调查单位

采用抽样调查的方式，随机调查在北京公园内游玩的游客。选择在北京进行调查是因为北京是中国的首都，是国际化的大都市，人们比较容易接受新事物，对于西方文化的接受程度也会相对比较高。而选择在公园进行市场调查，有三个原因。第一，公园人流量比较大，调查采样比较方便；第二，在公园游玩的人具有不同的年龄、职业等，这样调查的对象会比较全面，对后续的研究工作有很大的帮助；第三，在公园游玩的人说明他们喜欢外出，消费也较多，这对于作为快速消费品的肯德基公司来说有相当重要的调查意义。

三、调查项目

调查中国民众对于肯德基口味、餐厅环境的接受程度，并获得不同年龄、职业的中国民众的消费能力和水平参考数据。

四、调查方法

采用拦截、试吃、访谈等方式进行调查。

五、调查机构及人员

由华东师范大学2010级传播学院负责调查，调查小组成员如下。

组长：严老师（华东师范大学传播学院领导）

副组长：高老师（华东师范大学市场调研专业老师）

成员：华东师范大学2010级传播学院10名学生：陈喆、方治平、张萌胤、翟娟、郭蓓蓉、李琦、朱燕亮、熊英凯、忻彬鸿、俞俊。

六、调查组织和调查进程

（1）培训时间：2011年5月20日

（2）人员分工：10名学生分为3组，分别履行各自小组的职责。

第一组由4名长相可爱、外表靓丽的学生组成，负责在公园内一共拦截各年龄段的游客100位，并负责把他们带入公园内搭建的餐厅内，请他们进行访谈。

第二组由2名态度良好，做事干净利落的学生组成，引导进入餐厅内的游客洗漱、就坐，并在每一位进行调查的游客面前摆放好袋装毛巾，送上苏打水和白开水，以消除口中的异味，然后送上优良嫩黄的鸡块。

第三组由4名口齿伶俐、思路清晰的学生组成，在游客品尝鸡块后，对游客进行访谈，完成市场调查内容。

再由第二组成员为已经接受完调查的游客送上肯德基炸鸡赠品，并送旅客走出餐厅。

最后由此次市场调查活动的副组长高老师负责审核、汇总和统计分析，起草调查报告。

（3）调查时间：2011年5月23日

（4）资料整理分析时间：2011年5月24～25日

（5）调查报告撰写时间：2011年5月26～31日

七、调查费用

（1）礼品费：1000元。

（2）交通费：500元。

（3）调查报酬：5000元。

（4）合计：6500元。

（资料来源：高防. 肯德基公司调查策划方案[OL]. 新浪博客，2011. 有删改）

子任务二　实施公共关系调查活动

 【知识目标】

- 了解实施公共关系调查活动的方式
- 理解实施公共关系调查活动的方法
- 掌握实施公共关系调查活动的程序

 【技能目标】

- 能够正确地实施公共关系调查活动

 【任务导入】

2010年，时任马耳他女总统阿贝拉访问上海期间曾下榻锦江饭店，锦江饭店公关部的工作人员在接到任务后查阅了大量资料，进行了周密的准备，当阿贝拉一走进总统套房时，意外地发现了化妆台上放置了全套"露美化妆品"，烘发吹风器和珠花拖鞋，房内还放置了一架昂贵的钢琴，临行时她亲笔留言："在上海逗留期间，感谢你们给予我第一流的服务，并祝你们幸福，前途美好。"

 【任务分析】

上海锦江饭店公关部的工作人员了解马耳他女总统的爱好，采用了哪种调查方法？这种调查方法的优点是什么？为什么说公共关系调查是公共关系工作的基础？

一、实施公共关系调查的方式

1. 全面调查

全面调查就是普遍调查或整体调查，是指公共关系调查者对调查对象进行的全部调查，借以收集调查对象总体全面信息的公共关系调查方法。全面调查的主要作用是可对社会组织的某一公共关系现象的一般情况作出全面的描述，从而对某一公共关系现象的总体情况得出一个具有普遍意义的结论。普遍调查的优点在于它获得的信息资料是全面的。由于它是一种无一遗漏的调查方法，故通过汇总和归纳，可以得出具有高度概括和普遍适用的调查结论。它的不足之处就是对人力、物力、财力的需求相对较多。

2. 抽样调查

抽样调查就是从被调查的总体全部单位中抽取一部分单位作为调查点，并以部分调查结果来推算全体的一种公关调查方法。被选取的对象叫样本。抽样调查既能保持全面调查深广度的优点，同时又可避免全面调查对人力、物力和财力的耗费，并通过许多"点"的信息来获得总体"面"的情况。抽样调查的调查费用远比全面调查低，调查速度也快。由于它具有相对的灵活性，因而调查内容也较丰富，调查人员的精力也相对集中。正是由于抽样调查的这些优点，可以相对容易地获得丰富和可信度高的资料，所以，在公共关系调查中被广泛使用。抽样调查的一个主要问题是如何保证样本对于总体的代表性，抽样方法的不同和所抽取的样本的容量大小对结论都具有重大的影响，抽样总是会存在抽样误差，只有把抽样误差控制在一定范围内才能使调查获得成功。

3. 典型调查

典型调查是从全部调查对象中有所选择的，并通过这种有所选择地调查来获得相关的信息资料，达到认知同类公共关系现象的本质及其发展规律的调查方法。典型调查适用于调查总体同质性比较大的情形。典型调查实际上就是运用了归纳法，从个别、特殊的信息中找出所要的一般性的东西。典型调查的对象是少量而典型的，因而其人力、物力、财力及时间的占用都比较少；由于调查内容比较集中，调查内容可以更加深入、全面。典型调查要求收集大量的第一手资料，搞清所调查的典型中各方面的情况，作系统、细致的解剖。同时，它要求研究者有较丰富的经验，在划分类别、选择典型上有较大的把握。但典型的选择很难避免调查者的主观随意性。典型调查要求调查者除了具有较高的综合素质之外，还要有开放的思维，以实事求是的态度来选择典型，真正做到"兼听则明"。

4. 个案调查

个案调查是为了解决某一特定的问题而对特定单一个体或单一群体调查对象所进行的深入调查。个案调查的目的是通过深入"个别"来了解和掌握各个"点"的情况，从而为最终的解决方案提供理论依据。由于个案调查的调查单位较少，因而可以集中优势"兵力"作详尽深入的了解。个案调查的方式可以灵活多样，故能收集到相对全面、完整、系统的个案资料。个案调查的时间安排可根据需要来安排，时间的长短可根据需要来定，因此个案调查比较适用于一边调查一边研究，根据研究的结果来充实调查内容，从而使组织需要趋于完备。值得注意的是，个案调查的具体对象是个别，对其所做的调查只能反映"这一个"的具体情况，因而不能由此推论其他个别和公众的一般情况。

二、实施公共关系调查的方法

1. 问卷法

问卷法是公共关系调查常采用的方法之一。它又叫书面调查法，是用事先设计的问卷，以询问的方式收集答案，对答案进行统计和分析，以了解被调查者的情况、态度和意见，从而收集到可靠的资料的一种方法。问卷设计是问卷法的关键，在任何一种形式的调查中，问卷都必须设计得非常科学且精细。抽样调查、民意测验、专家问卷法等常采用此法。

问卷的发放可采用不同的方式途径，如邮寄问卷调查、个别分送问卷调查、电话问卷调查、网络问卷调查等，不同的方式途径有不同的特点。

2. 访谈法

访谈法是社会调查中最常用的方法之一。它是调查人员依据调查提纲，与调查对象进行直接交谈收集口头资料的一种调查方法。访谈通常是在面对面的场合下进行，由调查员接触调查对象，就所要调查的问题提问，要求调查对象作出回答，并由调查员将回答内容及交谈时观察到的动作行为及印象详细记录下来。这种方法常用于公共关系问题的研究。

3. 观察法

观察法是调查员进入调查现场，利用感官或借助科学工具，在调查对象中直接收集信息的方法。观察法的主要优点是可以观察到被调查者在自然状态下的行为表现，获得的结果比较真实，可以在当时实地观察到行为的发生发展，能够把握当时的全面情况、特殊的气氛和情境。其最大的特点是直观性，且简便易行，灵活多样，是公关人员经常采用的方法。但缺点是工作时间长，范围狭小，易受观察者的主观因素的干扰。

4. 文献调查法

文献调查法也称历史文献法，就是通过收集各种文献资料，摘取与调查课题有关的信息的方法。文献调查法的主要特点是：历史性，它是对人类以往所获得的知识的调查；间接性，它的调查对象大都是间接的第二手资料。与实地调查方法相比，文献调查的对象是不会自行变化的，这样就可以使调查过程更具机动性和灵活性，而不必担心操作失误而完全丧失调查效果。从资料获得的费用上看，一般会优于实地收集资料的方法。

三、实施公共关系调查的程序

公关调查是一个程序性、技巧性很强的工作，了解公关调查的操作程序及其运作策略，是提高公关调查工作艺术水平的保障。

公共关系调查的程序，指的是对社会组织客观存在的公共关系现象进行科学调查的基本过程。这是调查工作的实施阶段。公共关系调查的一般程序可以分为以下 5 个基本阶段。

1. 调查准备阶段

调查准备阶段的工作内容主要是：确立调查任务、开展调查设计、准备调查条件。

2. 资料收集阶段

资料收集阶段也称为具体调查阶段，是整个公共关系调查过程中最为重要的阶段。

3. 整理分析阶段

整理分析阶段也称为研究阶段。它是运用科学的方法，对资料收集阶段收集得来的各种调查资料进行提炼、整理，并加以分析、研究的信息处理过程。整理分析阶段是公共关系调查从感性认识到理性认识的飞跃阶段。它不仅能为解答社会组织的公共关系问题提供理论认识和客观依据，而且能为公共关系学理论的发展作出贡献。

4. 报告写作阶段

在公共关系调查中，当完成了调查资料的整理分析后，一般还要写调查报告。所谓调查报告是指用以反映公共关系调查所获得的主要信息成果或初步认识成果的一种书面报告。它是公共关系调查成果的集中体现，也是公共关系调查成果的重要形式。通过调查报告，调查者可以将调查过程中获得的信息成果和认识成果集中地表现出来，以方便社会组织的领导者或公共关系部门的负责人参考使用，使他们免去全面查阅所有原始信息资料之累，有利于将公共关系调查成果尽快地应用于公共关系科学运作过程之中，求得公共关系科学运作的良好效果。

5. 总结评估阶段

总结评估阶段可以说是公共关系调查过程中不可缺少的重要步骤。通过总结评估，公共关系调查至少可以取得 3 种新的收获：其一，可以了解本项公共关系调查的完成情况；其二，可以了解本项公共关系调查所取得的成果；其三，可以了解本项公共关系调查的经验教训。

知识链接

从马航失联报道看媒体清晰"分工"

马来西亚 MH370 航班失联无疑是近期关注度最高的新闻事件,由于事件扑朔迷离,导致在早期报道中各种真假消息满天飞。这一事件带给我们很多新闻思考,诸多媒体的表现可圈可点,而且传统媒体和社交媒体之间出现了界线清晰的"分工"倾向。

一、突发事件报道呈现形式转向关注过程

长期以来,我们在突发事件的信息发布和新闻报道中,官方和传统媒体习惯提供结论形式的新闻,特别是相关部门要统一口径后才敢对外公布信息。这么做的好处是信息较为全面、准确,坏处是在时效性上往往失去了一个"快"字。在突发事件报道"快"与"准"的考量中,传统媒体无疑会果断地选择后者。但是,有没有两全其美的办法呢?

英国危机管理专家罗杰斯特曾提出著名的危机沟通"三T"原则,即主动沟通、充分沟通和及时沟通。"三T"原则可以帮助突发事件发生国或者机构争夺话语主动权。这一原则同样适用于突发事件的新闻报道。突发事件发生后应及时发布信息,不要等一切都搞清楚了再发布,也不要因害怕出错而坐失第一时间的信息发布。

在马航失联事件之前,很多突发事件报道的真实性是以结论形式呈现在公众面前的;而在马航失联事件之中,这一真实性是以过程形式呈现的,这是一个不断发现、甄别、剔除、确认的过程。在马航事件报道中,如果能够迅速采访到参与航班的搜救人员,可以在很大程度上缓解公众由于信息饥渴带来的焦虑。但是由于我国媒体在马来西亚等地缺乏核心报道资源,因此很难获得第一手消息,只能援引外媒报道或者等待马方召开新闻发布会,在探究真相方面显示出能力不足,但是我国媒体在素材分析方面下的功夫比较大,电视台、电台、报纸纷纷采访专业人士,迅速展开各种解释或者预测式报道,从飞机性能到机上人员情况调查,不一而足。

二、社交媒体"传递"功能突出

无论是传统媒体时代,还是社交媒体时代,时效性永远是最关键的新闻要素。在 MH370 失联事件中,马方最新进展最早的发布平台是马航官方推特,我国传统媒体同样使用官方微博发布获悉的最新消息。在这场新闻战中,社交媒体不断证明自己正在成为不可忽视的力量,传统媒体与社交媒体的合作,已成为一种趋势。

MH370 失联初期,各种消息满天飞,真假难辨,连时任波音金融公司总裁马爱仑都误发了一条微博称,飞机已经找到,技术团队会协助官方调查。此条微博瞬间被微天下、财经网等知名官微转发,然而在不到一个小时后马爱仑就删除了原微博,并重发微博表示搜救仍在继续。据相关人士推测,波音金融公司总裁引用了错误的媒体消息,从信息的获取者到发布者,进而又成为媒体上的信息源。当时因为马来西亚官方没有结论性消息,因此选择了"不及时发布信息",而公众的信息诉求日益膨胀,于是就出现了一些编造的"消息",并不断被复制、粘贴、发送。

碎片化的真假信息满天飞主要出现在社交媒体上,这一切都是因为社交媒体的多信息源和高传播速度,而大多数主流媒体保持着审慎的态度。社交媒体可以在"黄金一小时"内表现出强大的移动传播和移动表达能力,不过,由于传播速度过快,信息过于密集,信息来源真实度不高,公众仍然需要从传统媒体上求证,帮助进行选择。这意味着,公众对于信息的内容高度关注的同时,对信息的首发者并没有太多关注,这个时候,传统媒体就显示出其不可替代性。

在马航失联事件报道过程中,传统媒体谨慎地报道核心事实,社交媒体负责实时传递、海量转发。这一现象突出展现了一个事实:社交媒体正在积极而自然地参与到突发事件报道中来,尽管乌龙不断,但展现出勃勃生机。

三、优秀传统媒体表现出强大调查能力

社交媒体在传播突发事件信息方面发挥了重要作用,但也引发了很多问题,尤其是某些用户通过自己分析就断言并发布结论性的消息。事实证明,这些没有事实依据的消息,不仅影响了官方的调查,还迫使后者不断发布辟谣信息。而传统媒体发布消息则谨慎得多,而且以其深入的调查研究在突发事件报道中树立了权威形象。

比如在马航事件报道中,MH370失联被宣布后的24小时里,未经确认的消息伴随着不断被挖出的事实一同在社交媒体上大量滋生,而相比之下,传统媒体在发布信息上则显得慎重得多。比如CNN(美国有线电视新闻网)确认一条消息的基本标准是,至少要从两个消息源交叉求证真伪,消息源必须是可靠的,如果是官方机构,或者是有一定级别的人,一定要官方确认才会用,宁可慢,也不能不准确。因此,CNN和路透社等媒体发布的一些关键文章,不断在社交网站转发和传递,几乎所有与航班相关的信息和最新的调查进展都发布自这些传统媒体。可以说,在此次事件中,传统媒体担任了主要内容提供者的角色,社交媒体则成为这些重要内容的传播渠道。

这是因为在马航失联事件中,没有任何现场消息提供者,消息源非常受限,真实信息由航空公司、军方和政府掌握,社交媒体的优势难以发挥。这时候,传统媒体开始取代社交媒体用户,成为真正的新闻资讯生成者,开始了报道力量与新闻实力的比拼。

政府机构和大型企业仍然更习惯和传统媒体打交道,这显然增加了传统媒体的信息采集优势。事件发生后,各大媒体纷纷调遣记者赶赴事故现场及各个发布会,开始后续新闻报道。上层的关系、线人的帮助、深入的调查、资料的积累……这些无不需要大量资金和优秀的人才,只有运行良好的资深传统媒体才能承担这样大规模的集团作战任务。这是一些来自社交媒体的独立记者望尘莫及的。

突发事件是一块"试金石",检验着媒体对新闻的掌控能力和报道能力。社会政治文明、经济文明不断发展,人们对于信息的知情权被提到首要的议事日程,互联网全球开放、传播迅捷、海量信息、匿名登陆、互动交流,极大地改变了以往信息传播的格局。从马航失联事件报道过程中可以看出,传播通道正在逐渐被社交媒体占领,传统媒体不能满足于等待官方新闻发布,充当"新闻搬运工",而是要凭借集团作战优势,通过深入调查,在内容开发上多下功夫。

(资料来源:刘扬. 从马航失联报道看媒体清晰"分工"[OL]. 中国新闻出版网,2014-3-24. 节选,有删改)

子任务三 撰写公共关系调查报告

 【知识目标】

- 了解公共关系调查报告种类和要求
- 掌握公共关系调查报告的结构
- 理解撰写公共关系调查报告的注意事项

 【技能目标】

- 能够正确地撰写公共关系调查报告

 【任务导入】

公共关系调查报告是指用以反映公共关系调查所获得的主要信息成果或初步认识成果的一种书面报告。城市管理是城市存在和发展的一个需要前提,是建立现代化城市的主要保障。在市场经济和社会民主化历程进一步深化发展的背景下,城市管理常常处于社会言论的风口浪尖,有关城管的负面报道一再见诸报端,上

网一搜，城管的负面报道更是举目皆是，城管在老百姓的眼中简直同等于"匪贼"。在某电视台的访谈节目里，城管被多位谈话者责备，某城管局局长在后来的谈话中说："我今日总算是深切地感触到了城管是如何被妖魔化的，有些人对城管有几多调查？他晓得我们各个城市的城管为活动商贩们做了几多任务？他们晓得几多？"这位局长最终呼吁："不要戴着有色眼镜来看城管。"这位局长的反问在那样一个气氛中显得有些惨白无力。为什么会呈现这种状况？城管为什么会堕入与大众敌对的为难境地？城管如何做到让社会大众了解城管、承受城管、支持城管？除去法制建立这一"硬伤"，我们还有多少缓冲空间？经过与一些专家、学者、媒体地交流，城管公共关系建立已成为一个急迫需要提上议事日程的问题。

一、城管开展公共关系的必要性

公共关系这个概念在20世纪80年代初期传入中国。目前世界各国对公共关系的定义多达400余种，比较规范的是《韦伯斯二十世纪辞典》的定义：公司、组织及军事机构等，通过宣传与一般公众建立关系，向公众报告它的活动、政策等情况，企图建立有利的公众舆论的职能。公共关系的主体是组织，客体是大众，方法是传达。需求强调的是，这种传达绝非普通意义上的对外宣传，而是将单向发布信息改变为双向交流与互动沟通。

随着社会的不断发展，公共关系理论逐步在社会各个范畴普遍使用。公共关系的中心理念是应用各类办法增进沟通与协调，然后提升形象。公共关系对城市管理部门而言，就是在城市管理进程中自动运用公共关系的理念、办法和伎俩，协调和处置与公众、上级及媒体言论的关系，使城管部门的各类决议计划、运动和办法愈加契合大众和社会的要求，博得社会大众对城市管理任务的了解、信赖、好感、支撑，完成城市管理部门本身形象的有用提升，然后推进城管事业不断发展。

二、城管公共关系建立面对的问题

目前，城管集市容环卫、公用事业、园林绿化、环保、工商、交通等多种职责于一身，且这些职责多与老百姓的日常生活息息相通，于是迅速成为报纸、电视等媒体的关注对象，这固然给城管本身宣传带来便利，但也使一些负面的行为急速扩大。当前城管在公共关系建立面对的问题有4个方面。

1. 城管承担的社会任务敏感，职责定位模糊

中国的城市管理方才起步，许多人一提"城管"都晓得是治理小商贩的，关于城管的其他职责则知之不多。一方面，因为社会变革与经济的调整，必定会呈现诸多矛盾。作为城市管理法律者，城管直接承担着平缓、处置各类社会矛盾的任务。因而，局部好处受损的大众往往把问题的锋芒瞄准城管，把本人对社会的不满向城管发泄，由此呈现敌对矛盾。另一方面，城管的职责定位比较模糊，尤其是在一些底层（例如县、乡镇），在结合法律运动中，一些不该由城管承担的法律活动牵扯了城管很多的人力，这在无形之中增加了执法对象。公共关系的对象越多，意味着所要付出的精力就越大。而真正的违背城市管理律例却缺乏人力去处理。因为过于强调"文明、人道、形象"，且对本身要进行"形象"宣传，做出了很多过高的承诺，却无法兑现承诺，招致城管的威信降低。

2. 城管工作人员缺乏公共关系的理念

城管部门的部分领导和队员受传统思想习气的影响，倾向于树立小我和组织的威望性，习惯于居高临下，而对公共关系的重要性却缺乏客观的知识，对公共关系的看法比较浅薄，没有意识到公共关系的建立直接关系到城管的全体形象，关系到城管法律氛围的创立，关系到城管工作的成败。另外，少量队员法律不公、法律不严、滥用权柄、法律犯罪，严重损害了人民的利益，影响了城管公共关系建立。从当前的实践状况来看，城管自身存在的问题是影响大众评价城管形象的一个最重要要素。

3. 城管与新闻媒体缺少沟通，负面新闻影响较大

不少城管部门表面上注重对外宣传，甚至每年都有宣传活动。但大多都是形象宣传，缺少司法、律例、法律的宣传。而新闻媒体为了追求所谓的可读性、惊动性，往往无意严格掌握标准对一些负面的事件，如情况脏乱差问题、法律不公问题、单个法律人员粗犷执法问题，常常置于报纸的头版、网站的首页，这就招致

新闻的负面效应被无限扩大,这无疑给城管公共关系建立带来了十分负面的影响。

4. 缺乏公共关系理论常识和技巧的培训

现代公关活动要求城管队员要具有较强的交流沟通能力和人际交往能力。然则,因为长时间缺乏相应的公关才能培训,缺乏对城管公共关系特点、规则的研讨,因而,在法律进程中与大众的沟通上缺乏应对。在处置人际关系上,情绪化倾向分明,难以树立优越的人际关系。

三、城管公共关系的危机应对

在城市管理工作中,不免会呈现一些抵触,发生一些公共危机事件。危机公关就是从公共关系角度对危机的预防、节制和处置。城管公共关系的危机公关的措置机制有两个重点:一是预警剖析,即防患于未然。城管部门仅仅限于知道在危机发生时做什么是不够的,更要研讨纠纷的详细状况,制订出具体的危机公关方案;二是有用处置,在呈现有损形象的事情后迅速消弭影响,甚至反弊为利。

联系城管部门本身特点,危机应对有3个准则。

1. 承担责任准则

危机发生后,公众会关心两方面的问题:一方面是好处的问题,好处是大众关注的核心。另一方面是情绪问题,公众很在意城管部门能否在意公众的感触,因而城管应该站在受益者的立场上表现出同情和抚慰,并经过媒体向公众解释,博得公众的了解和信赖。

2. 黄金24小时准则

功德不出门,坏事行千里。负面信息一经传播,超出24小时,则公关即告失败。如何在"黄金24小时内"迅速作出反映,将是外界评判的主要依据。此时,媒体、大众都高度关注城管部门宣布的第一份声明,言论赞成与否往往都立即见于媒体。因而一旦危机呈现,必需抓住时机,迅速反响,与媒体和大众进行沟通,然后敏捷节制事态。

3. 朴拙沟通准则

一是与公众朴拙沟通。目前公众获取信息的渠道不再限于官方媒体,坦诚真实的在第一时间通告公众工作的实情远比半遮半掩要好得多。我们完全可以自动应用收集这个传达载体,和公众交流沟通,倾听大众声音,宣传司法律例,取得大众了解,让大众感触到本人参加到当局的行为决议计划中而发生归属感和认同感。二是与媒体朴拙沟通。担任危机公关的团队在此时可以发挥效果,经过树立新闻发布机制,来处置好与媒体的关系。

(资料来源:城管公共关系调查报告,节选,有删改)

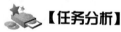
【任务分析】

在当前社会发展的大背景下,城管部门要想彻底改变本身形象,一个急迫的任务就是引入城管公共关系理念。另外,运用公共关系理论创建优越城管气氛是一个发展的、渐进的进程,随着社会经济的发展,必需与时俱进地研讨相关对策,处理好各类问题,然后推进城管工作的标准化、准则化和科学化,为构建社会主义和谐社会作出更大的奉献。

一、撰写公共关系调查报告的种类

撰写公共关系调查报告依据不同的划分标准,依据调查对象的范围和内容的不同,可以分为综合型公共关系调查报告和专题型公共关系调查报告。另外,公共关系调查报告依据调查客体的性质不同,还可以分为叙述性调查报告和分析型调查报告;依据调查表达的方式不同,可以分为文字型报告和口头报告。这里主要介绍前两类调查报告。

1. 综合型公共关系调查报告

综合型公共关系调查报告主要是用于整体的调查和全面调查，涉及面比较广泛，引用的材料也比较多，而且报告内在的层次性和系统性要求比较高，报告的整体分量比较重。譬如，进行企业发展战略的策划，不仅要进行知名度、美誉度的调查，而且还要进行企业内部基本实态调查分析，并要对自己的产品、广告宣传、营销方式等各个方面进行一系列的调查，除了了解自己以外，还有竞争对手的情况、本行业发展趋势分析等也要调查，形成这种综合型调查报告才能满足它的实际需要。综合型调查报告要展示调查内容的全貌，既要纵向的发生、发展的线索，又要梳理横向各部分之间关系，注意到内外之间的联系和互相影响，从而使组织的决策者对调查对象的历史、现状和趋势有一个全面、立体的认识。

2. 专题型公共关系调查报告

专题型调查报告是围绕某一个具体的公共关系问题进行调查之后所写的报告，它涉及的问题较为单一，针对性强。每个报告所涉及的内容范围相对集中，报告具有显著的实用性。专题型调查报告按内容划分，主要有概述基本情况的专题报告、透视热点情况的专题报告、经验总结性的专题报告、查找教训原因的专题报告、建议性的专题报告。

二、撰写调查报告的基本要求

（1）调查报告语言要简洁、有说服力，词汇尽量非专门化。

（2）调查报告必须以严谨的结构、简洁的体裁将调查过程中各个阶段收集的全部有关资料汇集在一起，不能遗漏掉重要的资料，但也不能将一些无关的资料统统地写进报告之中。

（3）调查报告应该对调查活动所要解决的问题提出明确的结论或建议。

（4）调查报告应该能让阅读者了解调查过程的全貌。

三、撰写调查报告的基本结构

规范的市场调查报告，一般应该包含以下5个部分。

（1）序言，主要介绍研究课题的基本情况。

（2）摘要，概括地说明调查活动所获得的主要成果。

（3）引言，介绍研究进行的背景和目的。

（4）正文，对调查方法、调查过程、调查结果及所得出的结论和建议作详细的阐述。

（5）附录，呈现与正文相关的资料，以备读者参考。

四、撰写调查报告的注意事项

（1）要考虑读者的观点、阅历，尽量使报告适合于读者阅读。

（2）尽可能使报告简明扼要，不要拖泥带水。

（3）用自然体例写作，使用普遍词汇，尽量避免行话、专用术语。

（4）务必使报告所包括的全部项目都与报告的宗旨有关，剔除一切无关资料。

（5）仔细核对全部数据和统计资料，务必使资料准确无误。

（6）充分利用统计图、统计表来说明和显示资料。

（7）按照每一个项目的重要性来决定其篇幅的长短和强调的程度。

（8）务必使报告打印工整匀称、易于阅读。

案例

大学生饮料消费市场调研报告

一、前言

近几年,我国软饮料年产量以超过 20%的年均增长率递增,达到 1300 多万吨。软饮料市场已成为中国食品行业中发展最快的市场之一,进入 2011 年软饮料市场依然保持产销两旺的态势,产成品销售收入和利润都比同期有了较大幅度的增长。人民收入水平提高,使饮料生产量和消费量的持续增长成为可能;消费者对天然、低糖、健康型饮料的需求,促进了新品种的崛起。但增长点将会转移,碳酸饮料的传统主流地位会受到挑战,瓶装饮用水、茶饮料、果汁饮料、功能型饮料等将受到更多消费者的青睐。

大学生作为饮料消费的主要群体,他们的消费习惯和消费行为一直受到关注。目前的饮料消费市场竞争日趋激烈,各种品牌不断涌现,饮料消费市场成为典型的买方市场,人们的选择范围越来越大。大学生会做怎样的选择呢?在消费日益冷静的今天,厂家又将如何提高利润呢?带着这些问题,我们对大学生的饮料市场进行了调查研究。

二、调研概述

(一)调研目的

1. 了解大学生最喜欢喝的饮料类型

(1)大学生对饮料的关注因素(口味、价格、包装等)。

(2)品牌对大学生选择饮料的影响程度。

(3)饮料在大学生中的流行趋势。

2. 了解大学生在饮料上的消费情况

(1)大学生在饮料上的消费观念。

(2)新上市的饮料在大学生中的消费市场。

3. 了解大学生的饮料购买习惯

(1)选择何地购买及原因。

(2)购买量和购买方式。

(二)调研方法

1. 方案调研

查询相关资料,了解我国的饮料划分标准及我国饮料市场的发展趋势

2. 网络搜寻

上网查阅有关资料,了解商家、经营者对饮料消市场的看法

3. 访谈法

与经营者进行访谈

4. 问卷调查

5. 对访问人员的要求

(1)熟悉问卷内容。

(2)具有良好、整齐的外在仪表。

(3)具有清晰的口齿,流利的语言及简明扼要的口头表达能力。

(4)认真负责,积极向上的工作态度。

(三)调研对象的选择,样本分配及调研方法

1. 调研对象:岳麓校区的各所高校的大学生

2. 调研方法:

(1)定点访问,拦截访问。

(2)当面访谈法(访问店主)。

(3) 调查原则：样本数量一共是 60 份。对调查所得到的资料、数据进行分析和统计，得出被调查者对饮料消费的习惯及其他的相关数据。

三、调查结果分析

经过为期一周调查，共设计样本数 60 份，回收有效问卷 60 份。总结出大学生对饮料消费主要呈现以下的特点。

1．碳酸饮料依然是大多人的选择

碳酸饮料、茶饮料和水饮料构成了饮料消费的主要部分。其中碳酸饮料的消费人群比例达到 60%。这类饮料的特点是以解渴为主，在功能上比较基础，在价位上也相对较低。这也说明消费者饮料消费的主流，仍然仅仅要求它最基本的功能，并对价位较敏感。

果汁饮料的消费人群占 25%。这既包括纯果汁也包括一般的果汁饮料。从消费比例上看，比去年的数据稳中有升。从功能上看，果汁饮料与水饮料及碳酸饮料是有差异的，这种差异也注定了果汁饮料无法全面代替这些传统饮料。只要从消费比例的发展来看，果汁饮料依然有一定的上升空间，只是上升的幅度被认为并不乐观。另外茶饮料及矿泉水等并不是大学生最受欢迎的饮料。

调查发现，大学生的生活费用依然对饮料的选择起着一定的作用。生活费用较高的人是果汁饮料、功能饮料的大量购买者，而生活费用较低的人，则对水饮料及茶饮料具有更高热情。这也说明，大学生对饮料的消费，生活费用是一个很大的影响因素。

2．在各品牌中，可口可乐的消费量领先

在消费量方面，可口可乐依然是龙头老大，以 23% 的消费量领先。紧随其后的，是康师傅、百事可乐，皆为 16%，统一为 15%，三者不相上下，鼎足而立。处在第三集团的，是国产品牌农夫山泉、汇源、娃哈哈和酷儿，在 3%～6%。国产品牌在饮料市场已经立稳了脚跟，虽然目前与那些国际巨头依然相差较远，但稳定的市场份额和良好的市场口碑，已经使国产饮料拥有了一个良好的局面。大学生在品牌上的选择远远超过了其他的消费群体。

3．口味与品牌是影响消费者购买的两大因素

(1) 饮料的口味是影响因素中最重要的因素，影响着最多的消费者。有 53% 的人认为对饮料的口味会很在意，口味对自己适合与否，会影响对饮料的选择与购买。

(2) 饮料的品牌对消费的影响是仅次于口味的又一重要因素，35% 的被调查认为，饮料的品牌会影响他们的选择。调查中，17% 的被调查者表示，知名度会影响他们的选择。大学生消费者，更注重品牌，也更关心饮料的知名度。因为他们走在潮流的前端，对于新产品的推出抱有新鲜度，对于新广告的播放格外关注。

(3) 位列影响选择的因素第三集团的有营养成份、价格和保质期等因素，分别有 23%、20% 和 19% 的消费者给了选择。

消费者对于营养成份的选择，不应该仅仅理解为饮料中应该包含哪些成份的要求，或者对某种特殊成份在饮料中是否存在的一种追求，同时也应该包含着另一层含义，即饮料中不应该含有某种成份的一种要求。

价格对产品的购买产生较大的影响。这种影响不仅在于对购买场所的选择，也冲击着对产品品牌的选择和对产品类别的选择。

保质期影响消费者的选择是有一定的局限。一般来说，对于即将过期的产品，消费者是不愿意选择的，但这通常并不能对某一产品的购买造成直接的影响，在此情况下人们往往会在既定品牌中重新选择那些看起来更新鲜的产品。

4．超市是消费者的主要购买场所

大学生购买饮料的场所主要在超市，88% 的消费者选择在超市购买。这种倾向与性别有一定关联，女生比男生更倾向于大超市消费，这也许与购买批量有关。一般在学校超市购买时都是临时性的消费，以男生居多，临时性消费对场所的选择性不强，一般以方便为主，就近原则。

5．大瓶、小瓶这种处在两个极端的包装最受欢迎

调查显示，消费者选择的包装以瓶装为主，听装、利乐包只占很小一部分。其中，小瓶装的饮料是消费

者最多购买的，占41%。小瓶装以其携带方便、容积适量而使其最受欢迎。而听装饮料在价格上处于劣势，选择的只有9%。曾经比较受欢迎的利乐包饮料则选择者最少，只占2%。大瓶装饮料是消费者第二多的选择，有29%的消费者购买。大瓶装饮料虽然携带不便，但性价比高，很受上网男生和大部分女生的青睐，成为除小瓶之外最受欢迎的包装类型。而中瓶包装的消费占19%，这种包装是对大瓶包装的一种补充。

研究表明，包装是影响消费的一个重要因素。现在，饮料消费越来越平民化，消费量在逐年增加，包装的花样也越来越多。消费者对包装的关注，已经越来越倾向于对其容量的欢迎，越来越倾向于实用性，特别是超市的一些捆绑式的促销包装十分受欢迎。包装的美观与否、包装的形式如何，其影响渐渐减弱，只对饮料品牌的鉴别产生作用，而对大学生选饮料的影响和促进作用则越来越弱。方便、适量的小包装与实惠的大包装渐渐地成为消费者的主要选择。

6. 价格的选择以2～3元价位最普遍

调查表明，大学生最常消费的饮料的价格在2～3元，消费人群比例占47%，这也是最普遍的一个价位区间。5元以上的消费占23%，这类消费一般是大瓶装饮料，比例也较高。

对消费饮料的价格分布与其他信息的研究显示，消费的价格与其消费的场所、消费的包装类型都有直接的关系。一般消费价格越高，则多在便利店进行消费。而价格越低的饮料，包装的容量越小。而从消费饮料的类型上看，价位较低的消费，多为水饮料、茶饮料及碳酸饮料。

7. 促销因素

目前果汁饮料的促销方式主要集中于现场促销小姐推荐，举办抽奖活动或降低价格，促销频率也正在加大，一般一年促销次数达4～5次，每次基本为期一个月，促销地点一般选择在一些繁华地点或大型商场、超市。大学生对于在促销的饮料选择性较大，主要在于促销的产品新颖、价格便宜。

四、结论和建议

针对大学生市场的调查结果分析，总结了对于饮料消费存在的主要问题，对销售厂家提出以下的建议：

1. 增加饮料的附加价值

消费者喝饮料除了解渴外，还希望饮料产品提供一些附加价值。所以不管是哪个饮料类别，都应根据产品自身的特点提出一些符合消费需求的卖点来，如萝卜汁饮料可以补充维生素；红枣饮料可以补血；梨汁饮料可以去火；银耳饮料可以养身等等。这样产品的市场接受度就会大大提高。

2. 要有好的产品策略

(1) 产品口味：产品口味是消费者选择饮料产品最重要的因素之一，产品口味一定要进行消费者测试。

(2) 产品包装：最好采用瓶装或易拉罐装，也可以几种包装形式相互补充，但包装风格要统一，色彩明快，有视觉冲击力。

(3) 价格策略要恰当。

产品价位可以略低于市场中的领导品牌。如果有的产品生产成本较高或加入了特殊的营养成分，其价位也可以略高于市场上的领导品牌。具体的价格还要根据自身的产品特点和消费者的接受程度来定。

(4) 销售渠道。

尽可能增加铺货率。超市、批发两条腿走路，尽可能增加产品的铺货率，以超市带动其他各类渠道的销售。

(5) 广告促销。

要制作一个好的广告片。广告语如果能让消费者过目不忘，会节省大量的广告播出费用。广告以电视广告为主，报纸广告与促销活动相结合。促销活动要具备消费者参与性强的特点，且要一轮接一轮不停地运作。如果厂家前期营销费用少，也可主要以促销为主，电视广告为辅，但促销策划必须是一流的，能产生强烈的市场反馈。

(6) 规范调研与策划活动。

在产品上市前或运作过程中，定期进行消费者、销售渠道和竞争对手的市场调研，了解消费需求，经销商心理和竞争动态，并在此基础上做出全面、细致的整合营销策划。

附录

大学生饮料消费市场调研问卷

同学,你好!我是市场营销专业的学生,因课程安排的需要,现打扰你几分钟,请你帮忙做个调查,你的答案将对我们很有帮助,非常感谢!

1. 你通常在什么情况下喝饮料?
无聊时[ ] 身心疲惫时[ ] 想喝就喝[ ] 其他[ ]

2. 你平时在哪里买饮料?
大型超市[ ] 便利店[ ] 娱乐游乐场所[ ] 自动售货机[ ] 饮料摊位[ ] 想买就买,不在乎什么地方[ ]

3. 你在这里买饮料的理由是什么?
就近原则[ ] 买的饮料种类多[ ] 按心情而定[ ] 其它[ ]

4. 每周大约会购买多少次饮料?
有时买[ ] 必买13次[ ] 每天1次[ ] 大于7次[ ]

5. 通常选择什么价位的饮料?
1~2元[ ] 2~3元[ ] 3~4元[ ] 4元以上[ ]

6. 你常购买的饮料类型?
果蔬汁[ ] 碳酸类饮料[ ] 茶饮料[ ] 包装饮用水[ ]
功能性饮料[ ] 含乳饮料[ ] 咖啡类[ ]

7. 你最常购买的品牌?
可口可乐[ ] 农夫山泉[ ] 康师傅[ ] 统一[ ] 雪碧[ ] 百事[ ] 娃哈哈[ ] 汇源[ ] 酷儿[ ]
脉动[ ] 其他[ ]

8. 买饮料时最注重的因素?
口味[ ] 包装[ ] 功能[ ] 品牌[ ] 价格[ ] 色泽[ ] 其他[ ]

9. 如果有新产品上市你会尝试吗?
会[ ] 不会[ ](至最后一题)

10. 尝试新产品的原因?
广告影响[ ] 促销[ ] 觉得新鲜[ ] 他人影响[ ] 被其包装、色泽吸引[ ] 新鲜,想尝尝[ ] 心情[ ]
其他[ ]

11. 喝过一次后,最能影响你再次购买该种饮料的原因是什么?
口感[ ] 喝完之后的心情很好,想再次回味[ ] 有抽奖(未抽中,继续碰运气)[ ] 营养[ ]

12. 饮料的包装吸引你之处在于?
包装的颜色[ ] 包装的明星图案[ ] 包装的卡通图案[ ] 包装的形状[ ]

您的基本资料
学校_____ 年级_____ 性别_____ 爱好_____
每个月生活费_____
感谢您的合作!

访谈提纲(访问店主)
1. 在你所销售的饮料中,什么类型的饮料最畅销?
2. 他们一般是选择什么包装的饮料产品?
3. 新产品一般好卖吗?
4. 在购买过程中,学生们一般会注重哪些方面(如价格、口味、保质期等)?

(资料来源:大学生饮料消费市场调研报告[OL]. 2011,有删改)

知识与技能检测

一、名词解释

1. 公共关系调查。
2. 典型调查。

二、思考题

1. 如何设计公共关系调查总体方案？
2. 撰写一份公共关系调查方案。
3. 简述实施公共关系调查活动的方式、方法和程序。
4. 实施一次公共关系调查活动。
5. 简述撰写公共关系调查报告的要求、结构和注意事项。
6. 撰写一份公共关系调查报告。

三、实训题

1. 项目：调查报告的撰写。
2. 目的：掌握调查报告撰写的基本方法。
3. 内容：某电脑公司的主打产品——T29型电脑在市场上曾受顾客欢迎，但最近几个月销售额连续下滑。为夺回市场，总经理召集各部门经理召开紧急会议商讨对策。为了使公司的决策更有针对性，总经理要求大家在最近一段时间做好有关电脑产品的市场调查，具体实施由行政办公室王主任负责。假如你是王主任，你将如何指导下属顺利地完成市场调查工作？
4. 组织：把全班同学分成8人一组并选出组长，分组模拟调查。
5. 考核：调查报告及发言情况作为一次大作业，教师分别给出成绩并计入学生平时成绩。

任务三
策划公共关系活动
CEHUA GONGGONG GUANXI HUODONG

 引例

群 鸽 来 访

美国联合碳化钙公司52层的总部大楼刚刚竣工,就有一大群鸽子飞进这幢大楼一个房间,把它当做栖息场所。公关部经理知道此事后,认为这是一次扩大公司影响的机会,便着手策划了一次有声有色的新闻事件。他首先打电话给城市动物保护委员会,请他们来捕捉鸽子,紧接着又通报新闻媒体这座城市从未有过的"群鸽来访"的奇事。动物保护委员会为不损伤鸽子,用网兜捕捉鸽子,前后足足用了三天时间。在这三天中,电视台、电台和各大报社竞相采访,跟踪报道,使这件事成了这座城市公众那些天关注的新闻热点。

(资料来源:唐雁凌,等. 公共关系学[M]. 2版. 北京:清华大学出版社,2011. 有删改)

案例分析:公关策划是一门科学,是一门艺术。这期间,公关部经理充分利用在电台和荧屏中亮相的机会,频频向公众介绍公司各方面的情况,加深了社会公众对公司的了解,从而不花一分钱就很好地宣传了公司形象,达到了扩大公司知名度、美誉度的目的。公共关系学这门实用性很强的学科也显示出了它的威力。目前,欧美国家已经将公共关系业务作为第三产业中一个朝阳的行业,在科技发展、信息爆炸的今天,更应该重视学习公关,应用公关。

子任务一　撰写公共关系实施方案

【知识目标】

- 了解公共关系实施方案的概念和类型
- 理解公共关系实施方案的内容和格式
- 掌握撰写公共关系实施方案的要求

【技能目标】

- 能够撰写公共关系实施方案

【任务导入】

"再小的力量也是一种支持。从现在起，你买一瓶农夫山泉，你就为申奥捐出一分钱。"从 2001 年 1 月 1 日至 7 月 13 日止，销售每一瓶农夫山泉都提取一分钱，以代表消费者来支持北京申奥事业，这就是农夫山泉的全民支持申奥的"一分钱"活动。

企业不以个体的名义而是代表消费者群体的利益来支持北京申奥，这个策划在所有支持北京申奥的企业行为中是一个创举。在商界，农夫山泉的举措无疑是英明的。事实上，农夫山泉自诞生以来，便与体育事业特别是中国奥运有着非同寻常的渊源。从 1998 年法国世界杯足球赛、中国乒乓球队历次国际大赛、悉尼奥运会，直到这次全民支持北京申办 2008 年奥运会主办权的"一分钱"活动，养生堂牵手中国体育事业的脉络清晰可见：不直接介入体育产业。因为既然是产业，就要以利润为第一考虑，这样一来就必然影响甚至排斥其他公益目标。竞技体育只有一个冠军，而养生堂想的是双赢，甚至是多赢全赢，大家都是冠军。此次全国动员的"一分钱"活动，意义显然在于此。2000 年 7 月，中国奥委会特别授予养生堂"2001—2004 年中国奥委会合作伙伴／荣誉赞助商"的称号，养生堂拥有中国体育代表团专用标志特许使用权。养生堂由此成为中国奥委会及中国体育代表团最高级别的赞助商之一，也是最早与中国奥委会建立合作伙伴关系的赞助企业。

2001 年 1—5 月，农夫山泉销量已完成 2000 年全年销量的 90%，一份来自国内贸易局商业信息中心对全国 38 个城市近 2000 家超市、商场的权威监测报表显示，农夫山泉天然水在瓶装饮用水城市市场占有率已跃居第一位。在奥运场外的夺金战中，农夫山泉的品牌含金量又多了一分。

（资料来源：http://news.sohu.com/s2006/nf/）

【任务分析】

策划活动中如何抓住体育精神与企业文化的同质性？如何以企业行为带动社会行为，使品牌得到更大范围地传播和认同？

通过以上活动，让消费者熟悉养生堂，树立农夫山泉品牌，拉近与消费者的距离，增强市场竞争力。提高品牌的知名度、美誉度。突出企业的独特精神风貌，建立起消费者对企业的信心，并为企业进一步的深入影响和控制市场打下基础。

一、什么是公共关系实施方案

公共关系实施方案即公共关系策划书，也称公关策划方案或公关策划文案，在有些公关业务书籍中又称之为"公关专题建议书"。它是指企业或公关公司的公关策划者按照组织生存发展的需要，以及实现组织未来目标的要求，分析组织内外的软件与硬件条件，运用公关智慧策略，进行构思谋划的最佳行动计划，并以文字与图表记录表述的书面文书。

总之，它是公关实践中常用的文书之一。在公关实践中，科学的策划文案，发挥着实施、规范、沟通、协调的作用，因而具有现实的社会效用。从写作学角度分类，公关策划书是属于企业与公关领域的实用文体。

国际策划专家江川郎指出，杰出的策划是"杰出的创意×实现可能性＝最大的期待效果"。公关策划书是最终的策划文书，是策划程序水到渠成的书面结果，是策划人及其团队借以展示策划内容，获得企业最高决策层认同，并付诸实施的"设计蓝图"，是从智谋到实施的重要纽带，因此，必须精心撰写。

二、公共关系实施方案的类型

公共关系实施方案，从内容上划分主要有 5 种。

（1）开展公共关系活动，让本企业内部员工了解企业的重大活动及其意义，了解企业领导层的创造性活动，以提高员工对企业未来发展的信心，增强他们对企业领导人的信任。

（2）在推出新产品、新服务或开辟新市场之前，通过公共关系活动，让公众对新的产品、新的服务项目有较多的了解，提高其知名度，以创造一个对本企业有利的良好的消费环境。

（3）当企业在社会上的名誉受到损害或企业内部发生变故，造成人心不稳，影响企业各项工作的正常运营时，通过公共关系活动解除危机，重塑企业的良好的社会形象并稳定人心。

（4）企业发起公益活动，赞助公益事业，加强与公众的沟通，增进公众对本企业的好感，提高企业的美誉度，为企业创造一个好的外部环境。

（5）企业主动协调与政府和社区的关系，争取得到政府和社区的支持。

三、公共关系实施方案的内容要素

公共关系策划书没有固定的格式，策划者一般根据实际的需要和自己的文笔风格来撰写。但无论策划书的形式、内容有怎样的差别，理应包含的要素都不可或缺。一份完整的公共关系策划书应当具备 5W、2H、1E，如下。

1. 5W

Why（为什么）——策划的缘由。
Who（谁）——策划者、策划方案针对的公众。
What（什么）——策划的目的、内容。
Where（何处）——方案实施地点。
When（何时）——方案实施时机。

2. 2H

How（如何）——方案实施形式。
How much（多少）——活动经费预算。

3．1E

Effect（效果）——活动实施效果预测。

上述 8 个要素就是一份完整的公共关系策划书应当具备的基本骨架。针对不同组织、不同内容与形式的公共关系策划方案，应当围绕这 8 个要素，根据自己的需要去进行丰富完善和组合搭配，公共关系策划书的创造性与个性风格，就存在于对要素的丰富完善和组合搭配的差异之中。

四、公共关系实施方案的格式

公共关系实施方案是按照特定格式记载公共关系调查结论、公共关系策划成果的应用文，是开展公共关系活动的蓝本，由 3 个方面构成，即项目标题、正文内容和署名。

其中，项目标题一般采用公文式标题，如"上海市第一百货公司第 20 届香水文化节策划书"，涵盖了事由单位（上海市第一百货公司）、事由（第 20 届香水文化节）和文体（策划书）3 个公文标题的基本要素。署名部分比较简单，写出项目的策划单位名称和撰稿日期即可。

公共关系策划书的正文是主体，其写作内容比较复杂，主要包括以下 8 个部分。

1．前言

简要介绍策划书项目的由来、公共关系活动主题思想的社会背景等。

2．市场状况与形象分析

比较详尽地介绍公共关系调查分析的结论，主要是通过"3 个比较"所得出的"3 点结论"，即公共关系宣传的信息内容与市场特性、竞争对手和公众需求比较之后的优势点、问题点与机会点。

3．目标体系

比较概要性地介绍公共关系活动的目标设想，主要内容有如下内容。

（1）总体目标，包括企业在未来某一较长时期内所追求的形象特性、品牌忠诚度指标等。

（2）具体目标，明确企业通过某一公共关系活动希望实现的具体指标。

4．创意说明

主要介绍公共关系活动的主题思想、宣传文案，涉及的内容主要有：指导思想、活动主题、活动总名称、细项目活动名称、宣传作品（主要陈述电视宣传作品的分镜头脚本、报纸杂志宣传作品的设计图、POP 广告的设计图等）、标语和饰物（介绍营造现场主题气氛所使用的装饰物，如吉祥物、彩旗、现场色调、音乐、音响等）。

5．媒体策略

主要介绍宣传媒体的分配规划（包括媒体分配、地理分配、时间分配、内容分配方面的内容）、组合方式，一般用表格形式陈述。

6．活动方案

这是策划书的重点内容，重点介绍公共关系的整体运作方案，其主要内容有两个方面。

（1）日程安排：即介绍公共关系项目从承接项目任务开始到完成公共关系活动所涉及的工作进度安排。

（2）活动布置：介绍公共关系各个主体活动与后援活动的项目名称、实施时间、地点、运作步骤、程序方案，其中运作步骤、程序方案一般表现为"节目单"，采用表格形式表述。

7. 公共关系预算方案

主要介绍公共关系预算表。

8. 效果展望

简明介绍公共关系活动的理想化效果。

五、撰写公共关系实施方案的要求

公共关系实施方案的写作，需要遵循以下要求。

1. 文案的简洁性

公共关系项目策划书的文字叙述，要力求简洁、明确，朴实无华。

2. 内容表述的写实性

内容表述一定要完整，即使是细节性内容，也应有专门项目加以表述。

3. 结构的条理性

借助数字序列分层次、分步骤安排写作结构，如先用一、二、（一）、（二），然后每个条目下又用"1""2""3"……之类的数字，标志出公共关系项目策划书的内容顺序。

4. 计划安排的周密性

公共关系策划书涉及多方面的操作性内容，一定要注意计划的周密、严谨，确保公共关系工作的顺利进行。

公关策划书草案编写后，应及时组织有关人员，如创意人员、策划人员、执行人员、企业负责人、文学工作者、财会人员、新闻公众等，对策划书进行综合评估。

知识链接

"家乐福事件"公共关系策划方案

成立于1959年的家乐福集团是大卖场业态的首创者，是欧洲第一大零售商，世界第二大国际化零售连锁集团。现拥有11000多家营运零售单位，业务范围遍及世界30个国家和地区。

集团以3种主要经营业态引领市场：大型超市，超市以及折扣店。此外，家乐福还在一些国家发展了便利店和会员制量贩店。

一、事件回顾

"家乐福"事件起因源自2008年4月13日一条通过手机、MSN、QQ、BBS等渠道迅速传播的信息："5月8日—24日，正好是北京奥运会的前3个月，所有人都不要去家乐福购物，理由是家乐福的大股东捐巨资给达赖，法国支持"藏独"者，甚至法国总统也因此声明抵制北京奥运会。那我们现在就来抵制一下家乐福，为期与北京奥运会同长，前后17天。让他们看看中国人和中国网络的力量。请转发给你所有的手机、MSN等的联系人，并且让他们的家人一起参与，让家乐福门可罗雀17天。"

这条内容不长的信息激起了广大中国同胞的强烈愤慨，加之之前火炬传递在法国遭遇了种种阻挠，向来团结一致的中国人民心中的怒火骤然爆发，一时间，"家乐福"成为众矢之的，青岛各界人士抵制"家乐福"打响了此次"战役"的第一炮。

4月17日上午，武汉"家乐福"将中国国旗降半旗的照片惊现互联网，事件再度升温。又有一大批满腔热血的中国人民加入了抵制中，全国各地多家"家乐福"的营业受到影响。

事件发生后，"家乐福"总裁否认支持"藏独"：对于被指支持"藏独"，"家乐福"总裁一再强调，该集团的立场是，从来不会干预其他国家的政治和宗教事务。武汉"家乐福"半旗门事件——疑似有人故意作怪，相关负责人已报警。负责人指出不是公司所为，怀疑是有人故意所为以引起事端。

二、家乐福在危机公关处理方面的不足

1. 缺乏危机意识，处理危机不及时

抵制家乐福的帖子在网上流传了好几天，家乐福对此却茫然不知。最具有讽刺意味的是，家乐福华东区公共事务总监于剑在接受媒体采访时表示，他也是从收到第一条"抵制家乐福"的短信才知道的。而在知道危机之后，又没有在第一时间采取应对措施。一般来说，企业在发生危机后，应该在 24 小时内及时做出反应，而家乐福一直到 4 月 16 日才对外发表声明，但已为时过晚，危机已经扩大。

2. 对于危机，没有找出主要原因

公众之所以抵制家乐福主要原因是因为家乐福的股东之一路易威登-莫特轩尼诗集团涉嫌支持达赖，这是一种典型的民族主义情绪宣泄。家乐福希望把自己和路易威登-莫特轩尼诗集团隔离开来，策略是可取的，但是公众深知根本原因在于路易威登-莫特轩尼诗集团，而如果路易威登-莫特轩尼诗集团不出面说明，要取得公众的谅解是不可能的。此时家乐福的这种做法就未免显得幼稚。

3. 声明的态度不诚恳

家乐福在事后发表的声明中没有提及其大股东路易威登-莫特轩尼诗集团，作为家乐福的大股东，自己不出面澄清事实，而让下属企业辩解，其态度不够诚恳由此可见一斑。如此缺乏诚意，即使家乐福舌灿莲花，其效果都是可想而知的。

4. 没有处理好与媒体的关系

对于媒体的报道，家乐福声明中说"家乐福将保留对恶意制造和传播上述谣言的组织和个人采取法律行动的权利。"从语气来看，似乎有种威胁的意味。此时的家乐福正处于"四面楚歌"的境地，媒体是其向外界传达信息，恢复企业形象的最重要途径，如果与媒体关系不和谐，无异于火上浇油。

三、公关目标

通过本次公关活动的展开，可以使家乐福在中国市场上重新取得消费者的信任，在政府和媒体方面可以得到更多的认可和支持，在其内部的员工、股东和供应商方面可以得到谅解。

四、公关第一阶段：向消费者公开道歉，重拾消费者信任

此阶段是整个公关活动最主要的部分，若此时处理不当，将更为严重地损害家乐福的形象，导致家乐福的声誉继续下降。首先将问题准确地定位，迅速改正错误，将消费者失去的信任重拾回来。真心诚意，积极应对：采取果敢正确的处理危机措施，表达出解决问题的诚意。以真诚和负责的态度面对公众，绝对不能敷衍。这样既表现了对消费者负责任的一面，又最大限度地减少了公司不必要损失。立即成立临时公关危机处理小组，公关危机处理小组的重要责任就是"战时指挥小组"。他们首先要做的就是正面去应对消费者的抵制，并与消费者进行良好的沟通，积极地进行危机处理，分步骤地实施危机策略。

（1）报道周期：自事件发生开始，为期一个月的时间。报道企业的相关真实的信息。

（2）报道阶段及区域划分如下。

第一阶段：消息发布，以北京、上海、广州等大城市为主，同时发布信息。

第二阶段：时间深度报道，深入各个中小城市。

（3）报道主要内容如下。

① 率先站出来，进行真实和真诚的表述，解答消费者的疑问和顾虑。

② 展示自己的诚意。

（4）公关策略如下。

① 新闻发布会及网络新闻发布会的召开。一种最为让人们接受和信服的报道方式就是正式的媒体进行的正式的新闻报道，民众还是十分信任媒体机构的，只要用正面和积极的态度来面对新闻界和媒体的支持，会给企业危机公关带来更好的成功。

② 媒体正式报道。媒体在消费者心目中是比较积极和正面的，对消费者而言也是一种积极的正面的作用，会得到更多消费者的支持。

③ 网络新闻公告。"家乐福事件"是从网上慢慢地蔓延和扩散开来，所以，在网络上开始进行新闻公告和发布是一种比较合理和比较容易被中国的广大网民接受的一种方法。

五、公关第二阶段：通过家乐福的整合行销措施来重新打造家乐福形象

1．折扣与让利定价策略

（1）现金折扣。对购买家乐福产品的消费者给予80%的折扣，人人都有，买就有的折扣。

（2）数量折扣。①非累计数量折扣：规定顾客一次性购买产品达到一定数量或一定数额，可赠送其他的小件日用产品，价格一般在10～50元。②累计数量折扣：规定顾客在一定时间内，如5月1日—5月30日，购买家乐福产品的数量到达一定的量就可以50%的折扣。

（3）交易折扣。给家乐福的供应商们一定的交易折扣。

（4）推广让价。此次的大让价活动可刊登在报纸、杂志和网络上，让更多消费者了解到这一点。

2．公益活动

向顾客宣传在这段时期内的一部分消费将捐给希望工程和相关的慈善基金会。

3．赞助活动

此时的家乐福通过赞助做广告，可增强广告的说服力和影响力，树立起家乐福关心社会公益事业的良好形象，追求家乐福的社会效益，承担家乐福的社会责任。

（1）体育赞助。赞助一次全民的健身活动，体育通常比任何其他活动都可以更多地获得公众的关注，我国广大公众对体育活动的兴趣日益浓厚，家乐福通过赞助体育活动，可以增强对公众施加影响的广度和深度。

（2）教育赞助。家乐福可赞助希望小学建设经费，这不仅可以帮助学生完成学业，有助于教育事业的发展，而且又能树立家乐福良好的公共关系形象。

（3）文化赞助。家乐福应赞助某一大型文艺表演活动，既可以培养与公众的良好感情，又可以提高家乐福的知名度，提高社会效益。

（4）社会福利事业赞助。家乐福可赞助社团、基金会，赞助的形式定为临时性捐助。这次赞助相对于体育活动类、文化活动类和教育事业类的赞助，可以不那么轰轰烈烈地为更多的公众所关注，但这种赞助有助于与政府搞好关系，向消费者、社会表明家乐福承担的义务和责任，更能体现家乐福的崇高的社会形象，赢得公众的好感。

六、第三阶段：后续工作

当一切工作完毕后，此次事件也将慢慢地进入降温期，所要做的工作是：收起促销活动，使营业步入正常轨道，但广告宣传仍不可少，力度也不能变弱，电视、报纸、杂志、网络都要进行。

1．效果评估

（1）消费者。得到了道歉，心理上得到了一定的满足和慰藉，同时享受到了实际的优惠。

（2）家乐福。成功地实施了自己的危机公关。

2．总结

只要有危机的产生，多少会对企业和品牌造成一定的负面影响。接下来的危机公关是企业应主动恢复消费者、社会、政府对它的信任。这一步如果处理得当，不仅可以使品牌形象得以恢复，而且还能够进一步丰满和提升品牌形象。

七、预算费用

待定。

八、策划实施进度

第一阶段：5月18日—5月28日

第二阶段：6月1日—6月30日

第三阶段：7月1日—7月30日

九、附加说明及相关资料

此公关活动参考一些公关策划而来，而预算方面由于家乐福超市的范围和覆盖面太广，很难做出准确的预算，所以在这里并没有点出。

（资料来源：http://www.795.com.cn/wz/65543.html，有删改）

子任务二 选择传播媒介

【知识目标】

- 了解传播媒介的基本特点
- 理解选择传播媒介的原则
- 掌握选择传播媒介的策略

【技能目标】

- 能够合理地选择传播媒介

【任务导入】

广州幕可生物科技有限公司。提到这公司的名字可能很少有人熟悉,但要是说起该公司的化妆品品牌——WIS,相信很多微博网友都不会陌生。

WIS 品牌诞生短短两年,借助微博平台,让 WIS 这一品牌成为草根明星,两年的时间该品牌在新浪微博的粉丝已到达 350 万级别,运营得风生水起。黎文祥团队推出的这个品牌,只做祛痘消印,凭借不到 20 个种类的商品,一路杀入了淘宝化妆品行业前 20,祛痘类目之一,年销售额突破亿元。

那么,一个新生的品牌是如何在短短两年内快速崛起的呢?

(资料来源:你懂微博营销吗?他懂!祛痘膏卖出上亿元![OL]中国公关网. 有删改)

【任务分析】

WIS 品牌定位精准在"一个专注于解决年轻人受损肌肤问题的品牌",即"年轻+修复肌肤"。产品的定位还会影响到营销战略、发展理念等方面,WIS 因为有了精准的定位,才做到了精准地投放与营销。公司在 WIS 品牌投放初期就新浪微博用户进行了大数据分析,研究发现相比其他社交平台,发现 90 后年轻用户在新浪微博中占据相当比例,而且具备很强的互联网上消费能力,这些都是化妆品的深度用户。所以该公司选定了微博这一网络新兴媒介进行了产品运营。

一个化妆品品牌要想在微博上获得关注,必须先给自己确定一个准确的定位。公司管理层针对 90 后年轻人生理正值青春期,常常因为青春痘而烦恼这一情况,将 WIS 产品主打功能定位为祛痘消印。

正是由于准确媒介选择和产品定位,使得这一品牌在 90 后微博网友中大受欢迎得到。而在公共关系的传播中,如何正确选择媒介是公共关系实施传播过程中的一个重要问题,也就是如何选择恰当的媒介,使公关传播更有效,更经济。

一、传播媒介的基本特点

根据上述分析,一般认为,传播媒介就是指介于传播者与受传者之间的用以负载、传递、延伸、扩大特定符号的物质实体,具有实体性、中介性、负载性、还原性和扩张性等特点。

1. 实体性

作为实体性的媒介，它有质地、形状、重量，给人的感觉是可见、可触、可感，是个具体的、真实的、有形的物质存在，故也就有磨损、消耗和锈蚀。在大众传播中，书刊、报纸、收音机、电视机等都是用于传播的实体。在面对面的传播中，空气、光线是传播的实体，人体及人体的口、眼、耳也都是传播的实体，口是发送信息的媒介，耳是接收信息的媒介，眼既可发送信息，也可接收信息（所谓"眉目传情"）。人体和人体器官的媒介功能既存在于人际传播中，又存在于组织传播和大众传播之中。

2. 中介性

媒介的中介性特点，一是指它的居间性，即它居于传播者与受传者之间；二是指它的桥梁性，即它可以使传受两者通过它交流信息、发生关系。当其他的物质实体（如屏风、木板、幕布等）插入人与人之间之后，会使之隔离、分开。但传播媒介则是传受两者之间建立联系和沟通信息的"渡船""桥梁""纽带""窗口"。

3. 负载性

负载符号，既是传播媒介的特点，又是传播媒介存在的前提和必须完成的使命。金、木、石、纸是负载文字符号和图像符号的合适媒介，磁带、唱片是负载声音符号的最佳媒介，胶片、影碟则是负载图像符号与声音符号的较好媒介。由于传播媒介通过符号负载了信息或内容，因此，当人们说"传播媒介"时，往往既指其物质实体（纸张、收音机、电视机、放映机），也指媒介实体、符号、信息的混合物（报纸、书刊、广播、电视、电影），有时甚至泛指媒介机构或媒介组织（如"大众媒介""新闻媒介"）。这正是对媒介负载性过分重视的结果。

4. 还原性

作为中介的传播媒介，它决定了其在传播过程中所负载符号的原声、原形、原样，而不应对符号作扭曲、变形、嫁接处理。换句话说，传播媒介在将传播者编制的符号传递给受传者之后，应在受传者那里能够还原为传播者所编制的那种符号形态。特别是在大众传播中，传播媒介若不能客观地还原所负载的符号，而在中途发生变异，不仅会因不合其还原性特点而变态，而且会造成巨大的传播混乱。西方人像传播中的"换头术"，既是传播的变态，又是社会变态的先兆。

5. 扩张性

媒介不仅可以"穿针引线"使传受两者产生关系，而且还可以将一个人的思想、感情和所见、所闻传播开来为许多人所共享。陆游的《示儿》诗、林觉民的《与妻书》，一经媒介的扩展和张扬，立即脱离原先的人际传播范围而成为亿万读者的精神财富。里根遇刺的消息，广播媒介使美国人民在一秒钟后获知，使世界人民在两分钟内得知。北约飞机轰炸波黑塞族控制区的大桥、雷达和建筑物的情形，电视媒介不仅使各国观众的信息接受与事件发生几乎处于同步状态，而且比当地人看得更为真切清楚。日本电影理论家浅沼圭司在《艺术与媒介技术》（1994）一文中曾极力赞赏媒介这种扩张性："绘画类的艺术作品，在出现机械复制之前，仅被一部分特权阶层所独占，把它供奉在特别的场所（圣城），然而印刷媒介却可以将其扩展到一般群众所能观赏的地方。""这种结果使得艺术扩大了领域，或者说使艺术的接受方法发生了巨大变化。"这在一般信息传播中也是如此。

二、选择传播媒介的原则

1．联系目标原则

根据公共关系的具体目标和工作要求来选择和使用传播媒介。即选择和使用的手段和方法必须符合公关工作的性质和要求，以便充分发挥媒介的功能。

2．适应对象原则

根据公共关系对象的特征来选择和使用传播媒介。即根据不同的公众对象选用不同的传播手段，才可能使信息有效地到达目标公众，并被公众所接受。

3．区别内容原则

即根据传播内容的特点和要求来选择和使用传播媒介。只有根据传播的内容来决定传播的形式，才可能充分发挥传播媒介的优势。

4．合乎经济原则

即根据组织具体的经济能力和最经济的条件选择和使用传播媒介。根据公关预算和传播投资能力，量力而行；并精打细算，争取在最经济的条件下获取尽可能大的传播效果。

 案例

艺术家成名到了"火攻时代"？

2013 年 7 月 26 日深夜，策划人沈其斌发出一条微博"本人策划的《当代艺术：中国进行时！》专场拍卖，在运输途中遭遇大火，大部分作品烧毁，特此通告。"虽只寥寥数语却引起轩然大波。尽管事故原因尚在调查中，但围绕这场"艺术大火"的惋惜声和质疑声不断。以中国美院副教授吕澎为代表的声音认为此事件幕后主导"欲望太强，智商太低，效果太烂"，将这场大火直接定性为炒作；而沈其斌和他的拥趸则认为现代人怀疑一切是信用系统失调的表现。

炒作与否未能定论，但这场"艺术大火"令事件中的艺术家声名大振，他们的作品也价格猛增。在记者近日的采访中也出现一种声音：在 60 后艺术家依旧主导艺术舞台的当下，青年艺术家虽然机会越来越多，却也面临"成名难"的困惑。在这场大火之后，艺术圈产生了一个新名词"火攻"。所谓火攻，即利用一种剑走偏锋的极端方式，瞬间吸引眼球，迅速提高身价的艺术经营手段。

沈其斌透露，被损毁的作品来自包括中国当代艺术新势力"8G"在内的多名国内艺术家，并称很多被烧毁的画作才是重量级作品。就在人们为在大火中被损毁的艺术品惋惜时，《当代艺术：中国进行时！》7 月 28 日如期在北京举槌。那些幸免于难的艺术品在继续进行的拍卖中创下了傲人成绩，原定拍品总数 197 件，因火灾撤拍 73 件，最终实际拍卖 124 件，成交 111 件，成交率 89.5%，成交总额 6597.325 万元。

这样的数字引得圈内一片哗然，特别是其中一位艺术家邱志杰此前一幅作品最高拍卖记录是 182 万元，而其大火中"劫后余生"的一幅作品却拍出了 700 万元高价的"差距"更是让各种质疑声频出。

武汉著名策展人、《艺术+》主编仇海波在接受记者采访时表示"未必是炒作"，在事件发生后他与北京的一些圈内人士交换意见，最终得出的结论是："大火可能确是意外，但在大火之后，沈其斌对事件中艺术家与艺术品的运营却十分高明。"

仇海波笑言："艺术圈其实和娱乐圈很像，炒与不炒最终都难界定，新闻事件能让艺术家引起关注，但最终能够持续发挥影响力的还是靠作品和实力发声。"

（资料来源：鲁艳红．艺术家成名到了"火攻时代"[N]．武汉晨报，2013，有删改）

案例分析："制造新闻"是指社会组织为吸引新闻媒介报道并扩散自身所想传播出去的信息而专门策划的活动。"制造新闻"是一种积极主动的传播方式，因为"制造新闻"是在社会组织充分认识新闻媒介的地位、作用和特点的情况下，为扩大知名度和美誉度，抓住一切可利用的契机"制造"新闻，以激起新闻媒介采访、报道的兴趣，从而达到使新闻媒介自觉不自觉地为组织作宣传的一种积极主动的、创造性的新闻媒介公关活动。

"制造新闻"是一种有效的传播方式，因为新闻媒介所做的新闻报道、专题通讯等都具有客观性、公正性和可信性，它比直观的商业广告更容易被公众接受、相信和记忆，其效果要比"王婆卖瓜式"的商业宣传好得多。

"制造新闻"是一种经济的传播方式，由于"制造"出来的新闻具有报道价值，所以能被各媒介主动报道，对组织或企业来说这种宣传是免费的。

沈其斌的高明之处在于：通过"制造新闻"引起公众及媒体的注意，这种宣传与商业广告相比，剑走偏锋，引人入胜，使公众在不知不觉中关注本次拍卖；而拍卖者则借事件的影响，借助新闻媒体名扬四方，提高了艺术品身价。

三、选择传播媒介的策略

1. 媒介有不同的特点

不同的媒介有不同的特点，因此适用的传播类型也不同。报纸、广播、书籍、杂志、电视、电影等适合于大众传播，信函、电话、电报、传真等适用于人际传播，内部报刊、闭路电视适用于组织传播，灯箱、广告牌、布告适用于公共传播，互联网既适合于大众传播、组织传播，又适合于人际传播。媒介选用得当，在传播过程中可收到事半功倍的效果。

2. 传播内容

不同的传播内容应选择不同的传播媒介。一般说来，较形象且浅显的内容应选用电子媒介，而难以理解的信息内容适合用印刷媒介。同样是印刷媒介，要传播系统的理论、深奥的知识，应选择书籍；内容不太多，但专业性很强，应选择杂志；内容相对通俗易懂，易引起普通公众关注，应选择报纸。同为电子媒介，靠美好悦耳的声音就能打动公众，可选择广播；有丰富多彩的画面，有变化多端的动作，则可选择电视和电影；如果要求场面宏大、气势磅礴，则更适宜选择电影。如果传播内容有一定保密性，则宜选择电话、信函；如果内容要求迅速广泛传播，则宜选择广播、电视、报纸、互联网。

3. 受传者的特点

受传者是传播的目标和对象，传播效果取决于受传者接受信息的多少和对信息的理解程度，因此应对受传者进行全面细致的考察。根据受传者的文化层次进行选择：对文化水平高、喜欢思考的知识分子，宜采用书籍、杂志、报纸；对文化程度不高的人，宜采用电影、电视、连环画。根据工作性质进行选择：对经常加班加点的出租车司机和从事简单劳动的人，宜采用广播；对从事复杂劳动且时间比较紧张的脑力劳动者，宜采用报纸。

4. 根据年龄特征进行选择

对于中老年人，宜采用广播、报纸作媒介；对于青年人，宜采用电视、互联网作媒介；对于儿童宜采用电视，如果能拍成动画片的形式，效果会更佳。

5. 讲究经济效益

各种传播媒介的成本和使用费用相差极大。因此，在选择传播媒介时，公关人员应进行成本效益分析，遵守"花最少的钱争取最大的传播效果"的信条。就电子传播媒介为例，若效果相当，选用广播比选用电视经济得多。

6. 注重时间安排

有些信息传播，其目的是吸引公众的短时注意，有的则是为了引起公众的持久注意；有的信息要求迅速传送出去，有的则无要求。因此，选择媒介应注意时效性和频率上的合理性。如重大新闻、短期展销广告就宜选用电子传播媒介；而树立组织形象的系列内容，则应选用印刷传播媒介有规律地连续刊出。

知识链接

新闻不死，但新闻媒体怎样赢得用户？

新闻是谈资，是丰富认知的"食材"，也是延展人们视野的有力工具。PC 时代，如果没有新闻，普通人的视野可能只有一两百米。移动时代，如果没有新闻，普通人的视野可能只有三五米。

为什么会这样？因为移动时代，人们更加关注自我，碎片化时间更加被移动设备占领，几乎人人都是手机党。围着一张不到两米宽的桌子吃饭，人们可能只有两个动作：一个是抬头吃饭，另一个是低头玩手机。所以，好东西能不能快到用户的碗里去，决定了用户的视野范围。

这样的互联网移动时代，新闻，依然是基本需求，甚至有过之而无不及，人们囿于对移动设备的依赖和对周围事物的关心越来越多地靠着移动的路径去实现，新闻的重要程度反而比 PC 时代更高。到 2013 年年底，美国有 468 家在线新闻公司，已经提供了 5000 个全职岗位。许多互联网新闻公司，像赫芬顿邮报（网），从传统媒体（比如《纽约时报》和《华盛顿邮报》）挖走了很多大牌记者，还在全世界各地建立分社，提升自己的报道覆盖能力。

新闻当然重要，但如何在移动时代赢得用户呢？优质的内容通过强势的渠道输送到用户面前，进而让用户看了都忍不住说两句互动起来，这才算是移动新闻赢得用户。

一、内容：不再简单地整合传统媒体，开始拥有自己的 PGC 团队

在中国，过去的 15 年，互联网经历了从 PC 转向移动的时代。搜狐、新浪、网易和腾讯成为传统意义上的四大门户。PC 时代，新浪凭借大而全的超市模式赢得行业地位，其对网络新闻的内容建设贡献也成为中国互联网的标准。从 1997 年四通利方的利方在线开始，后来一直深耕在新浪的陈彤甚至和曾祥雪出了一本书，书名为《新浪之道》。

快速、全面、准确、客观的新浪新闻编辑八字方针，也在很长一段时间影响了中国的网络编辑。可以说从 2000—2010 年，传统媒体经历了被互联网"第一次压榨"的阶段。报纸、杂志、电视乃至电台负责生产内容，除了在自己的媒体平台输入，还通过网络供稿系统，把自己的内容卖给互联网媒体平台。当时的四大门户靠着这些内容，进行"标题党"式的加工和内容的简单整合，最常用的呈现手法就是专题：2000 年"台湾大选"，搜狐开始和新浪一样实行新闻 24 小时滚动更新，这突破了报纸和杂志的新闻报道时间局限，完全和电视、电台站在一条线。

传统媒体源源不断的通过像"新闻集装箱"的供稿系统把内容输送给互联网门户,人们越来越发现,网上什么内容都有,想看什么新闻就有什么新闻;再后来,凤凰网依托凤凰卫视,将大量视频新闻也放到了网上,倒逼了中央电视台和地方电视台进一步向互联网媒体平台售卖视频新闻内容。PC时代的互联网媒体平台,就靠着大而全的超市新闻模式,赢得了用户。

而在这个移动时代,新浪这种大而全的粗放模式正在破产。亿万用户正在用手机和平板电脑投票:门户的PC网站,不行了。虽然传统媒体正在经历被互联网媒体"第二次压榨"的阶段,但互联网媒体的从业人员越来越强烈地感觉到:只是依靠传统媒体的内容已经撑不起来,用户需要更多更好更新鲜的内容。过去的三四年,社交媒体的兴起和移动互联网的到来,让用户从PC迁移到移动端。迁移的过程里,媒体人这才发现原来报道这个世界的能力早已被媒体属性的个人、小组和一个APP取代,媒体人靠什么活下去?调查原因、深度剖析、趋势预测……解释这个世界还是一座金矿,PGC(Professional Generated Content,专业生产内容)还是不可取代的。

慢慢的,互联网媒体平台开始在专业内容生产方面加大投入。

新浪对新闻的PGC重视不够,因为其重点放在了微博;网易在微博产品失败之后,开始提出"网易新闻有态度"的slogan,并且通过网易新闻客户端吸聚传统媒体并邀请自媒体人驻,也有"每日轻松一刻"这样的优质内容。搜狐引进了一大批传统媒体的优秀分子充实内容生产和运营团队,同时打出"搜狐新闻先知道"的理念,邀请大量传统媒体和自媒体人驻,还在全公司强推自媒体平台的建设,一度推出《神吐槽》《热辣评》等品牌栏目。腾讯利用微信这个移动互联网的强大渠道在微信公众平台吸聚大量优质内容,邀请优秀自媒体的公众号人驻腾讯新闻客户端,腾讯《大家》也提供了可观的PGC内容,加上《今日话题》《新闻哥》《中国人的一天》《活着》等有相当质量的栏目PGC内容,继续新闻建设。

除此而外,自媒体兴起了,很多自媒体人吃香。严格说来,自媒体虽然很早就有,互联网媒体形态从社区到博客到微博再到微信公众平台最后到各家新闻客户端搭建的自媒体平台,整体上他们的专业程度还是不够纯粹,但很多自媒体是媒体人出身,所以专业程度也较高,算是处在及格边缘上下波动的PGC群体。自媒体生产的内容往往更接地气,更个性化,更快速的呈现出来,在移动时代他们获得内容生产上更加清晰的地位和价值。

二、互动:社交是刚需,谈资要分享

移动互联网凶猛袭来,社交媒体让中国人空前的释放了话语权,每一个人都有可能是段子手,UGC(User Generated Content,用户生成内容)一下子爆发了,妙语连珠的内容在这一两年中比中国过去五千年的还多。微博特别是新浪微博,成为了新闻UGC的代表。新浪坐拥微博,把新浪微博这个UGC富矿开采起来,很多新闻都引爆在微博上,甚至成为新闻的源头,但是很遗憾没有在新浪新闻里起到很好的作用。

各家也都对新闻客户端内容的用户评论注重起来,这本身就是移动时代主要的UGC。网易跟贴和网易新闻客户端有机结合起来,坊间一度盛传用户说"我不是来看新闻的,我是来看评论的。"当新闻和社交遭遇的时候,新闻如果能够为用户的社交行为提供谈资或者互动的牵引线,那就会让新闻在移动时代具备互动的功能。例如,他看到一条有意思的新闻,通过微信分享或者在微博上@给你,然后我们见面的时候,你们俩再跟我谈起这个新闻这个事……这就是移动时代的线上到线下完整的社交行为。

移动时代的新闻服务(包括新闻客户端),新闻阅读的交互性特点真的是越来越强。著名的皮尤调查发现,半数的社交媒体访问者,会给好朋友分享精彩的新闻报道和新闻视频,并对这些报道和视频做出评论。另外,7%的美国成年人,曾经把自己拍摄的新闻视频上传到社交网络或是知名新闻网站。

中国市面上所有的新闻客户端都开发了分享功能,越来越多的新闻客户端设立了用户运营团队,负责让用户活跃起来,产生更多优质的评论。

搜狐新闻客户端4.0版就增加了"阅读圈",让登录用户形成客户端内部的互动;而今日头条类的阅读APP,可以根据用户点击阅读的内容类型和分享等行为数据,分析用户对新闻的喜好,大力优化新闻的智能推荐;腾讯除了注重用户在新闻客户端上的评论运营之外,也利用腾讯微博引导用户参与新闻的互动,甚至利用新鲜、有趣、好玩的8秒短视频让用户在腾讯新闻客户端的活跃度提高。

媒体基于社交关系的深度挖掘,可以通过更活跃的互动实现新闻的传播,这也从侧面反应了当前网民获取信息的方式已经趋向移动端。

三、渠道：目光聚集之处，金钱必将追随

腾讯网副总编马立在接受媒体采访时表示，除了新闻客户端外，腾讯通过新闻"微信版"和"手机 QQ 版"中的强大关系链，实现新闻资讯的传播，"去重后，我们用户覆盖量为 6.3 亿，日活跃用户数为 1.4 亿。"

移动时代，事实就是如此残酷。腾讯依靠手机 QQ 和微信两大移动端社交利器，进一步加强了 16 年来培养起来的用户黏性。本质上，腾讯也就控制了到达用户的渠道。而相比之下，新浪的移动互联网战略依然放在微博客户端；直到 2013 年 4 月 26 日，新浪把"掌中新浪"更名为"新浪新闻"，才正式加入了移动时代的新闻大战。

PC 时代，因为切换成本很低，用户可能会同时访问多个门户网站。但在移动时代，由于门户和其新闻客户端提供的内容重复率非常之高，用户在选择了一款新闻客户端之后，通常不会再选择类似的产品。对于新浪来说，新浪微博也是一个用户获取信息的入口。这让新浪对于单纯的新闻客户端重视程度不够，导致目前新浪在新闻客户端的渠道安装量上明显落后于腾讯、网易和搜狐。

网易发力移动端新闻最早。2011 年 3 月，网易的手机新闻客户端上线。它是四大门户网站中第一家做出成型的新闻客户端的。虽然搜狐更早在手机端做过手机早晚报这样的产品，但跟新闻客户端产品的形态还不太相同。搜狐意识到网易的移动新闻大热之后，2012 年迅速切入，将搜狐手机早晚报升级为搜狐新闻客户端，通过手机厂商预装，很快拥有了百万级用户，到 2013 年年底，搜狐新闻客户端用户达到 1.85 亿。除了各家自身 PC 端和其他换量互推渠道之外，预装和各种应用商店都付出了越来越高的费用。目光聚集之处，真的是金钱必将追随。大家烧钱抢渠道的背后，实际上是抢用户。

用户需要新闻，新闻需要在移动时代有效输出。各大传统门户相继拥抱移动互联网的今天，新闻客户端已经成为网友获取新闻的最佳途径。个人认为，谁能占有移动端最优质的渠道资源和开发出符合用户阅读需求的新闻移动端产品，谁就将赢得最后的胜利，谁将赢得用户。谁能成为新闻客户端的新霸主？在 2014 年或许会有答案。

（资料来源：李燕，等．移动时代，新闻依然是基本需求[OL]．天方燕谈，2014．有删改）

子任务三　编制公共关系预算

【知识目标】

- 了解编制公共关系预算的重要性
- 知道公共关系预算的构成
- 掌握编制公共关系预算的方法

【技能目标】

- 能够合理地编制公共关系预算

【任务导入】

"超女""快男"的推出使得原本火爆的湖南卫视收视率再创新高，尤其是"第二届超级女声"大赛成为 2005 年中国演出市场上最引人注目的现象，甚至达到了轰动全国的地步。而 2007 年的"快男"也在短短 3 个月时间内打了一场高效漂亮的闪电战。"超女""快男"何以取得如此巨大的成功？让那么多中国家庭的电视机同时集中到一个电视台，让那么多媒体跟踪报道，成为百姓街谈巷议的话题，这和他们所从事的公共关系活动是密切相关的。

（资料来源：http://wenku.baidu.com/view/3c45713e5727a5e9856a610f.html）

【任务分析】

公共关系包括组织、公众和传播三要素，"蒙牛-超女"和"闪亮-快男"的成功都可以从这三方面对进行分析。

首先，从组织上讲，社会学家认为，"组织就是精心设计的以达到某种特定目标的社会群体"。"超女""快男"这个组织的设计可谓独具匠心，从海选到预赛、复赛，层层淘汰，又层层设立复活机制，由决出的各赛区冠亚季军参加在长沙举行的决赛，吊足了观众的胃口，也可以在长达几个月的时间内对选手进行包装。另外，组织作为一个有机体，它的生存、发展也需要良好的环境，环境构成了组织发展的基本条件，"组织是社会的一种器官，只有能为外部环境作出自己的贡献，才能算有所成""组织存在的唯一理由，就是为外部环境提供良好的服务"。就环境而言，"超女""快男"在这点上也处理得比较妥当，其内部环境诸如决策层、员工队伍、管理机制、文化氛围、精神面貌等都做到了和谐有序。

其次，从外部环境上分析，外部环境中一项最重要的内容就是公众，尤其对于"超女""快男"这类选秀节目而言，公众的支持与否直接决定了他们的命运。作为公共关系工作的对象，公众是以某个特定组织为核心而形成的特殊的利益共同体。以"蒙牛"为例，"蒙牛"以"超女"为平台，把公共关系工作的对象集中在年轻人身上，"蒙牛"获得"超女"的冠名费为 2000 万，加上 15 秒的插播广告及现场广告牌等，其投入总额在 2800 万左右。当然，"蒙牛"为"超女"贡献的远不止于此，在许多公交车体、户外灯箱和平面媒体广告上，都留下了"超女"们的倩影，而这笔投放费用则高达 8000 多万。前后两者数字相加，"蒙牛"的投入已达 1.08 亿。随着湖南卫视收视率和社会声望的急剧上升，"蒙牛"也获得了巨大的经济利益，成为时下年轻人的时尚饮品，往往是一提到"超女"马上就想到蒙牛酸酸乳，喜欢"超女"的人也会"不可救药"地喜欢上蒙牛酸酸乳。由此可见，在"超女"的影响下，"蒙牛"将对象重点圈在年轻人这个时尚一族是极其明智的，它适应了年轻人对时尚疯狂追求的时势，可谓顺意公众，从而取得了巨大的成功："蒙牛今年在酸酸乳上的销售收入至少 20 个亿，在酸性乳饮料上的平均利润有望达到 30%。"根据某营销咨询公司的调研组在上海的调查报告，蒙牛酸酸乳已经成为"酸性乳饮料"的消费者第一提及品牌，在 10～25 岁女性的目标受众之中，酸酸乳的第一提及率高达 45%。

最后，从传播要素上看，传播是"人们利用符号并借助媒介来交流信息的行为与过程"，"蒙牛"请第一届"超女"季军张含韵为产品的形象代言人，并为其量身定做广告曲《酸酸甜甜就是我》，出现在电视广告、广播及一线二线城市的灯箱和路牌上，"蒙牛"的一切活动，如产品包装、海报、电视广告、网络广告、广播广告都与"超女"挂钩，"蒙牛"的 300 多场街头演唱及派发的 200 多万张 DM，这些湖南卫视无法依靠自身完成的工作，都由"蒙牛"来完成，既为"超女"推波助澜，又提高了湖南卫视的整体形象。而"快男"更是超越了"酸酸甜甜就是我"，打出"我最闪亮"的口号，并连续推出"闪亮新看点""闪亮新势力""闪亮新猜想""闪亮新人生"多种战略，使传播收到了良好的效果。同时，"闪亮""快男"还及时有效地与全国主流媒体进行细致沟通，重视记者的反馈意见，把握企业品牌的宣传导向，通过传播达到提高企业品牌知名度和美誉度的目的。针对传播中出现的问题，将媒体分门别类，逐个击破，并专门为媒体定制稿件，反复与记者进行沟通。

终于，"快男"成功了，成功在于它超过了 2005 年"超女"的高收视率，高投票率；"闪亮"也成功了，成功在于它用最短的时间取得了滴眼液行业最高的知名度及 80% 的市场增长率。整个项目的公关事件最终得到了客户的认可，2007 年"仁和闪亮快乐男声"这场公关闪电战也最终划上圆满的句号。

"蒙牛-超女"、"闪亮-快男"这两个公共关系的案例充分表明，良好的公共关系对政府、企业乃至整个人类社会都有至关重要的作用，只有在公关活动中充分重视公共关系形象与美誉度，企业才能取得最终的成功。

一、编制公共关系预算的重要性

任何一项公共关系活动都要花费一定的人力、物力、财力,因此,企业的公关工作一定要纳入企业的经费预算,做到有计划地合理地使用好经费。预算对于公关工作的开展是十分重要的,其重要性主要表现在以下几个方面。

(1)通过预算可以预先清楚地知道自己的计划、项目、活动需要投入多少经费,需要多少人力、物力、财力的投入作为保障,做到心中有数,使计划具有可行性和现实性。

(2)预算可以根据人力、物力、财力的可能,并结合每一个公共关系项目、活动的轻重缓急,事先进行统筹兼顾、全面安排,避免把资金投入某个项目后达不到预期效果,又收不回成本,追加多少,追加后的效果如何,难以预料,从而使一些重要项目无力完成。

(3)通过预算可以给公共关系费用的分配提供一个坐标系,可以知道哪些是必须花费的。哪些是可花可不花的、哪些是多余的、应严格控制的。把钱花在刀刃上。

(4)一旦某项公共关系活动完成了,就可以根据公关活动的效益同成本预算之比来检测评估自己的花费是否值得,是花多了,还是花少了,并且可以考核预算内各个项目之间的分配比例是否正确合理,为下一步工作提供参考依据。在编制公共关系预算时,一般都将各项工作计划具体化为一张可以进行成本核算的清单或称预算表来表示。

二、公共关系预算的构成

为了科学准确地做好公共关系预算工作,首先要确定一个原则:就是有多少钱办多少事。确定了经费预算的优先原则后,公共关系部门就能进一步提出年度经费总额的具体划拨方式和金额总数。

1. 行政开支

(1)人工报酬。指公共关系专业工作者和一般工作人员的工资和其他酬金。还包括外聘公共关系顾问的报酬。这是公共关系预算项目中最大的一项,大约占预算的三分之二。

(2)管理费用。指维护公共关系部门的日常工作而支付的费用。这些费用通常包括房租、水电费、保险费、电话费、办公文具费、交通费、旅餐费、交际费、洗印费、维修费、折旧费等。

(3)设施材料费。依据公关活动运用传播手段的技术程度而定。一般包括各种视听器材、复印机、计算机、美术工艺器材、展览设施和所需各种实物、印刷品、纪念品、订阅的书报杂志等。

2. 项目开支

(1)原有项目的开支。公共关系许多活动项目属于战略性的,时间上往往跨年度。在编制年度预算时,应从公共关系目标入手,推算到计划方案中的各项活动费用,对那些跨年度的活动项目,要在新一年度里考虑适当增减。

(2)新增项目的开支。指实行计划方案过程中的新增加项目。如本年度企业周年纪念、起用新商标、对外发行月刊等。在编制公共关系预算时,既要考虑人员、设备的增加和具体活动所需要的各项开支,还要考虑到物价等因素。

(3)突发事件的开支。公共关系不仅是一种预测性、计划性工作,而且灵活性也很强。往往一些突然事故、偶然机会都会改变或调整计划,如赞助、庆贺、公益一类的活动。在编制公共关系预算时,应事先设置临时应变费用,从资金上保证公共关系的应变能力。

三、编制公共关系预算的方法

编制预算是公共策划活动必须重视的一个环节,其意义在于保证方案的切实可行,并妥善安排轻重缓急,还可以为评估提供依据。

预算活动经费的方法主要有以下几种。

1. 固定比率法

按照一定时期经营业务量的大小确定预算经费总额。经营业务量可以按照销售额计算,也可按利润额计算,各组织自行决定从中抽取一定百分比作为公共关系经费。这种方法的优点是方法简单,便于很快决定预算,与销售保持平衡;缺点是预算不一定符合实际需要,而且缺乏弹性。

2. 投资报酬法

把公关活动的开支当作一般投资看待,即以相同数量的资金投入获得效益的大小作为依据。这种作法的优点是把企业的一切开支都看成是投资,有利于提高资金利用率,改变过去不讲究资金使用率的观念和做法;缺点是在现实生活中,公共关系部门投入资金所取得的效益是分散在各部门的,是局部投资,全局得益,而且各部门之间存在着交叉效应,很难单独计算部门本身的所得。

3. 量入为出法

以组织的经济实力和财务支出情况为依据,根据财力允许支出的金额确定公共关系活动经费总额。这种方法的优点是能确保企业的最低利润程度,不至于因公共关系活动费用开支过大而影响利润的最低程度;缺点是由此确定的公共关系活动预算可能低于最优预算支出程度,也可能高于最优程度。

 案例

"量入为出"(pay-go)是一种预算控制机制,以保持收支平衡。2011 年,奥巴马政府将此方法作为未来十年削减一万亿美元财政赤字的系列法案之一。该法案要求,国会如果增加 1 美元的非紧急支出、或减少 1 美元的税收,都必须在其他方面节省 1 美元的支出。一旦美国经济复苏,全美财政责任和改革委员会将制定应对财政风险的政策,并使债务占 GDP 比例在经济复苏后稳定在可接受的水平。

4. 目标先导法

先制定出公共关系活动所期望达到的目标,然后将实现这一目标所需要的各项费用详细计算出来,从而计算出整个活动所需的经费总额。这种方法的优点是计划性强、弹性大;缺点是受主观影响较大,容易失去控制。

5. 竞争对等法

企业按竞争对手的大致费用来决定自己的公共关系活动预算。这种方法的优点是能借助竞争对手的预算经验并有助于维持本企业的市场形象;缺点是情报未必准确且每家企业的声誉、资源、机会和目标不同。

案例

把乐带回家2013

执行时间：2012年11月—2013年2月
企业名称：百事中国
品牌名称：百事（中国）

一、项目背景

百事公司是全球最大的食品和饮料公司之一，进入中国市场30多年来始终致力于植根中国文化，将百事精神源源不断融入中国消费者的生活中。

2012年春节，百事集团就曾斥巨资打造以"春节回家"为主题的贺岁微电影《把乐带回家》，以契合中国百姓"春节回家团圆"的愿望，充分利用百事明星资源，借明星之口讲述"回家过年"的亲情故事，通过温暖人心的故事呼唤全天下的儿女能够在春节来临之际"把乐带回家"，与父母共享天伦。明星的强大号召力，加上富于感染力的亲情故事，引发消费者共鸣，掀起了"把乐带回家"的风潮，广受各界好评及认同。

2013年岁末，百事集团再度联合旗下百事可乐、美年达、纯果乐和乐事四大品牌倾力打造百事《把乐带回家2013》微电影，不仅将明星演员的阵容再度升级，更在2012版"春节回家"主题上进一步挖掘深度，将家人之间的亲情之爱升华为陌生人之间互帮互助，传递"有爱的地方便是家"的大爱温暖主题。在该微电影拍摄过程中，上演了一出电影和现实交错的惊险故事：正当古天乐、罗志祥、林志颖、蔡依林、韩庚、杨幂、快乐家族、霍思燕等十五位巨星齐聚一堂，携大队人马开往拍摄地长白山时，却遭遇百年难遇的特大暴风雪，大雪封山、冰霜封路、航班取消，一百多人的拍摄团队被迫滞留长春长达一周之久。导演及剧组被困长白山、明星及工作人员全体滞留长春，眼看着随着时间的推移，明星们的档期已所剩无几，作为《把乐带回家》项目整体公关宣传计划制订者的乐智公关，又将如何把控全国媒体舆论导向，传播"有爱的地方就是家"的大爱温暖主题，再现2012版《把乐带回家》的辉煌？

二、项目调研

"春节回家"几乎是所有中国人都最关心的话题。中国农历新年前，轰轰烈烈的春运总能占据最多的媒体版面，成为绝大多数人议论的焦点。中国的"春运"已经刷新了世界人口的新迁徙记录——火车、汽车、摩托车、飞机，尽管交通工具各异，但目标几乎一致——春节回家团圆。据统计，中国每年春运的40天时间里，都会有超过30亿人次出行。这场全球最大规模的人口流动不仅承载着中国人春节团聚的期盼，在春运这个浩大的人口迁徙数字之下，更体现了每一个中国老百姓个体对家的渴望。而30亿人次集体回家的道路又是充满了无数的艰难与坎坷：网络上关于春节买票难、挤车难、没钱回家难、没男友回家难、加班回家难、天气问题回家难等等，各种各样的"回家难"故事引发无数人的共鸣。"回家"是全社会的话题，而"回家难"则成为牵动所有人心情的话题。因为回不去家多少人失声痛哭，因为回不去家多少人都不得不面对一个孤单、失落的春节。

人的天性中就有猎奇心理，老百姓们原本就对明星们的隐私生活充满好奇，而当这些平日里衣着光鲜靓丽的明星也遭遇到"回家难"的问题时，他们的应变能力及处理方式，也将成为吸引目光的焦点。尤其是，当十多位大牌明星齐聚一堂准备拍摄"回家难"的微电影，而剧本中的雪灾场景却突然真实发生时，这些明星们的一举一动着实牵动人心。

三、项目策划

1. 公关目标

"回家"是全中国人的信念，而每一个中国人个体的坎坷回家路都是整个社会的缩影。由此，百事决定从"想回家"、"回家难"这个全社会共同关心的话题中，寻找突破，用打动人心的正能量来激励、鼓舞所有具有"回家"梦想的人。百事将直击"回家"话题，将百事公司始终倡导的大爱正能量与无数中国人的回家渴望交织在一起。将百事的企业责任、社会责任通过 2013 "把乐带回家"项目全盘展现给所有中国消费者。百事希望与消费者产生更深刻的互动与情感联系，用百事精神鼓励更多人，也希望由更多社会正能量来共同诠释、丰富百事"把乐带回家"的内涵。

2．公关策略

百事公司联合旗下百事可乐、美年达、纯果乐、乐事四大品牌，携手掀起一场有关"信、望、爱"的风潮，引发全社会大爱接力，将"把乐带回家"的精神持续传递。《把乐带回家 2013》不单是一家人亲情的呈现，更是全社会的温暖正能量。"家"，不单单是小家，更是全社会这个大家。百事"把乐带回家 2013"的主题将进一步升华，从个体到全体，从小家到大家，倡导全社会守望相助，让所有人的春节回家之路走的更顺畅，共同"把乐带回家"。

为能让"把乐带回家 2013"的大爱主题更深入人心，百事在 2012"把乐带回家"的基础上全面升级开拍《把乐带回家 2013》微电影，用明星效应、娱乐话题、新颖手法来大力传播"把乐带回家"的正能量主题。联手古天乐、罗志祥、林志颖、蔡依林、韩庚、杨幂、快乐家族、霍思燕等十五位巨星共同来讲述感人的"回家"故事；并在明星遭遇大雪封路被困之际，实时报道明星与陌生人之间相互救助的大爱故事，借用明星的号召力，全方位诠释"把乐带回家"的故事，引领正能量风潮。

在明星传达"把乐带回家"精神意义的同时，百事联合中国扶贫基金会和天猫商城，发起"蓝色心愿——2013 温暖回家"公益项目，帮助千位难以回家的普通人温暖回家。同时百事也不遗余力资助中国妇女联合基金会旗下的"母亲邮包"公益项目。在春节之际，将百事"把乐带回家"的温暖情怀播撒给更需要帮助与关心的群体，以实际行动实践品牌所倡导的小家变大家，全社会守望相助的精神。

3．目标公众

所有对"回家"具有渴望的中国人。

4．主要信息

"小家成就大家，有爱的地方便是家，把乐带回家"。直击"回家"话题，由明星讲述"回家过年"的亲情故事，引发消费者共鸣，打造"把乐带回家"风潮。充分利用明星效应以及娱乐话题，激发消费者对"把乐带回家 2013"微电影的期待。

5．传播策略

以《把乐带回家 2013》微电影为核心宣传，结合明星资源、娱乐话题、雪灾事件，通过前期预热埋线、微电影拍摄花絮炒作、明星亲身故事与微电影故事交织宣传、网络舆论热议、主题曲先期炒作、微电影首映发布会、微电影全媒体平台传播等手段进行整合推广。

6．媒介选择

先期配合品牌"把乐带回家"的大爱主题，针对目标消费群习惯，在主流平面和电视媒体、网络媒体、视频媒体等展开宣传；后期再由中国好声音学员为《把乐带回家 2013》全新演绎的经典名曲《相亲相爱 2013》，通过网络、电视、电台等进行打榜宣传，通过音乐类电波媒体这一特定媒体在网络上进行全程覆盖。

通过立体式的各类媒体交错运用及覆盖，结合不同的公关话题事件，选择侧重媒体进行宣传，为《把乐带回家 2013》打造一个 360 度全方位的公关宣传平台。

四、项目执行

【第一阶段】百事延续 2012"回家"主题，众星加盟《把乐带回家 2013》全面升级。

以"群星加盟把乐带回家微电影"作为话题，寻找不同的娱乐爆点进行话题报道，先期引发受众对于微电影的好奇与期待，并为下一阶段的报道预热埋线。

《把乐带回家 2013》微电影拍摄前期对相关艺人进行大量资料信息收集后，整理出针对不同艺人的采访提纲，同时对花絮的话题炒作进行设定，将明星与微电影紧密捆绑。

【第二阶段】全民关注明星坎坷"回家"经历，引爆《把乐带回家 2013》火热期待。

对微电影拍摄进行全程跟踪记录，及时报道拍摄中发生的花絮故事。而在拍摄"把乐带回家 2013"微电影时，全剧组在长白山遭遇百年难遇的特大暴风雪，大雪封山、冰雪封路、航班取消，百多人的拍摄团队被迫滞留长春长达一周之久。导演及剧组被困长白山、明星及工作人员全体滞留长春。面对突如其来的困难，及时调整公关宣传节奏，将明星们在拍摄"把乐带回家"期间所发生的感人故事记录、整理、挖掘出具有新闻价值的内容，持续报道。

用明星们在拍摄《把乐带回家 2013》过程中，守望相助，共同克服困难，不是家人胜似家人的真实故事作为宣传素材，贴近百事微电影的大爱主题，用真实的明星故事与微电影故事交织宣传，使得"把乐带回家"的公关宣传主题更具感染力与说服力，也完美地诠释了"小家成就大家，有爱的地方便是家，把乐带回家"的核心信息。

在网络社交媒体掀起话题风潮，结合明星效应参与话题，在岁末年初的"回家季"引发公众对家的渴望和共鸣。运用多形式、即时互动的新媒体，引导网友和公众利用视频、图片、文字等多种形式传播"把乐带回家"的大爱主题。

【第三阶段】好声音学员"相亲相爱"唱响《把乐带回家 2013》温暖心声。

在《把乐带回家 2013》正片首映之前，抢先曝光主题曲《相亲相爱》。这首由伊能静、陶晶莹、姜育恒、温兆伦等歌手于 1995 年合作推出的老歌曾经温暖过一代人的心灵。而百事决定将这首充满正能量的歌曲重新包装，为《把乐带回家 2013》注入一股暖流。

当时，第一届《中国好声音》刚刚鸣枪收兵，百事借力节目后期的大热人气，邀请好声音人气学员金志文操刀改编，黄鹤、郑虹、大山、李维真、佳宁组合、黄克等十位好声音家族成员共同献唱。这也促使该支主题曲成为了好声音家族在赛季结束后的首度合作呈献给大众的作品，颇受公众关注。

这首全新版本的《相亲相爱》除了带来耳目一新的音乐感受外，更与百事"把乐带回家 2013""家人"主题的故事情节深度契合，令参演该片的众明星们在剧情和主题曲的双重感染下，纷纷打开心扉，畅谈自己真实的"家人"故事。

利用电台、电视、网络等渠道播放这首感人的主题曲，既而对即将首映的"把乐带回家 2013"进行造势宣传。

同时针对主题曲的幕后故事、好声音学员的深情演绎、好声音学员及明星们对歌曲的感受等话题进行全面的报道，将百事"把乐带回家"的主题通过这首《相亲相爱》的主题歌持续传递给受众，为后续"把乐带回家 2013"的上映进行情感上的铺垫。

【第四阶段】《把乐带回家 2013》首映发布会百事携手众星倾情呈现大爱精神。

聚焦百事《把乐带回家 2013》微电影及"有爱的地方就是家"主题。在北京举行百事《把乐带回家 2013》首映发布会。现场邀请明星现身讲述"把乐带回家"的大爱故事，分享各自对于守望相助，不是家人胜似家人的情感的理解，紧扣主题，以明星号召力进一步诠释百事"把乐带回家"的精神。

发布会现场百事公司与民政部、中国扶贫基金会领导共同启动"蓝色心愿——2013 温暖回家公益项目"，帮助"回家难"的朋友们能顺利回家。百事承诺为千人送上"蓝色火车票"，送他们温暖回家。同时，百事也向中国妇女发展基金会的"母亲邮包"项目捐赠 2013 份邮包，为更多需要帮助的母亲送去"把乐带回家"的温暖祝福。

利用网络、平面、电视等多平台媒体对首映礼进行报道，完美呈现《把乐带回家 2013》微电影及百事所表达的"把乐带回家"，帮助素不相识的人，小家成就大家，守望相助温暖回家的精神。

发布会后持续通过网络视频媒体、电视媒体对《把乐带回家 2013》进行持续传播，让更多受众观看到这一感人的微电影内容。并借助微信、微博等新媒体平台收集网友影评、热议评论等，从中择取网络话题进行二次传播。

【第五阶段】快乐家族大本营秀"把乐带回家"手势，持续传递大爱真情。

随后，百事再度重推原创"把乐带回家"手势，深度解析家人理念，并借力快乐家族在内地第一高收视娱乐节目"快乐大本营"中予以推广。作为参演《把乐带回家 2013》的明星之一，快乐家族在剧里剧外都很好地诠释着"把乐带回家"的精神。快乐家族在所主持的"快乐大本营"节目中，以自己 5 个人因在生活中、工作中的互助，由陌生人变为亲如一家的亲人的故事，激励所有的粉丝、观众向陌生人敞开心扉，帮助身边需要帮助的人；在真情故事的情感高潮中，快乐家族五人合体共同展示巨型"把乐带回家"的手势，既力证五人深厚友情，也以实际行动将"不是家人胜似家人"的真情持续传递。

快乐家族在《快乐大本营》中的倾情呈现，为百事《把乐带回家 2013》微电影进行了持续的推广，同时也很好地诠释出"把乐带回家"的精神。藉由快乐家族的号召力，百事《把乐带回家 2013》项目在后续得到了持续、深入的延续性传播。

五、项目评估

1. 效果综述

百事《把乐带回家 2013》项目，顺应全民关注的"回家"话题，并成功抓住"回家难"这样一种"全民情绪"创作微电影《把乐带回家 2013》。以此作为核心宣传点，传递百事所倡导的"小家成就大家，有爱的地方便是家，把乐带回家"正能量，这是一次"接地气"的公关宣传行动。不仅收获了百事忠实消费者们的关注，更引起全社会更广泛的关注，获得所有具有"回家"渴望的人们的共鸣，更倡导一种守望相助的社会正能量，成功彰显百事公司的企业文化与社会责任感。

2. 现场效果

2013 年 1 月 21 日下午，百事《把乐带回家 2013》新闻发布会在北京万达影院隆重举行。发布会当日，韩庚、霍思燕、快乐家族、林志颖、张晨光、邓宁及一系列新生代演员亲临现场，在现场温馨讲述微电影拍摄中的精彩片段：发布会以潘多拉技术的梦幻形式创意开场，播出一段特别版"相亲相爱"MV 渐而引出今年"有爱的地方便是家"的大爱精神，韩庚、霍思燕、快乐家族、林志颖在发布会现场纷纷讲述自己对于《把乐带回家 2013》的理解，各位明星更首度敞开心扉，分享自己不为人知的"大爱"故事，使发布会现场紧扣主题。同时，百事集团与妇女发展基金会共同启动"蓝色心愿，母亲邮包"公益活动，共同实现百事年度盛事——把乐带回家！当天，百事《把乐带回家 2013》新闻发布会共接待全国媒体 57 家。乐智公关邀请并接待驻京媒体 52 家，其中包括通讯社 2 家，平面媒体 25 家，网络媒体 13 家，电视媒体 17 家；异地邀请主流平面媒体 5 家；到场媒体总人数共计约 92 人，媒体到场率高达 98.3%。

3. 受众反应

百事《把乐带回家 2013》微电影获得了极大的成功，网络视频点击量超过 3 亿次（主要视频网站点击量包括：土豆网 2.6 亿/腾讯视频 336 万/搜狐视频 589 万/爱奇艺 368 万）。

在搜索引擎网站上关键字"把乐带回家"被网友热搜，仅百度搜索结果已高达 1710000 个，谷歌搜索结果也超过 115000000 个，从 online 到 offline 都在疯狂讨论"把乐带回家"；微电影预热至正式上线，网友在微博、微信等主要社交网络平台上热烈讨论，微电影中传达的团圆大爱情感引起公众的共鸣，掀起了全民"把乐带回家"的温馨浪潮。

4. 市场反应

《把乐带回家 2013》自热映之后引起极大关注，在新年来临之际，各地也自发地为新年夜不能归家的人们准备了"把乐带回家"的温暖行动，为路政建设者送联欢晚会下乡、在各个加油站为赶路者准备年夜饭等等……因为《把乐带回家》系列微电影发起的公益活动受到广泛关注，百事集团还得到了"2012 年度社会公益创新奖"。

5. 媒体统计

自 2012 年 12 月至 2013 年 3 月期间，相关百事"把乐带回家 2013"的报道总计 1218 篇，其中包括在中央通讯社及主流平面媒体收获报道共计 104 篇（其中超出 1/4 版面的专题 报道共计 37 篇，占到总发稿量的 35%），网络报道共计 106 篇，电视媒体报道共计 66 篇（总计时长约 292 分钟），网络转载 942 篇，媒体总价值超 8000 万元，媒体转载率高达 438%。

（资料来源：上海乐智. 2013 最具公众影响力公共关系事件评选：百事中国[OL].
中国公共关系网，2013. 有删改）

知识与技能检测

一、名词解释

1. 公共关系实施方案。
2. 传播媒介。

二、思考题

1. 简述公共关系实施方案的内容要素。
2. 简述选择传播媒介的原则。
3. 论述选择传播媒介的策略。
4. 公共关系预算由哪些部分构成？
5. 论述编制公共关系预算的方法。
6. 联系实际，撰写一份公共关系实施方案。

三、实训题

1. 项目：公关传播。
2. 目的：掌握公关传播媒介的选择。
3. 内容：以所在学校为主体，策划招生宣传内容及所用媒体。
4. 组织：把全班同学分成4组并选出组长，分组讨论确定公共策划方案，推选代表发言，教师作出点评并考核。
5. 考核：公共策划方案及发言情况作为一次大作业，教师分别给出成绩并计入学生平时成绩。

任务四

实施与评估公共关系活动

SHISHI YU PINGGU GONGGONG GUANXI HUODONG

江苏首家"奥迪城市展厅"(镇江奥达店)开业庆典

项目主体:镇江奥达汽车销售服务有限公司

项目执行:南京世通利方公关策划有限公司

一、项目背景

镇江奥达汽车销售服务有限公司是由镇江安达二手车交易有限公司和镇江金华汽车租赁有限公司合资组建的有限责任公司。公司注册资本 2000 万元,为"一汽—大众奥迪"镇江特许经销商。公司位于有"镇江汽贸一条街"之称的丁卯开发区。

公司全额投资兴建的"镇江奥迪城市展厅"项目系奥迪预计今年年底建成开业的九个重点项目之一。奥迪作为连续 11 年业绩全球领先的豪华车品牌,为更充分体现其"同一星球、同一奥迪、同一品质"的品质及"突破科技、启迪未来"的品牌价值,此次定位全球全新标准的"城市展厅"建成后必将成为镇江东部地区的标志性建筑。

"奥迪城市展厅"超越了传统的高档汽车品牌 4S 店模式,是按照奥迪全球最新统一标准设计建成的集品牌体验、车型展示、新车销售、售后服务和奥迪 AAA 二手车置换于一体的经销商展厅。它将成为未来国内奥迪经销商展厅统一的建造标准，加速推动奥迪服务体系由国内领先到引领全球的"二次飞跃"进程。

"奥迪城市展厅"在设计上以用户的便捷和尊贵体验为中心，结构上因地制宜、灵活多变，针对不同的场地情况可建成单层、双层甚至多层。其外观设计和建造秉承奥迪全球最新的"动感、非对称、全透明"设计风格，将奥迪品牌"进取、尊贵、动感"的品牌价值贯穿到每一处细节之中。在外观上，新展厅标志性的设计是极具未来感的"全铝外墙"，其独特的三维立体设计使整个建筑呈现出一种半透明的效果。在全铝外墙上镶嵌着弧形玻璃幕墙，与展厅内的弧形墙相连。这一气呵成的流线形设计灵感来源于马路上川流不息的车流，因而使整个展厅充满未来气息和动感之美。

二、项目调研

镇江拥有全国知名的汽车配件专业市场——中国汽配城，拥有华东地区最大的汽车灯具生产销售基地——华东灯具城，年销售总额达30亿元。

目前镇江市汽车工业总资产超过30亿元，汽车及零配件销售额超亿元企业有10家。全市目前拥有50家外商独资、合资汽车企业，分别来自日本、英国、法国、意大利、西班牙等国。一大批设备精良、管理先进的汽车厂家"横空出世"。

目前镇江市现有汽车工业企业130家，其中列入国家整车"目录"生产汽车整车资质企业10余家，汽车零部件生产厂家100家。2007年全市汽车工业销售78亿元，占全市工业销售额比重的7%，其中汽车零部件销售收入59.5亿元，生产各种车辆15000辆，销售收入9.5亿元。经过30多年的建设和发展，镇江逐步形成了汽车零部件到整车装配的企业群体，已经具备汽车产业大发展的条件。

今年的中国车市外部经济不利因素导致车市整体增长趋缓，但奥迪依然保持了强劲的增长势头。今年1～7月，奥迪销售了69073辆，同比增长了20%。

虽然奥迪依然保持着国内豪华车领头羊的地位。但随着消费者需求变得多样化，雷克萨斯等个性化高端豪华车品牌的崛起正一步步威胁着奥迪豪华车"老大"的地位。加上一汽大众品牌固有的北方市场普遍好于南方市场的不均衡性。奥迪不得不居安思危。奥迪江苏第一家"城市展厅"，正是加强南方区域市场的体现。

三、项目策划

1. 公关目标

（1）确立并快速提升奥迪的品牌知名度和美誉度，努力达到推广目标。

（2）通过公关推广活动与媒体新闻传播的组合，展示奥迪"城市展厅"独特的设计，及奥迪TT、奥迪R8等新车的展示。

（3）传递奥迪品牌的价值观，展现一汽—大众奥迪品牌开始全速推进"建设引领全球的高档车服务体系"的飞跃性进程。

2. 目标受众

媒体记者、目标消费群、各地经销商与合作伙伴及政府部门与企业内部员工。

3. 公关策略

（1）充分发挥公共传播的作用，通过与媒体充分有效的沟通，在上市前进行广泛预热，形成工作期待感。

（2）采用商品品牌的感性诉求与具体商品特性的理性诉求相结合的传播主线，有效把握传播的节奏感。

（3）奥迪城市展厅的功能不仅在品牌宣传上，还要将这种形象"展示"功能将直接转变为促销交易功能。

4. 传播策略

（1）分阶段传播，通过有效的媒体选择与组合，合理安排并控制媒体的报道节奏，结合媒体的广度与深度，在推广的各个阶段形成递进式的系列新闻发布，保证产品与企业关键信息的准确传达。

（2）针对各类型媒体的不同要求，制定相应的传播点，准备相应的背景材料，形成有效的立体传播效果。

(3) 借助核心媒体的影响力，树立奥迪品牌的公信力与市场美誉度，为奥迪的市场销售奠定良好的舆论基础。

5. 关键信息

某些品牌把城市展厅 4S 化，照搬 4S 模式，难免有些矫枉过正，并不值得提倡。其实城市展厅采用的是卖场的形式，当一个厂商品牌在一个城市建立的完整的售后服务体系的时候，便解决了后顾之忧。销售渠道由单纯的 4S 店模式向城市展厅的转变，汽车展厅并"不完善"的小 S 功能，将改变 4S 大而全的现状。这是一种相对经济的模式，就像家用电器一样，可以在城市的多家商场售卖，售后服务只有一家。这样就大大避免了重复建设，同时又增加了销售网点的密度，于品牌形象的提升也极为有利。

四、项目执行

1. 庆典暨揭幕会主题

"突破科技 启迪未来"。内涵诠释：奥迪公司一直都是以最新的科技来提高汽车的性能以至于整体从 TDI 到 R8，从勒芒的 FSI，到现在的量产 FSI，总以成功的新科技树立出新的标准，标示着汽车发展的方向，也表明了奥迪强大的科技后盾实力，以及领导汽车发展的雄心。

2. 新闻主题

"突破科技 启迪未来"。

3. 活动内容

活动包括展厅内外布置，嘉宾签到、剪彩仪式，新车揭幕仪式，答谢酒会等多个环节。整体安排结构合理、张弛有度、充分展现奥迪的品牌理念和商品的优越特性。

活动在广场、展厅、酒店 3 个场地举行。

广场以空飘气球环绕，以龙门桁架架设舞台。架设高空彩烟，皇家礼炮。全场采用奥迪传统的黑、白、灰三色，与城市展厅结为一体，大气十足。

展厅入口处放置奥迪新款车型，以幕布遮盖，静待嘉宾为其揭开神秘面纱。每辆新车配备经上海、南京国际车展洗礼的专业车模，彰显奥迪新车的魅力。全场配以弦乐四重奏，使与会者心旷神怡。展厅出口处安排有红酒及各类精美果品甜点，与会者可驻足品尝。

酒店设置小型水晶舞台配以小型背景桁架。客人用餐时配以江南丝竹，最后动感的小提琴演奏将酒会推向高潮。

在活动流程设计上，将公司领导与市领导致词、美女弦乐、激情女子打击乐团、动感小提琴及香车美女展示等。让与会嘉宾获得了一份完整而快乐的印象。

五、项目评估

在关注一汽一大众奥迪产品本身的同时，通过媒体、网络、厂商等各种可以运用的资源，密切关注行业内的新闻，逐渐形成对汽车行业信息的认知与研究，得到了客户的一致认可。

（资料来源：南京世通利方公关策划有限公司. 突破科技 启迪未来[OL]. 2009，有删改）

案例分析：可以说，没有对某一行业的持久关注与深入研究，任何一家公关公司都将很难对一个没有舆论环境和任何背景的项目展开和实施公关工作，尤其是奥迪这样占据国内豪华车头把交椅近 20 年的品牌。

子任务一　实施公共关系活动

【知识目标】

- 了解实施公共关系活动的意义
- 理解实施公共关系活动的原则和方式
- 掌握实施公共关系活动的内容

【技能目标】

- 能够科学合理地实施公共关系活动

【任务导入】

"全聚德"作为我国餐饮业驰名中外的老字号企业，自清朝同治三年（公元 1864 年）创立已有一百多年的发展历程，经过几代人努力，"全聚德"形成了以烤鸭为代表的系列美食精品和独特的饮食文化。"全聚德"这家百年老店已成为国家领导人宴请国际友人的主要场所，成为国际国内朋友了解、认识北京的窗口。为了抓住机遇，迎接挑战，积极参与市场竞争，创造具有中国文化底蕴、实力雄厚、品质超凡、市场表现卓越、享誉全球的餐饮业世界级名牌，集团公司决定全年推出多层次、一系列的企业形象公关活动。

全年系列公关活动分为 3 个阶段，从序曲到高潮如下。

第一阶段：在含有元旦、寒假、春节、元宵节等节假日的第一季度与《北京晚报》、北京楹联研究会联合举办"全聚德"杯新春有奖征集对联活动（以下简称征联）；面向全社会（包括集团员工）开展《我与全聚德》征文，征集店史文物活动；着手整理资料，编辑、出版《全聚德今昔》一书。

第二阶段：在全聚德创建日举办"全聚德建店 135 周年店庆暨首届全聚德烤鸭美食文化节开幕式"。

第三阶段：在 10 月份，借新中国 50 华诞举办全聚德品牌战略研讨会。

经过近一年时间的实施，全聚德集团企业形象公关活动达到了预期的公关目的。首先，"全聚德"杯新春有奖征联活动，把树立全聚德品牌形象与中国传统楹联文化有机地结合起来，营造了"以文化树品牌""以文化促经营"的新闻热点，弘扬了全聚德饮食文化和品牌文化。其次，提高了全聚德品牌的知名度和美誉度。强化了"全聚德"的品牌形象。再次，全聚德集团通过周年店庆活动取得了良好的经济效益。共完成营业收入 703.5 万元，日平均营业额达 100.5 万元。最后，全聚德品牌发展战略研讨会明确了全聚德品牌战略目标，即以全聚德烤鸭为龙头、以精品餐饮为基业，创造具有中国文化底蕴、实力雄厚、品质超凡、市场表现卓越、享誉全球的餐饮业世界级名牌。

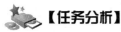【任务分析】

全聚德作为餐饮业驰名中外的老字号，在这次活动中突出自己的特点，通过宣传本店深厚的文化底蕴来树立自己的独特形象。冠名新春征联（楹联是中国传统文化特有的组成部分），征集店史文物，开展《我与全聚德》征文，出版《全聚德今昔》一书。这些活动，从形式到内容都渗透了中国传统文化对全聚德的影响，这是真正意义上的"文化搭台，经济唱戏"。

与媒体（《北京晚报》）联合举办面向社会的新春征联活动，面向全社会征文，召开全聚德品牌发展战略研讨会，确定了全聚德品牌发展的战略目标。全聚德在这次活动中，采取多种形式，把传统的饮食文化与现代企业文化有机地结合起来，通过媒介广泛传播，成功地为自己塑造了具有深厚中国传统文化底蕴的现代企业业的形象。

公共关系策划方案的实施也称作公共关系实施，在公共关系计划方案被采纳以后，将方案所不确定的内容变为现实的过程。

一、实施公共关系活动的意义

实施公共关系活动是将公关策划变为实际行动的过程，主要是对自己计划的检验和修正的过程。策划公共关系活动是公共关系工作过程的先导，而实施公共关系乃是整个公共关系活动的中心和关键环节。因为，策划是对未来行动的一种预见和设想，只有经过努力将它转变为现实，才有实际意义，否则，只是一纸空文。因此，实施公共关系活动更为重要。

二、实施公共关系活动的方式

1. 宣传式工作方式

利用各种传播媒介，向组织的内外公众传播本组织的信息。

2. 交际式工作方式

不借助于其他媒介，只在人与人之间的交往中开展公共关系活动。

3. 服务式工作方式

通过完美的服务，用实际行动来密切组织与公众之间的关系。

4. 赞助式工作方式

通过有组织的社会性、公益性、赞助性的活动，扩大组织的社会影响力。

5. 征询式工作方式

通过采集信息、民意测验等手段，了解民情民意，掌握社会发展趋势，为组织的管理决策提供咨询。

三、实施公共关系活动的原则

1. 准备充分原则

在正式实施公共关系策划方案之前，必须做好各种实施准备。实施准备是公共关系实施成功的基础和前提条件。

2. 程序管理原则

程序化管理反映的是符合客观规律的规范化、标准化的管理模式。因为程序是经过实践检验成功的并经过效率化、条例化整理的成果，具有普遍意义。

3. 目标导向原则

在公共关系计划实施过程中，保证公共关系实施活动不偏离公共关系计划目标的实施原则。

4. 控制进度原则

必须按照公共关系实施方案中各项工作内容完成时间进度的要求，随时检查各项工作内容的完成进度。

5. 整体协调原则

在公共关系实施过程中,要使各项工作内容之间达到和谐、合理、配合、互补和统一的状态。

6. 反馈调整原则

通过监督机制及时发现公共关系实施中的方法偏差甚至错误,并及时进行调整与纠正。

四、实施公共关系活动的内容

1. 公关实施的传播阶段

因为公关工作是一个有准备的工作,所以,在执行的过程中的前期就会比较主动。主要是一个计划的传播过程。那么在这个阶段主要注意哪些工作呢?

1)如实地执行计划

一个公关计划从它的萌芽、产生,到研究、反复、成型,都经历了一个过程,都有一定的科学性。所以,在执行公关计划时,一定要有坚决性。不能情况稍有变化,就动摇对计划的执行力度。

人们常说:计划赶不上变化,就是形容战场上瞬息万变。所以,有时候为了应对急剧变化的形势,要当机立断,临时改变计划,以应对变化了的形势。这主要说的是战术上的改变。战略就是计划,战术就是机动。所以,执行计划的决心就是战略,而具体的细节的改变不能影响对战略的把握,这就是对计划的执行过程的坚决性。只有这样才能保证前期大量的工作不致浪费,也才能保证工作的顺利展开,并取得预定的成绩。

2)准备应对忽然的变化

所有的计划都会面临变化的形势,这时只要执行计划的决策者能够正常应对,应该都不会根本上改变计划的正确执行,并取得预定的成绩。最可怕的就是对形势不做变化的估计,盲目应对,从而给计划带来没有预想的负面效果。

例如,有些露天的房展会,往往会受到天气的影响,从而使预定的公关活动在传播阶段大打折扣。其实只要应对得当,同样可以取得好的效果。比如,如果展会期间演出当中下雨了,是可以中断演出。但能不能更进一步,赶紧去弄一些雨伞。现场在客户中发放,会取得意想不到的公关效果。这就是当事的计划执行者能不能采取好的应对方式,从而使公关效果锦上添花的关键。

2. 公关实施的反馈阶段

计划的反馈阶段就是检验传播效果的阶段。计划制订得好坏,关键就看能不能得到公关对象的认可,这是实施过程中最关键的一环,也是最重要的一环。同时还是制定者最关心的一个环节。

1)反馈阶段的重要性

例如,在一个房地产项目运作时,房价是一个项目成功与否的关键,也是买卖双方最关心的。房价到底定多少,连房地产企业领导者也不能随心所欲。所以,一个当地的房展会要召开,为了第一时间了解房价到底定多少合适,不但能够保证利润,而且能够保证畅销,所以,房地产企业领导者在没有拿到预售证的情况下,提前参加房展会,目的就是验证房价到底定在多少合适。

代理公司专门研究拟定了一份调查表,以了解消费者对项目的认可度,以及心理价位等。为了拿到第一手资料,房展会当天,房地产企业领导者亲自出马,既当组织者,又当售楼员,真是煞费苦心。由此可见计划的反馈阶段的重要性。

2)注意反馈的沟通方式

因为反馈阶段的重要性。所以,在执行反馈任务时,一定要注意沟通的方式。要想办法得到客户真实的反馈信息,而不能让客户"牵着鼻子走"。

以房地产项目为例。因为对房价迫切性的需求,所以,当时领导者也不断让售楼员试探客户的意思。若是前期培训工作不到位,有的售楼员就会沟通不到位。

3)反馈的及时性

公关工作说小时,可能是可有可无的。但说大时,公关工作又关系着整个组织的形象,甚至组织的生死存亡。所以,对于客户的反馈一定要及时处理,不能耽搁。

 案例

著名的三株公司就是在反馈的及时性方面犯了错误,结果公司竟然发生了多米诺骨牌效应,因此而倒闭,实在给不重视公关反馈的人上了经典的一课。三株的滑铁卢其实很偶然,就是一个客户吃了三株后,发病身亡。家属以为是三株的质量问题,于是就找三株理论。三株因为当时正处巅峰,也没太在意。于是谣言起来了,说三株吃死了人。三株为此甚至将制造谣言的人送上了法庭,并且打赢了官司。但打赢了官司却失去了消费者的信心。最后,由一个地方事件影响到全国,整个三株因此也被谣言击垮。所以,后来研究这个案例的很多专家都认为,如果当时三株公司能够对反馈及时处理,也许三株不会衰退得如此迅速。

3. 公关实施的修正阶段

计划的修正阶段,也是实施过程的扫尾阶段。在第一时间得到了消费者的反馈,也就为计划的成功实施扫清了障碍。修正阶段的主要任务就是:第一,及时收集反馈信息和总结效果;第二,进行必要的改进和反馈。

1)收集反馈信息

收集反馈信息的过程,也是一个自我检验的过程。任何一个计划在实施过程中都不可能百分之百地实现,肯定会有成绩,也会有问题。所以,成功地将信息收集上来,是修正阶段的第一要务。

收集反馈信息的最重要的一条就是不能有好恶观。要客观地对待反馈信息,否则,公关的效果就会大打折扣,甚至因此耽搁了公关下一阶段的任务。

 案例

有史料记载,明朝东北的边将李成梁是一个立过功劳的战将。但有一次打了败仗,因为皇帝不理朝政,所以,他就冒了一次险,说打胜仗了,立了功。因为明朝的体制是边将立功,整个体制都可以得益,所以,这份冒功的奏章不但成功地送给了皇帝,而且大家还因此得到了表彰和实惠。所以,自此以后,这位边将不断地冒功,直到明朝灭亡。

2)总结效果

只有收集到了正确的第一手信息,才能保证效果的真实可信,并且为下一阶段的反馈奠定坚实的基础。像房地产项目的领导者那样,亲自上阵,以确保信息的真实性、可靠性,并及时总结效果,固然好,但领导者毕竟不能事必恭亲。所以,依靠合理的制度才是长期有效地收集信息的合理方法。有了正确的方法,效果总结就会好做得多了。

其实这里的总结效果只能是对执行过程的一个简单推理,不可能是对整体公关效果的评估。所以,这里的总结只是对计划的执行进行的战术上的修改,而不是对整个战略的总结和修正。

总结效果的一个重要的方法就是一定要让计划的制订者群体参与。只有这样,才能保证总结的效果是合理的,并且能够得到迅速的修正和再反馈。

3)计划的改进和反馈

计划实施阶段的改进和反馈,一旦得到完善的执行。那么,计划的实施就于完美和成功。这就像过去战争中说的击退敌人的进攻一样,肯定不是随心所欲的。敌人的进攻就像执行中的计划一样,是一个变化的事物。所以,要想公关计划得到完全的成功,没有实施过程中的改进和反馈,肯定是不完美的,也是经不起实践考验的。

改进了的计划就会更加贴近实际,更富有弹性,也更有利于执行者的执行。这个过程的最重要的方法就是要敢于打破计划的窠臼,勇于实践,让事实来说话,就会有好的实施结果。

比如著名的辽沈战役就经历了这个阶段。当时中央和东北野战军相关领导人关于东北的具体战术有分歧。是先攻打长春还是先攻打锦州,中国人民解放军第四野战军来回在两关奔波了几回,最后才下定决心攻打锦州。此后,辽沈战役越打越顺。

这个阶段实际上变成了一个熟能生巧的过程。计划的改进和反馈就不是一个新问题了,而变成了如何完美地实现计划的过程,并且取得比预期更加完美的结果的过程。

 案例

"2013快乐男声"互动传播推广

执行时间:2013年5月——2013年10月
企业名称:天娱传媒、传世酷营销
品牌名称:湖南卫视"2013快乐男声"

一、项目背景

1. 项目介绍

2004年"超级女声"首开内地选秀节目先河,十年间"快乐女声""快乐男声"(以下简称快男)交替举办,打造了芒果选秀的金漆招牌。2013年湖南卫视和天娱传媒再次启动了"2013快乐男声"。传世酷营销作为快乐男声的整合营销全程合作伙伴,独立承接了快男项目的全媒体营销互动项目。

这次快男项目是快乐及超级系列选秀品牌诞生九年以来,首次交由第三方创意公司负责全程节目营销,传世酷营销包揽了除电视屏幕以外的全媒体传播创意及执行、全网互动传播及上亿粉丝的管理任务,突破常规的系列酷创意,激活了上亿年轻观众的观看与参与热情,重新定义了电视品牌化营销的理念与方法,对整个行业产生深远影响。

2. 需解决问题

(1)如何突破品牌疲倦度。快男选秀到第三届,必须做出新意,展现90后受众崇拜的个性魅力,塑造新一届快男的新颖性。

(2)选秀节目同质化。同是素人唱歌、汰弱留强,如何在众多选秀节目中突围而出,快男需要离经叛道的创意和真实到底的诚意。

(3) 网络技术。要做到全媒体传播、全网真实互动，必须动用广告、游戏设计、影视制作、互动技术上的新尝试。在低预算前提下，怎样解决技术问题实现全民互动。

3. 执行地域

北京、杭州、广州、长沙、成都、西安六大赛区、香港赛区，辐射全国重点城市。

二、项目调研

1. 优势与劣势

2013年是湖南卫视的选秀十周年，忠实观众是芒果选秀的品牌优势。湖南卫视每一年都能制作多档优秀综艺节目，领先全国的音响灯光舞美，联合举办快男的天娱传媒拥有雄厚造星功力，这些都是快乐男声的质量优势。

2013年也是内地电视歌唱选秀节目泛滥的一年，单是同一季度，快乐男声就面临"中国梦之声"、"中国好声音第二季"、"我的中国星"、"中国星力量"、"最美和声"等对手的竞争。这些节目财雄势大、大多买了外国节目版权。其中"中国好声音"因为创意和缺乏对手，在去年一枝独秀，今年挟着好口碑和大量忠实粉丝再度回归，是"快乐男声"最大的对手。

2. 项目可行性分析

对手好声音的选手大多唱功娴熟，有一定正式或民间演唱经验，经过一定包装，初登台就容易出彩。这在前期竞争中快男显得实力落后。怎样在竞争中为快男塑造个性、用诚意和创意破局，加强传播的广度和深度，是传世酷营销最须解决的。

传世酷营销此前在互动领域拥有很多的探索，主要集中在社会化媒体和新兴的自媒体。经过分析，要在一次互动创意或传播就把对手赶出90后市场是不现实的，但通过项目策划尽可能收获更多掌声，在低投入下获得最大程度的传播，争取受众好感度上升。

三、项目策划

1. 项目目标

(1) 海选阶段：制造、炒作系列话题宣告快男要海选的消息，宣传快男评委、呼吁选手报名。

(2) 节目首播阶段：增加快男曝光率，让快男"真唱+直播"形象深入民心，尽可能降低对手在受众心中形象高度。配合赛程进行内容扩展包装，发掘话题炒作，让电视播出时间吃亏的快男，热点在网络上流传得更广更久一些。组建全国快男粉丝组织。

(3) 节目播出期间：随着赛事进入高潮，推动网络舆论讨论赛果、引起争议，加强快男传播影响。管理全国快男粉丝团，有规律、大规模地进行快男内容的网络传播活动，推高快男话题热度。

2. 目标公众

以90后、00后为主目标受众，以他们为起点覆盖全民大众

3. 传播策略

(1) 传世酷营销决心就快男项目实现网络的真实互动，所有的内容、活动发布都以得到真实受众回应、反馈为目标。

(2) 粉丝团的管理除了推进信息传播以外，这些真实的受众能带来水军所不能达到的传播广度和深度。

4. 媒介选择

(1) 由于事前宣传缺乏，赛季一开始快男的知情率并不高，传世酷营销选用了传统媒体和网络媒体并用的方式。

(2) 赛事开始进入白热化时，瞬息万变、几何级数发散的网媒、社交媒体、自媒体成为传播的主战场，例如新浪微博、微信、百度贴吧、YY语音、QQ空间、天涯论坛等，统统是门槛低、受众广的传播平台，达到高密度的传播效果。

5. 主要信息

内容可分为病毒音乐、病毒文案、病毒视频、病毒话题、互动游戏、现场活动、管理粉丝。

四、项目执行

（1）"干掉无趣"。6月底首播前，传世酷营销出台"干掉无趣"爆笑预热视频，铺天盖地的各类"干掉无趣"互动推广占领了几乎所有社交媒体，一小段搞笑视频、一句简单的歌词"快乐男声，想唱就唱，听我的"，引起网民大量转发吐槽、模仿跟进。在主流门户新闻网站还没反应、爆料量极少的情况下，社会化媒体已经被点燃起来了。

（2）三大游戏。传世酷营销为快男设计了三大互动游戏"改头换面做自己"、"快男超级任务"和"快男点唱机"，这三款游戏都很接地气且与节目有深度的融合，喜欢哪个快男一目了然，能够支持到偶像、与之互动是最大的吸引点。

（3）组建管理全国粉丝团。传世酷营销在快男一役中，团结经营全国电视史上最大的粉丝团，其中包括66位快男选手各自的粉丝组织。这些比水军更强大的媒体，为快男的话题传播提供了结实的后盾，每期节目，粉丝都会主动地为自己喜欢的偶像刷微博刷帖，直接或间接地提升了快男的整体的认知度和影响力，让快男成为这个夏天全城讨论的热点。

（4）线下商业活动。

① 网络传播渠道的管理（微信、微博、百度贴吧、YY语音、QQ群、Qzone）。

② 直播现场话题传播管理（金句、及时性海报、及时性微博、及时性视频）。

③ 线下宣传渠道的执行与控制（发布会、招商会、海选现场）。

④ 粉丝管理（热门选手粉丝、落选选手粉丝、评委粉丝）。

五、项目评估

1. 受众反应

比赛海选报名前，受众对2013快乐男声的印象除了芒果选秀的固有形象之外，对本届快男的认知可谓是零。传世酷营销通过一系列的炒作引导话题，让快乐男声的"性格"——真实好玩深植人心。

随着比赛的进行，选手的特质呈现、唱功的成长蜕变引发了大家的喜爱、站队心理，传世酷营销通过深入粉丝团和各大社会化媒体，对舆论进行了引导，让黑评成为沉默的螺旋。

比赛后期，随着粉丝团的发展壮大，快男的口碑和话题热度已超越对手，常常在微博热门话题排行榜上占据前列，在水军势力微弱的百度贴吧，快男的一座座"十万大楼"让对手无法企及。

2. 市场反应

赛事前期，一般受众大多存在"好声音歌唱实力完胜快男"的印象，而快男一群不加雕琢原生态的傻小伙，却能在一集集的真实反应、真实歌声和努力成长中，让观众得到真实的感动。著名选秀节目《美国偶像》的资深评委宝拉·阿巴杜，在新浪微博和Twitter上都曾对本届快男华晨宇的表演表示喜爱和力挺，可见本届快男在社会化媒体辐射范围之广。

3. 数据统计

（1）今年暑期综艺节目横向比较，《快乐男声》截止统计日全网播放量已经达到5.96亿次，领先于《中国好声音》的5.46亿和《中国梦之声》的5.26亿，是同期全国综艺节目第一。

（2）传世酷营销在快男项目中，制作长微博、图文微博等，总转发量超过766万，总评论超过3224万，超过26亿阅读量；微信信息通过朋友圈传播，转发率为10%，传播覆盖量总数约为7700万用户；制作视频被各大视频网转载，总点击播放次数超过5400万。

（3）传世酷营销推出三大互动游戏，后台获取总浏览量达2270万次，独立IP达到910万人次。

（4）传世管理下快男全国粉丝团人数超过600万。

（5）节目开播以来，总共组织粉丝发动超过30次活动，包括热门话题榜、YY投票等，屡屡刷新热门话题榜记录，涉及粉丝总量达到1.5亿次。

（6）项目估算投资千人成本为0.0000021元，远低于市场平均水平。

（资料来源：广告传世品牌管理有限公司. 2013最具公众影响力公共关系事件评选：2013快乐男声互动传播推广[OL]. 中国公共关系网，2013. 有删改）

子任务二　评估公共关系效果

【知识目标】

- 了解评估公共关系意义和原则
- 知道评估公共关系内容和程序
- 掌握评估公共关系方法和报告

【技能目标】

- 能够熟练地评估公共关系效果

【任务导入】

ALS 冰桶挑战无疑是 2014 年最火爆的网络活动之一,人们可以在网上看到很多人接受冰桶挑战的视频。尽管有一些人对活动的效果产生怀疑,但是根据 ALS(渐冻症)协会 2014 年 8 月 18 日公布的数据显示,协会"收到了 1560 万美元的捐款;而去年同期的捐款只有 180 万美元。"

同样重要的是,冰桶挑战很容易就能参与进来。参与者无须具有特殊的天赋或特殊的资源,每个人都做得到——谁都能朝着自己的头顶浇上一桶冰水。

最初,冰桶挑战和慈善机构根本不搭边,是佛罗里达州的 Chris Kennedy 把这两者联系到了一起。不过,波士顿的 Pete Frates 和扬克斯的 Pat Quinn 让这个活动开始迅速扩散——他们接受了挑战,并且还点名自己的朋友接受挑战。他们最初只想着为 ALS 筹备善款,并没有打算把它做成一项全球性的活动。

这个活动在波士顿风靡的原因可能是这个活动跟当地有关联。人们知道 Pete 的故事——波士顿大学棒球队前队长,他提升了人们对抗击 ALS 的意识,同时也筹集到了善款。这种社区的感觉让整个波士顿都加入到这项活动中来。随后,这项活动受到了波士顿地区人们的朋友、家人及名人们的关注。

冰桶挑战还让人们讲述自己的故事。有些人把视频献给患有 ALS 的爱人;有些人利用这个机会记录下与朋友在一起的时刻;还有人大打创意牌——比尔盖茨就建了一个冰水倾倒装置;更有人省去了冰块,直接跳进了密歇根湖冰冷的湖水里。

当然,对此活动也有不少负面新闻。人们把它称为"伪装成利他主义的自恋"。ALS 协会并没有试着去消灭批评的声音。恰恰相反,该协会用积极内容与消极内容的对比数据进行回应。

冰桶挑战呈现了这样一种现象:它打造了一个既有包容性又有排他性的社区。一旦你被别人点名挑战了,你就已经加入到这个社区了。如果你没有被直接点名挑战,你仍旧可以欣赏视频、进行捐款并且支持其他人接受挑战。它已然成为公共排他性的一种形式。

活动还邀请你点名挑战其他人,这就让挑战成为个人层面的活动——即使你并不认识患有 ALS 的人。如果你收到他人的点名,不管是在公共层面还是在个人层面,你都是一个负责任的人。从某种程度上来说,负面新闻也起到了一定的帮助作用——很多人都觉得,如果没有同时接受挑战并进行捐款,就会显得很假。关于人性,一条很简单的事实就是:人们愿意帮助他人,但是活动必须要个性化才行。

(资料来源:Anne-Marie Kline.从"冰桶挑战"学到的营销建议[J].现代广告.有删改)

【任务分析】

纵观"冰桶挑战"这一活动可以发现，慈善机构和各种公益组织很善于运用公共关系策划。本文只对该活动的效果进行了论述，相信"冰桶挑战"的成功绝不仅仅是 "好玩"这么简单。

评估公共关系是公共关系活动的最后一个程序，它是对活动实施结果的总结、衡量和评价。它既是前一段公共关系活动的最后阶段，又是新时期公共关系活动开始的前奏，它具有承前启后的作用。

一、评估公共关系的意义

评估公共关系指有关专家或机构根据某种科学的标准对公共关系的整体策划、准备过程、实施过程，以及实施效果进行测量、检查、评价和判断的一种活动，它在整个公共关系活动的过程中具有重要作用。评估公共关系的意义表现在如下方面。

1. 评估公共关系是改进公共关系工作的重要环节

任何有目的的人类活动，都是以追求既定效果（目标）为先决条件。公共关系活动也不例外，所以说，评估公共关系对一个社会组织的公共关系工作具有"效果导向"的作用。这种效果都面临两种可能：成功或失败。但无论是成功还是失败，其经验与教训都将成为下一个公共关系活动或环节改进的基础。

2. 评估公共关系是开展后续公共关系工作的必要前提

从循环的角度看，效果既是一次公共关系目标追求的归宿，也是下一次公共关系活动的出发点，没有对公共关系工作的评估，就不可能制订新的公共关系计划。

3. 评估公共关系能有效地鼓舞士气

开展评估工作，能使内部员工认清本组织的利益和实现途径，以便将自己的本职工作与实现本组织的战略目标紧密地联系在一起，更加积极主动地工作。

4. 评估公共关系体系的创新

在目前的研究与实践中，公共关系"细雨绵长，润物无声"地渗透，是一个长期效果，也就是说，公共关系的效果往往不能立竿见影，而有滞后性；常常要通过定性评估，难以定量分析，所以"效果评估"是公共关系理论与实践发展的软肋和瓶颈。只有通过大量的评估实践逐渐总结评估体系。

二、评估公共关系的原则

1. 定性分析与定量分析相结合的原则

定性分析是从价值评判方面评估公共关系活动效果，而定量分析则从数据事实方面分析公共关系活动效果。公共关系活动的目的就是改变公众对社会组织的态度，激发公众的合作行为，因此，有些客观效果就不能通过数量体现出来，如公众对产品的态度的改变情况、推销工作顺利与否等，这些只能进行定性分析。但仅有定性分析还不能确切地反映出公共关系活动效果，还需要定量分析，如产品的销售情况、公众参与人数等。

2. 长远效果分析与近期效果分析相结合的原则

公共关系活动的实际效果不可能马上全部得到体现，这是公共关系活动效果的特殊性。因此，评估公共关系活动效果时，除了考查近期效果外，还要分析长远效果。有些活动近期效果明显，但没有长远效果；有些活动虽然没有近期效果，但长远效果明显，能够为社会组织的未来发展创造有利条件。只有既考察近期效果，又考察长远效果，评估的结论才能做到科学公正。

3. 标准性与变化性相统一的原则

标准性与变化性的统一，就是一方面要有标准化的考评内容和考评项目，另一方面也要根据特定的公共关系活动，适当变通其中的部分测评项目，以保证测评结论的科学性。公共关系效果评估，不仅为了证实公共关系工作的成绩，更重要的是不断地发现存在的问题，为制订新的公共关系计划提供真实的依据，以便不断地进行组织形象的调查和改进，这一重要的信息反馈环节，保证公共关系工作进入一个良性循环。因此，社会组织公共关系调查、策划、实施、评估这 4 步工作法是一个循环往复的工作流程，遵循这一工作流程法，使社会组织始终处于良好的公共关系状态之中，始终保持良好的组织形象。

三、评估公共关系的内容

评估公共关系活动过程主要包括评估公共关系活动准备工作，评估公共关系的策划和评估公共关系计划的实施。

1. 评估传播的基本情况

信息制作的评估，信息曝光程度的评估，传播效果的评估。

2. 评估公共关系的状态

内部公共关系状态评估主要包括评估全体成员的公共关系意识，员工的士气和归属感，组织的凝聚力和号召力，组织内部的人际关系、群体关系等。外部公共关系状态评估主要考察顾客、媒介、社区、政府等多种目标公众，在接受信息、产生情感、改变态度、引起行为等方面的变化情况。

3. 评估专项公共关系的活动

对日常公共关系活动的评估，对单项公共关系活动的评估，对年度公共关系活动的评估。

4. 评估公共关系人员的工作绩效

对公共关系人员工作绩效的评估应该首先区别公共关系人员的职责和分工，职责和分工不同，评估的指标或内容也应该有所不同。

四、评估公共关系的程序

1. 重温目标

评估某项公共关系工作是否有成效，其标准就是看既定的目标是否实现了，因此，要重温一下公共关系目标。

2．收集、分析资料

公共关系人员可以运用各种调查方法，收集公众的各种信息资料，然后进行比较分析，看哪些达到了原来的目标，哪些没达到，哪些超过了预期的效果。

3．向决策部门报告分析结果

公关人员要如实地把分析结果以正式报告的形式上交给决策部门，在报告中应把对公关工作的评估和组织的总目标、总任务联系起来。

4．把分析结果用于决策

这是评估的最后阶段，也是它的最终目的。分析结果可以用于两方面的决策：一是用于其他的将要制定的公共关系项目的决策；二是用于组织的总目标、总任务的决策。

五、评估公共关系的方法

1．自我评估法

自我评估法就是由主持和参与公共关系计划实施人员凭自我感觉来评估工作效果。

2．公众评估法

公众评估法就是依据公众的反应评估工作效果，而公众一般要通过调查研究获知。

3．组织评估法

组织评估法就是由本组织出面对公共关系效果进行评估，但参与公共关系计划实施人员一般要回避。

4．专家评估法

专家评估法就是聘请组织外部公共关系专家对组织公共关系进行评估。

案例

三一集团的危机公关

三一集团"胆大包天"起诉美国总统奥巴马，看起来自不量力，实则是以危化危，借势造势，打了一场漂亮的危机公关仗。

三一集团在美国收购风电场的项目，由于美国外国投资审查委员会及总统奥巴马的干预，吃了闭门羹，项目直接损失高达两千万美元。按照企业的常规思维，既然连总统都拍板否决了，收购肯定是没戏，打道回府算了。三一集团偏偏不吃这一套，来了个将计就计，对美国总统奥巴马提起诉讼。

危机公关讲的是借力打力，借势造势。三一集团在恰当的时机，巧妙地借势造势。现在，还有比奥巴马风头更强的"势"吗？美国总统这一特殊身份，已经是顶级的大腕了。又恰是美国大选之际，人们对奥巴马的关注度陡升。身份敏感的人物，美国大选这一敏感的时期，又是"外来企业诉讼美国总统"这么火爆的话题，三一集团想保持低调都难。

三一集团诉讼奥巴马，至少为三一集团带来了两大好处。

第一，三一集团知名度快速提高，增强了品牌晕轮效应。

三一集团在中国名气不小，梁稳根家族也多次在中国各大财富排行榜上抛头露面。不过，其品牌影响力在世界范围内还欠些火候。

三一集团属于机械行业，远离百姓的衣食住行，尤其对财经关注度较少的公众，并不怎么了解三一集团。人们可能不了解三一集团，但绝对知道政治明星奥巴马。借助奥巴马的晕轮效应，三一集团成功实现了品牌传播，提升了品牌知名度，其品牌影响力也从财经圈子延伸到社会及时政圈子。

第二，三一集团成为民族企业的榜样，增加了品牌美誉度。

中国有大量的民族企业在美国投资，他们也曾遇到与三一集团相类似的问题，被美国打着"国家安全"的幌子拒之门外，其中还不乏华为、中兴这样实力雄厚的中国大企业，但他们大多数忍气吞声，并未采取太多积极的维权行为。三一集团在美国利益受损后，出人意料地提起诉讼，且诉讼对象是美国总统，这给了中国企业积极的信号——海外投资受挫，并不止打道回府这一条路，中国企业完全可以拿起法律武器维护自己的合法权益。三一集团的勇敢诉讼行为，鼓舞了国内企业的士气，成为中国企业的榜样。

三一集团也巧妙了地利用了当下的民族情绪。不少人用"被载入中美经贸关系的史册""外国公司起诉'外国在美投资委员会'（CFIUS）'的先河""史无前例的起诉美国总统"等字眼形容"三一案"，其中透出民族的自豪情绪与对三一集团诉讼行为的认同感。而且，三一集团还懂得时不时为自己的"英雄行为"再添一把火。三一重工向文波总裁在10月19日晚上发布的微博中写道："有人问我起诉奥巴马总统会赢吗？我说过程比结果重要；有人问我要花多少钱？我说尊严比金钱重要；有人问我不担心三一在美的发展吗？我说三一做事向来取义不取利！"看重过程、民族尊严、取义不取利，这样的舆论造势足以把三一集团置于民族企业的高度，公众对其的印象分高了很多。

当然，三一集团对奥巴马提起诉讼结局并不乐观。毕竟是"民告官"，又是海外企业状告美国总统，成功的几率并不高。不过，也有赢的可能性。毕竟，正值美国大选，奥巴马的一言一行都是公众关注的焦点，也影响着选民对他的投票。奥巴马本人不希望节外生枝，以免影响他的连任。成为被告终究不是什么好事，如果再因为三一集团事件影响到国内相关部门对在华美国企业的态度，那情形就更不妙了，当然不会有利于奥巴马的选情。如果中国政府相关部门对美国在华企业如思科、苹果等也采取一定的反制措施，对其是否给中国政府带来安全隐患进行审查，也是向美国政府及奥巴马施压，迫使奥巴马政府做出让步的以危化危之举，运用得好，或许三一集团还会有意外的收获。

诉讼是输是赢且是后话，无论结局如何，三一集团在此次危机公关中有勇有谋，可圈可点的地方不少，的确值得我们已走出去或即将走出去的其他国内企业学习和借鉴。

（资料来源：艾学蛟. 三一集团打了一场漂亮的危机公关仅[OL]. 新浪博客，2012. 有删改）

六、评估公共关系的报告

1. 评估公共关系报告的格式

按照评估的目的与要求，评估公共关系报告的结构可以采用不同的格式，灵活安排结构。结构服从于内容表达的需要。通常，评估公共关系报告书的结构格式依次包括如下内容。

（1）封面。封面的主要内容包括评估书或项目的题目、评估时间、评估人（单位名称）及保密程度、报告书编号。题目要反映出评估的范围和对象。排版应醒目、美观。

（2）评估成员。反映哪些人参加了评估工作，负责人是谁。

（3）目录。用来方便阅读报告书的人。

（4）前言。反映评估任务或工作的来源、根据、方法、过程及其他特别需要说明的问题。也有的评估报告书把评估的方法、过程等写进正文部分。

（5）正文。正文是评估报告书最重要的部分，也是评估报告书的主体。它包括评估的原则、方法、范围、分析、结论、存在的问题、建议等。

（6）附件。附件内容是对正文内容的详细说明和补充，是正文的证明材料。

（7）后记。主要说明报告书传播的范围，致谢参加人员及相关单位等。

2. 撰写评估公共关系报告应注意的问题

评估公共关系报告书的写作是有相当难度的。在写作过程中，既要求执笔人员客观、公正、全面，又要求报告书可读、简洁、明了。为此，除格式方面的要求外，在写作过程中，还应注意如下问题。

（1）定量与定性相结合。通常，评估结论是定性的，但必须用定量的指标作说明。注意定量与定性的密切结合。

（2）建议与策略具有可操作性。只有切合实际情况的建议才具有可操作性。

（3）语言准确、精练。尽量用最少的文字、篇幅来说明问题，提出建议。切忌太多的学术词汇，让评估报告的阅读者难以理解。

（4）结论客观具体。评估结论要客观，既要看到成绩、效益，又要看到缺点和不足。在结论中，要避免"可能""大概""也许"等模糊语言。所有的结论都应该找到相应的材料作证明。

案例

鲁东大学趣味运动会公共关系评估报告

目　录

封面 ————————————————————————	1
目录 ————————————————————————	2
前言 ————————————————————————	3
评估目的 ———————————————————————	4
评估原则 ———————————————————————	4
评估方法 ———————————————————————	4
评估环节分析 —————————————————————	5
结论 ————————————————————————	7
存在问题 ———————————————————————	7
建议 ————————————————————————	7
后记 ————————————————————————	7

前　言

自从体育产生以来，强身健体及其娱乐自始至终是体育的主要功能。体育是一种复杂的社会文化现象，以身体活动为基本手段，以增强体质、增进健康及培养人的各种心理品质为目的。但是随着社会经济的发展，人们的生活水平得到了提高，所从事的体力劳动逐渐减少，取而代之的是更多的脑力劳动，这就赋予了体育活动更深更广的意义，大学期间学生专心读书学习，很少有时间考虑课余时间进行体育休闲娱乐，这使得学生对体育的需求尤其显著，因为体育运动对学生而言具有更重要的意义：

（1）体育运动是增强学生体质的一条主要途径。

（2）体育运动是培养学生能力，发展学生个性的最佳环节。

（3）体育运动有助于"终生体育"的培养。

（4）体育运动是体育教学的继续和补充。

（5）体育运动是发现和培养体育人才的重要途径。

（6）体育运动是对学生进行思想品德教育的重要途径。

（7）体育运动是学生生理的需要和精神娱乐的需要。

因而为增强我校同学的凝聚力、增深同学之间的感情，满足学生的身体与心理需求，并对体育教学活动进行补充，我校特举办了由学生工作处组织的趣味运动会。为了及时更正活动策划中的错误程序、运作及组织方法，特进行了本次评估。

正　文

一、评估目的

及时更正活动策划中的错误程序、运作及组织方法，为丰富相关单位举办类似活动的经验，更好的组织以后的相应活动提供借鉴。

二、评估原则

高效原则、诚实守信原则、真实性原则、可行性原则、客观性原则、独立性原则。

三、评估方法

1. 评估范围

策划方案、活动效果、后期工作、总结工作

2. 活动评估方法细则

（1）策划方案40分。扣紧主题5分，创新度5分，策划包装10分，预案设置5分，语言文字5分，方案执行5分，宣传发动5分。

（2）活动效果25分。活动参与率10分，现场气氛10分，意外处理5分。

（3）后期工作20分。是否及时整理现场5分，物品是否及时归还5分，宣传报道5分，活动跟踪5分。

（4）总结工作15分。是否及时上交材料5分，资料是否完整5分，活动后期包装5分。

（5）评估的总分为100分，项目活动举行后经评估组评比之后活动所得的总分达到75分以上的可达到"好"；总分达到50分以上75分以下的可达到"中"；总分达到50分以下的则为"差"。

四、评估环节分析

1. 策划方案

策划中的活动内容都是延续了往届的项目，没有什么创新的内容，可能是参赛的单位太多，活动的组织安排比较笼统。策划中漏掉了许多组织规划细节，对活动场地的规划、活动项目的举行时间安排不当。活动现场混乱，只能依靠参赛单位或个人的自觉性区别名次进行积分。

2. 活动效果

虽然活动群众参与率相当高，也达到了一定的娱乐目的，但由于缺乏创新性项目和系统的组织，其活动效果还是相当有限的。

（1）活动准备。

① 主持人和学生处领导的讲话激发了学生们参赛的热情，使学生放下一切全身心投入到比赛中。

② 各代表队的口号更是言简意赅，不但道出了各自的参赛目标，而且有效的激发了队员的斗志。

③ 开幕式表演中跆拳道表演效果一般，形到而神末到，缺乏气势。手语表演节目新颖，表演与音乐相交映，组织规划比较好，最后形成的五环特色鲜明又紧贴体育活动这一主题，给人深刻印象。

（2）活动进行。

① 火车快开：运用凳子多人同时进行游戏可练习多人的协作能力和身体协调性，游行进行得非常刺激，但游戏本身具有一定的危险性，赛前应进行说明。

② 背靠背心连心：节目非常新颖，对两人的配合要求非常高，但是比赛制度不完善，运动员比赛中掉球受到的惩罚不同。接力时交接方式不同，导致所用时间也不一致，使比赛失去了竞争的公平性。

③ 解开千千结：充分地调动了学生的智慧，使运动员开动脑筋寻找最优解的同时娱乐身心。并且该项目每组参赛人数较多，有利于调动学生积极性。

④ 袋鼠也疯狂：比赛进行前应告知运动员比赛中应注意的安全事项，否则很难避免危险的发生，不过活动现场气氛不错，运动员都相当活跃。

⑤ 齐心协力：现场活动很是热烈，参赛队员都争先恐后、互不相让，虽然每个参赛小组对本活动熟练程度不同，但一组组都迸发出了难以掩饰的热情。

⑥ 八戒抢亲：游戏属于田径类的负重项目，对负重行进者的体力要求很高，虽然有很强的娱乐性，但同时本项目危险系数很高，万一摔倒后果不堪设想。

（3）活动结尾。

活动结尾现场很是混乱，群众走的走散的散，非常分散，导致颁奖仪式空有其正式的外壳，参加人数寥寥可数。

3．后期工作

活动安排的后勤人员充足，活动的后期工作相当不错。

4．总结工作

工作人员缺乏相应的工作经验，对工作的总结不详细、不具体。

五、结论

虽然活动存在着一定问题，但总体而言活动相当成功，达到了娱乐身心的目的。

六、存在问题

通过本次活动，暴露出了相关单位对活动策划、组织及总结等相关方面经验的不足，同时群众参与率极高，也说明了大家对类似活动的迫切需求。

七、建议

学校相关部门应尽量多组织类似的活动满足学生的需要，促进学生娱乐身心，提高学习效率。同时，更多类似活动的举行，可以促进学生的竞争氛围。

八、后记

感谢在工作中对我进行支持的单位和个人，因本人能力有限，同时也是首次做类似的工作，不妥之处敬请包涵。

鲁东大学体育学院

（资料来源：幸福男孩．鲁东大学趣味运动会公共关系评估报告[OL]．新浪博客，2009．有删改）

知识与技能检测

一、名词解释

1．目标导向。
2．公共关系评估。

二、思考题

1．简述实施公共关系活动的意义和原则。
2．论述实施公共关系活动的方式和内容。
3．选择策划方案，实施一次公共关系活动。
4．简述评估公共关系意义和原则。
5．论述评估公共关系内容和程序。
6．选择公共关系活动，撰写一份评估报告。

三、实训题

1. 项目：公共关系效果评估。
2. 目的：掌握评估的方法及评估报告的撰写。
3. 内容：某校在迎新晚会结束后，院团委要求学生会就晚会的整体策划、准备过程、实施过程及实施效果进行评估并提交一份晚会评估报告。
4. 组织：把全班同学分成6人一组并选出组长，分组讨论确定评估方案，下次上课时推选代表发言，教师作出点评并考核。
5. 考核：评估方案及发言情况作为一次大作业，教师分别给出成绩并计入学生平时成绩。

任务五

处理内部公共关系

CHULI NEIBU GONGGONG GUANXI

引例

波波球集团 CEO 的用人之道

一、管理者用人存在的问题

1. 管理者的用人心态

管理者要有"承认员工，用其所长"的思想，经常听到很多经销商说，员工这不行，那不行，我就问他，你心目中的员工是什么样的，他说道：能力如何如何，忠心如何如何，素质如何如何……我反问了一句：你打算给他多少钱？若员工达到这种要求，估计是要拿年薪的。作为经销商来讲，我们不得不面对一个现实，优秀的人才都到厂家去了，都自己当老板去了！所以，我们先不要去看员工这不行，那不行，而先看看，员工有哪些优点，缺点是每个人都有的，如果我们整天想改变员工，确实是不可能的，因为员工这些缺点不是一两天就形成，而是多年来一直形成的，员工多年来形成的，你要在短时间改变，是很不现实的。

所以，我们能做的就是把每个人的优点充分调动和发挥起来，至于缺点，有些可以通过制度，有些可以通过安排的工作尽量不让其缺点发挥作用，当然我说的缺点不是指人品上的，也不是指懒，只要员工人品上没有问题，不懒，都是可以塑造的。从我个人对波波球经销商公司经销商的调查中看，很多公司的矛盾与问题，是与管理者不断地想改变其员工的缺点有很大关系的。在实践中，我们可以设置底线原则——人品+勤劳，不低于这个底线原则的人都是可以用其所长的。

2. 培养员工的必要性

我们必须要去培养员工，很多经销商老板是不愿意的，原因很简单，把员工培养出来了，他就飞了，甚至会培养出一个竞争对手来，但我没看到一个企业因为培养出很多优秀的人才而关门的，倒是很多培养不出来优秀员工的企业，日子过得非常难。销售的本质就是示范+调动，管理的本质就是教育，教员工方法，育员工做人。如果，失去了教育的本质，那么这个管理只是一个口号。所以，培养员工是现阶段波波球经销商发展的关键点。那么怎么培养员工呢？培训当然只是其中的一个方法。

二、如何培养员工

培养员工来自3个方面。

（1）用制度来形成良好的工作习惯。制度是什么？制度不是处罚规定。制度就是希望员工养成什么样的工作习惯。我们订立制度的目的，就是让员工不要去犯，而不是员工犯了如何去处罚。我不知道我们的经销商有多少制度是执行过的，多少制度是员工不知道的，多少制度是已经过时却没有去重新修订的。现实中，很多经销商的制度就是贴在墙上的广告，没有去执行。每年很多制度也没有去盘点，哪些制度是可以省掉了，哪些制度是要加的，制度是建立在未来企业需要员工什么样的行为的。所以，首先建议经销商，先盘点一下自己的制度，在实践中是否是有效的，是否需要调整。制度力求简单，如果复杂到员工都背不出来，那更不知道该如何去执行了！

（2）用标准形成员工具体的工作方法步骤。几乎很少看到经销商有岗位工作标准的，而这非常的关键。什么是工作标准，就是依据每个岗位的价值把工作的关键点找出来，并一步一步如何做，并形成流程操作标准。比如：对于BC店的销售人员的工作关键点之一就是和店主之间的关系建立，那我们是否有一个标准，到了门店，首先干什么，其次干什么，遇到店主什么情况，我们该如何说，如何做，……由所有的销售人员一起，总结出来一套最佳方案，然后全公司推广，然后在实践中不断地修订我们的标准，这样坚持做两年下来，我们就有了一套操作标准，而不管对于新员工的培训，还是评价老员工的过程管理，是否就变成了一个有用的工具呢？可能很多经销商觉得太麻烦，但随着公司人员越来越多，光靠人帮人，人教人是不行的，会很麻烦，也很难培养出优秀的员工。现在麻烦是为了企业一年后、两年后的高效。企业发展靠的是复制，尤其是人才的复制。而人才的复制，不是靠复制人，而是将人如何做好的东西提炼出来，形成步骤，让其他人都能掌握。我们花了很多时间和精力培养出了一两个精英，但企业不能仅靠这一两个精英。怎么把精英掌握的东西复制，这才是最关键的。

（3）用职业规划来形成员工的目标。在波波球经销商的群体里，我是没有看到的，我们必须承认一点，除非是股东，职业经理人和销售员工是不可能和企业长期走下去的，因为企业发展的不同阶段需要不同的人，今天优秀的员工也许明天就是企业发展的障碍，这是个现实，当然，现实中很多经销商朋友是真心希望员工会一辈子跟着自己的，除非这个员工每天去学习，进步（而现实中这个概率是很小的），那只是一个理想状态。当然，也存在小部分员工会长期在企业里，我说的长期是指10年以上。既然大多数销售员工是要离开的，我们就要给销售员工指条路，未来往哪走，如何盘点一下自己现在具备的优点、能力，离自己的目标还差什么？这就是给员工培训的方向。当然现实中，有相当一部分员工是没有目标的，或者其目标就是今年赚多少，明年赚多少；建立目标和进行目标分解的目的就是让员工有了过程价值，能享受到工作中的快乐与增值，没有了目标，如何能享受到工作的快乐呢？除了赚钱以外，我们还能给销售人员带来什么？如果你自己都认为销售人员就是为了赚钱，那么我相信，你的销售人员除了和你谈怎么工作让自己多赚钱以外，其他什么都不会谈！赚钱是个结果，不是个过程。员工追求结果是没有错，但能否让员工享受这个过程，或者得益于这个过程呢，最后，我希望我们的经销商，也帮员工做一个职业规划，让大家一起把路走的更宽更远！

（资料来源：李国林. 波波球集团CEO的用人之道[OL]. 博锐管理在线，2010. 有删改）

 **案例分析**

内部公共关系是组织内部纵向公共关系和横向公共关系的总称。针对组织结构而言，纵向公共关系是组织机构上下级之间的关系；横向公共关系是组织机构同级职能部门、科室、班组之间和员工之间的关系。现代组织是一个相互联系、相互依存的开放系统，内部关系是否融洽、团结、目标一致，决定着组织能否充满生机，能否具有竞争优势和发展潜力。建立良好的内部公共关系，是组织开展各类对外公共关系活动的基础和前提。

组织内部的公共关系协调，是组织公共关系的重要基础性工作。

 子任务一　处理与员工的关系

 【知识目标】

- 理解处理好员工关系的重要性
- 了解处理员工公共关系的内容
- 掌握处理员工关系方法和技巧

 【技能目标】

- 能够充分地调动员工的积极性

 【任务导入】

1981年，美国马萨诸塞州巴莫尔的戴蒙德国际纸板箱厂，因市场萎缩，工人为前途担心。65%的员工感到管理层对员工不尊重，56%的员工对工作感到悲观，79%的员工认为他们没有得到因出色工作而该有的报偿。为此，管理层推出"100分俱乐部"计划，即无论哪位员工，全年工作绩效高于平均水平的，则可得到相应分数，如安全无事故20分、全勤25分等，每年结算一次，并将结果送到每位员工家里，如分数达到100分，便可获得一件印有公司标志和"100分俱乐部"臂章的浅蓝色的夹克衫。

到1983年，工厂生产率提高了16.5%，质量差错率下降了40%，员工不满意见减少了72%，由于工业事故而损失的时间减少了43.7%，工厂每年多创收100万美元利润。

1983年年底评议时，86%的员工认为管理层对员工很重视，81%的员工感到自己的工作得到了承认，79%的员工认为自己的工作与组织成果关系更密切了。

 【任务分析】

凝聚力是戴蒙德国际纸板箱厂必须解决的问题。"100分俱乐部"的作用是让员工感到工作被认可的愉快，印着公司标志和"100分俱乐部"臂章的浅蓝色夹克衫成为努力工作的象征，而把结果通知家庭更是满足了以作业层为主的员工的自我实现的心理需求。组织与员工关系的改善提高了组织的凝聚力。

一、企业的员工是与组织最利益相关的公众

公共关系的任务是内求团结，外求发展，内部团结是外部发展的前提，外部发展是内部团结的结果。从这个意义上来说，组织的员工是与组织最利益相关的公众。以提高凝聚力为目标的企业内部公共关系工作就成为任何组织都不可掉以轻心的大事了。

戴蒙德国际纸板箱厂的工人在为前途担心的同时，65%的员工感到管理层对工人不尊重，56%的员工感到悲观，79%的员工认为没有得到因出色工作而该有的报偿，这是件非常严重的事情。无法想象一个多数员工有不满情绪的组织，一旦真的面临危机，大家能够同舟共济，共渡难关。凝聚力问题是戴蒙德国际纸板箱厂必须解决的问题。

二、员工是企业的首要财富

有了员工，企业才能称之为企业；有了员工，企业才能得到发展；有了员工，企业才能在商场竞争中立于不败之地。

一家企业拥有自己的员工，才能成为真正的企业。这里所指的员工也并不是所有的在企业中工作的人，而是指那些与企业融为一体，能为企业带来更多财富的员工。没有这种员工的企业根本就不是企业，充其量也只是一家皮包公司而已。

要获得更多这样的员工，就要开源和节流。

所谓开源又包括引进和培养两方面。首先，引进就是指从企业以外的社会中去寻找那些能为企业带来更多财富、更大发展的人。这种方式能使企业在短时间之内得到较多有用的员工，使企业在短期内得到较快的发展，为企业以后的进一步发展和壮大打好基础。然而企业通过这种方法所获得的员工始终较为有限，所付出的代价往往较高。因此还需要培养。所谓培养就是通过对企业所有员工教育、培训，通过制定一系列有利于员工成长的制度，通过培育一个积极向上的企业文化，使广大员工逐渐成长成为能与企业融为一体，能为企业带来更多财富和更大发展的优秀员工队伍。这种方式可以为企业带来更多的优秀员工，从而形成一支优秀员工队伍，使企业得到长足发展，为企业的长远发展打好坚实的基础。

然而，在现阶段我国的某些企业中，并没有做到这些，相反，它们的管理者们还努力限制员工出外接受培训，整天思考着怎样减少员工福利。这样非但不可能培养出优秀员工，本身优秀的员工还可能往外流，造成人才流失。

所谓节流，就是指通过企业管理，为员工创造一种家的感觉，创造一个成长的舞台，创造一个发展事业的平台，从而留住人才。许多管理者，整天在喊缺少人才、招不到人才，殊不知人才就在他们周围，只是他们没有去发现、去培养而已。

总之，员工是企业的首要财富，而管理则是为了发现和培养出更多需要的员工和员工队伍。

🌐 知识链接

如何让你的员工成为品牌代言人？

使员工成为品牌代言人最成功的例子要属苹果公司。苹果零售店的员工以其热情、专业的服务出名，他们忠诚于苹果，为自己的工作而自豪，你可以经常在社交媒体上看到他们对苹果的称赞。相比一般的企业市场营销，这种社交网络和个人联系的影响力要大得多。因为员工的现身说法带有感情和想法、更具人情味，有时候激起的反响是出乎意料的。那么如何让你的员工成为公司品牌的传播者呢？

在互联网时代，企业线上平台的重要性已经毋庸置疑。互联网刚刚诞生时，更多是一个信息搜索、收集、分析工具，但是随着各种社交媒体（比如 Facebook, Twitter, YouTube, Instagram, LinkedIn 等）百花齐放、百家争鸣,信息交流、传播和分享成为互联网的主要功能。因此可以断定,无论员工等级高低,都或多或少地在使用互联网进行交流沟通、收发通知、在线学习等活动。

当你在苦苦寻找品牌的传播者时,不知你是否意识到:其实你身边庞大的员工、合作伙伴、供应商、销售商、媒体等利益相关者就是很好的品牌布道者。如果采取适当措施激励他们,公司的品牌就能获得更大的曝光度和公众认同感;或者提供给他们一些机会和平台,让他们亲身参与品牌的建设,体会那种成就感和自豪感,相信他们会极大地推动公司的发展、使公司的品牌知名度成倍增加。员工的反馈可以让你很容易判断采取的激励措施是否正确,由此你可以适当调整激励措施,很快你就能获得预期的良好反馈。当然了,以上的前提是你的公司拥有社交媒体平台让员工去追随。

作为企业的代表,员工必须积极地信奉公司的价值观,并按照公司的行为准则在网上发帖。俗话说"水能载舟,亦能覆舟",大公司应该制定危机沟通计划(如果目前尚未到位),使企业和高层管理人员的网络声誉可以得到专业的保障和管理。最起码来说,规定哪些员工可以发帖(有关公司的)、在什么地方发什么样的帖子。员工必须遵守一套协议来管理网络上消极的负反馈,避免踩到某些潜在的"公众舆论地雷"。同时,根据你的产品或服务,研究相应的行业标准,制定合适的传播战略,使员工能够精确直达目标市场并了解竞争对手。

至于"为什么企业应该发展自己的网络营销渠道"的理由有很多。毫无疑问,你的员工已经在线上,开拓线上营销渠道的成本很低。网络渠道可能需要额外的客户服务人员去处理,但这是一个很小的成本。相反,网络渠道带来的影响力和向消费者递送服务的快捷性会让企业收获更多,这对于中小企业来说,无疑是最佳选择。

通过使用适当的策略、选择正确的平台,鼓励你的员工成为公司的品牌大使,不久的将来公司的品牌就会变得更加有价值。

(资料来源:马克·格罗夫(Mark Grove). 口碑营销:如何让你的员工成为品牌代言人[OL]. SocialBeta,2014. 有删改)

三、马斯洛将员工的需求层次分为5个层次

美国心理学家马斯洛认为,人的5种社会需要(生理需要、安全需要、爱与归属的需要、尊重的需要和自我实现的需要)中,自我实现是最高级的需要。显然,这种理论基于3个基本假设:一是人要生存,生存是人类的第一大不可动摇的准则,他的需求能够影响他的行为。只有未满足的需求能够影响行为,满足了的需求不能充当激励工具;二是人的需求按重要性和层次性排成一定的次序,从基本的(如食物和住房)到复杂的(如自我实现);三是当人的某一级的需求得到最低限度满足后,才会追求高一级的需求,如此逐级上升,成为推动继续努力的内在动力。

虽然戴蒙德国际纸板箱厂的调查证明,79%的员工认为没有得到因出色工作而该有的报偿,但该厂管理层并未用提高报酬的方法来提高组织的凝聚力,而是采用了满足员工高级需要的方法来改变局面。"100分俱乐部"的作用是让员工感到工作被认可的愉快,印着公司标志和"100分俱乐部"臂章的浅蓝色夹克衫成为认真努力工作的标志,而把结果通知家庭更是满足了以作业层为主的员工的自我实现的需要。现代管理理论中"社会人"的判断得到了验证。

四、内部员工公共关系的主要内容

1. 关注和协调员工的物质利益

（1）公共关系工作要为员工劳动所得的合理化提供决策信息。
（2）公共关系工作要为员工福利待遇的改善提供建议。
（3）公共关系工作要为改善劳动条件、劳动环境、劳动安全做努力。

2. 重视和满足员工的精神需要

（1）通过公共关系活动，提高员工在组织中的地位，增强他们的责任感。
（2）通过公共关系活动，发现和开发人才，提高员工的自信心。
（3）通过公共关系活动，促进组织内部团结，增强员工的自豪感。

3. 协助和贯彻员工的思想教育

在新的历史条件下，应将思想教育工作和公共关系活动紧密结合起来，求得组织内部的团结气氛。

当代组织思想政治教育的基本方法可以概括为8个字：灌输、转变、调节、激励。

五、如何建设企业文化和提高员工凝聚力

企业的管理机制应随着企业的发展壮大进一步完善和健全，相应地，企业文化的规范化建设也应随之向着良性的方向发展。一句话，企业文化影响着员工的个人素质和凝聚力，从而影响着公司的发展速度。如何建设企业文化和提高员工凝聚力，在工作中有必要做好以下几点。

1. 制订出一套系统的员工培训方案

让新员工了解公司的实力，了解企业的规章制度，了解自己的岗位职责，清楚该做什么，不该做什么和怎么做。使新员工对企业有一个全面、系统的认识。经过培训，让他们满怀信心，满怀希望地走上自己的工作岗位。

2. 定期调查员工对企业的满意度

把这种定期调查作为沟通载体，全面了解企业目前员工的现状，和员工对企业发展的价值取向，评估组织变化和企业政策对员工的影响。反应员工的基本需求，员工的价值观、归属感、自尊、成就、团队合作、信息分享、员工之间的沟通、企业文化建设绩效评估考核等。对全体员工满意度的调查将带来更具参考价值的政策制定依据，突出公司的绩优和提升。根据员工问卷分析，将会为公司管理层提供客观真实的建议。

3. 员工凝聚力的提高与企业文化建设分不开

如企业在人力资源管理工作中，要增强企业员工凝聚力，就应该给予全体员工共同的前进方向，即企业发展愿景、适当的职业发展目标，以共同的利益把优秀员工和企业绑在一起。企业在这方面，平时除了组织一些加强思想工作的激励会议之外，还要积极组织一些集体活动，培养他们的集体观念，从而提高员工的集体凝聚力。比如节假日期间，根据时间安排开运动会，组织象棋比赛、麻将比赛或歌唱比赛等娱乐性活动，既能活跃企业的文化氛围，提高员工的积极能动性，又能在潜移默化中激发他们对企业荣誉认知度的自觉维护。

"100 分俱乐部"实施一年，员工的不满意见大大减少，工作效率提高；实施的第二年，绝大多数员工在感到被承认、被重视的前提下，认为自己与工厂的关系更密切了。这意味着组织的凝聚力得到了提高。

六、处理与员工的关系应该注意以下几点

1. 加强双向沟通，实现信息共享

人际关系的紧张往往产生于误会，而大多数误会又是由于人们彼此之间缺乏有效沟通。实行信息共享，既是为了形成良好的人际关系，又是为了求得员工在认识上和行为上与组织的根本目标保持一致。

2. 积极创造"家庭气氛"

培养融洽的"家庭气氛"，即对员工在生产过程以外的时间，从生活的各个方面给予积极的关心，使员工感到置身于组织之中，犹如在家里一样，有一种安全感、舒畅感和归属感。

3. 协调与非正式组织的关系

在组织中一般存在着一些非正式组织，如同乡会、同学会、兴趣团体等。要发挥非正式组织积极作用，避免消极的影响，就要靠公关人员的引导、协调和疏通。

七、如何让离职员工成为企业的财富

太和顾问公司资深顾问金可冶指出，离职员工也是一种财富，最好用人性化的方式，给离职员工留下良好的口碑，将离职员工当成好朋友看待，这样能使离职员工重新感受到企业的优越性，他们将可能成为公司最主要的"客户"。大家可以借鉴一下优秀公司的离职员工管理办法。

1. 惠普公司握手话别："陪送嫁妆"

惠普（美国）公司有一家子公司，该公司对待离职的员工是：不指责、不强留，利索地放人，握手话别。一个离开惠普出去创业的人说：惠普每年要花不少钱用在人才培训上，有的人来惠普就是为了"镀金"，学了本事待价而沽。对此，该公司的管理层认为，人家愿意来，说明惠普有很大吸引力；人家想走，强留也不会安心。退一步说，一些优秀人才离职去别的公司服务，也是惠普对社会的贡献，也符合惠普一贯坚持的"互胜"精神。

2. 麦肯锡公司建立名录：一网打尽

麦肯锡咨询公司有一本著名的"麦肯锡校友录"，即离职员工的花名册。他们将员工离职视为"毕业离校"，离职员工就是他们遍布各处的"校友"，其中不乏 CEO、高级管理人员、教授和政治家。麦肯锡的管理者深知，随着这些离职咨询师职业生涯的发展，他们将会成为其潜在客户，无疑会形成一个大的资源。麦肯锡一直投巨资用于培育其遍布各行业的"毕业生网络"，事实证明，这一独特的投资为公司带来了巨大的回报。

3. Bain 公司真心牵挂：人走心连

世界著名的管理咨询公司 Bain 公司专门设立了旧雇员关系管理主管，负责跟踪离职员工的职业生涯变化情况。为记录这些变化情况，公司还建有一个前雇员关系数据库，其中存有北美地区 1000 多名前雇员资料，不但包括他们职业生涯的变化信息，甚至还包括结婚生子之

类的细节。Bain 公司定期向那些曾在公司效力的前雇员发送内部通讯，邀请他们参加公司的聚会活动。如此感情投资，也是为了有朝一日能有效利用这些"跑了"的人力资源。

4. 摩托罗拉不计前嫌："好马回头"

摩托罗拉非常重视"好马"的"回头"，为此有一套非常科学完备的"回聘"制度。首先，"回聘"的目的是给拥有公司需要的工作知识和技能的前任员工提供工作机会，它的适用范围是所有那些主动提出辞职的前任公司常规雇员。为了鼓励"核心人才"的回归，公司制定的相应的服务年限计算办法是：假如前雇员在 6 个月之内被重新聘用，他/她以前的服务年限将累计计算，如果超过 6 个月，仅按照他/她以前的服务年限提供奖励；如果员工 6 个月之内被重新聘用，且在辞职前已经是正式员工，可以免除试用期。如果前雇员超过 6 个月才被重新聘用，试用期按照新员工执行。

知识链接

公司留人靠一个"予"字

编者按：公关是一个专业度与资源度高度整合的行业，对复合型精英人才的需求始终是业界的共同愿景，用关键点传媒执行总裁刘亚鹏的话来说，可谓千军易得，一将难求。近日，《国际公关》记者就如何打造专业团队与刘总进行了深入对话，他认为，公关公司管理层一定要想透并用好一个"予"字。

《国际公关》：经过十多年的发展，关键点传媒已成为中国本土最优秀的公关公司之一，这与公司有一支优秀的人才队伍密不可分，作为执行总裁，您最看重哪方面的公关人才？

刘亚鹏：公关公司人员众多，每个岗位都是不可或缺的，这里我只能从专业度方面来讲，千军易得，一将难求，一个公关公司最核心的有以下几方面人才：

第一是核心的客户人员，公关公司对这方面人才具有专业度的需求，对他的人情世故、社会经验、决断力、表现力、统领力都有很高的要求；第二是策略人员，尤其是尖端的策划人员，策划的最高水平是理性和感性的结合，他既能非常敏锐地看到数据，看到数据背后社会层面、市场层面、消费者层面及竞争对手层面的东西，同时又能在取得理性分析结果的情况下，进行感性的创意和包装，这个创意跟我们所说的创意部的平面创意不一样，他的创意是营销观念上的创意，是可能涉及产品竞争方面的创意，这是公司的核心竞争力；第三是优秀的媒介人员，他们能够时刻站在媒介资源的尖端，能够与媒体形成良好的互动；另外还有一些专业性较强的，比如设计、创意、活动人员，需要有很到位的活动掌控、现场调度的能力。总的来说，最难找的角色，我们最需求的角色，就是刚才说的这几个层面的人才。

《国际公关》：如何将优秀的公关人才吸引进来，关键点传媒有哪些成熟的机制？

刘亚鹏：我相信，所有的公关公司都非常渴望高端人才的引进，好的机制是一方面，但观念更重要。我先说说我们用人的一些观念。行业里有一种言论，政策或者机制要随着公司、团队的变化而不断调整，对此我是不支持的，我希望这种调整是谨慎的，而且要得到公司中高管以上集体的认可才能变动。关键点传媒正在经历一个快速增长期，在用人方面要有一定的特色和风格，而且要有一定的延续性。

要吸引人才，公司对外的形象传播固然重要，但人家进来之后发现不是那么回事，终究还是要走。我觉得首先是公司的发展态势，作为企业的负责人，你要知道员工来你的公司想要获得什么东西，年轻的员工想要发展，想要学习，想要历练，资深的行业精英想要寻求一个能与之长期共同奋斗的阵地，如果公司不能满足员工的这两个需求，不能让对方看到这种发展态势，无论如何留不住人。其次是快乐的工作氛围，我们都说，最好的职业就是把兴趣和工作相结合，如何能让员工感受到快乐，保持愉悦的工作状态，主要体现在企业文化上、团队的凝聚力、对员工的包容等方面，公司要不断为员工传递一些正能量。还有就是公司业务的发展和员工个人的进步。这三个问题要解决好，公司的基础形成机制，团队的朝气、凝聚力和战斗力就都有了。

《国际公关》：正如您刚才所说，年轻的员工想不断提升自己，资深精英则想寻求一个可以长期奋斗的事业，关键点传媒主要通过哪些措施来满足员工这两个层面的需求？

刘亚鹏：第一是大浪淘沙，公司有一套公正、公平的绩效考核办法，让真正有能力的人迅速显露出来。第二是梯队式的培养计划，我们争取每年形成5~10人的优秀员工核心接力梯队，进行重点培养。经过几年的发展，这个培养计划非常好。第三是民主集中制，公司不论在分配还是晋升上，不搞一刀切，只要你有能力，就可以从一个项目经理直接跨两级提到总监。第四是反复强调公司的文化和理念，让员工知道，公司特别希望形成一支稳定的团队，给大家制造良好的内部事业阶梯。

《国际公关》：您曾说过，关键点传媒不做平庸的公关，不平庸的背后是一个优质、高效能的团队，您认为团队的高效能取决于什么因素？

刘亚鹏：在中国，如果没有社会和政府的支持和认可，永远做不了大公关，我觉得做公关应该有这样的思路：我搭台让别人来唱戏。关键点传媒在这条路上走得非常好，社会和政府的认可度很高。这是我们所说的不平庸的公关。

优质高效的团队首先取决于积极性。每一个进入我们团队的员工，我们都视作精英，相信他们都能拿出好的东西。关键点传媒不是一个随便"出手"的单位，我们对团队是有一定保护的，就拿比标这件事情来讲，有的公司看到标就往上冲，往往导致命中率很低，而我们是有选择性的，把所有资源和精力集中到一个标上，做好、做深、做透客户的东西，最后进行反复的验证和修改，它的精品率就会很高。好的成绩会让人产生成就感和满足感，从而不断刺激团队的积极性。

第二是合理的人员配置。关键点的团队建设很有特色，一般是一个团队配置两名主管，一名负责业务，另外一名做政委，也就是负责团队成员的思想工作。我们需要有一个亲和力比较好的人在这个团队中化解矛盾，代表公司去倾听一些声音，解决一些问题，争取一些福利。我们认为职场中没有小事，小事积累多了一定会成大事，负面的东西积攒多了势必会影响整个团队的情绪。我们有一个口号是"做好员工的满意度"，做得好不好不敢说，但是从员工流动率上能够看出一定成效。

第三是良好的培训制度。相对于团队中的每一名员工，公司层面的经验是非常多的，公司如果能把最精华的东西拿出来跟大家分享，效果是非常好的。关键点传媒有两把培训的刀，一个是我们董事长游昌乔的危机公关，出于对团队的信任，他会把很多案例拿出来进行深入的宣讲与分析，还有一个是执掌新媒体的高管，通过自己十多年的经历来与大家分享新媒体方面的各种东西。

第四是对员工的尊重。要让员工知道自己的付出远远小于公司的付出，不要让员工产生被压榨的感觉。

《国际公关》：人员流动频繁是让所有公关公司HR头疼的一件大事，也是我国公关行业面临的挑战之一，公关公司如何留得住人，在人员流动面前如何维护团队的稳定性，您有什么好的建议？

刘亚鹏：相对来说，我们的核心团队还是非常稳定的，因为大家看到了公司的发展态势，这个东西是最给力的，否则，我们说得再天花乱坠也没有用。还有就是，关键点传媒对员工的包容度和宽容度也非常高，比如说请假制度，都是在人情范围内。

公司能否留住人？说到底就是一个"予"字，即公司能够给员工提供什么，公司管理层要把这个字想透。我们会尽量把这个字放到最大，对于我们看好、信任的人才，我们试图跟他共同发展，就会最大限度地满足他的需求。我们都是从一般员工走上来的，每个人都有自己的需求。身为领导，最重要的是换位思考，每一个需求背后一定有相应的理由。

有的公司特别喜欢引入外来的一些人，特别希望外来人不断地冲击自己公司，我们也曾尝试过，不过那种感觉不太好。我们还是希望不断挖掘老员工的潜力，关键点传媒发展到今天，公司内部选拔出来的人才还是不负众望的，因此我们对老员工特别地珍惜。

（资料来源：闫益佳. 刘亚鹏：公司留人靠一个"予"字[J]. 国际公关，2013（3）. 有删改）

子任务二 处理与股东的关系

【知识目标】

- 了解处理股东关系的重要性
- 理解处理股东关系目标和内容
- 掌握与股东沟通的方法

【技能目标】

- 能够正确处理与股东的关系
- 能够激发股东的主人翁意识

【任务导入】

中国银行成立于 1912 年,是中国近现代史上最早的商业银行之一。中国银行分支机构遍布海内外,曾长期作为我国外汇外贸专业银行,为国家对外经贸发展和国内经济建设作出了重大贡献。1994 年,中国银行改制为国有独资商业银行,2004 年 8 月成立中国银行股份有限公司。2006 年 6 月 1 日和 7 月 5 日,先后在香港联交所和上海证券交易所成功挂牌上市,成为中国首家 "A+H" 发行上市的商业银行,实现了国家控股下的股权多元化。

股改上市以来,中国银行始终不渝地坚持股东利益最大化的原则,以公司治理最佳实践为目标,高度重视投资者关系管理,通过多种形式建立与股东沟通的有效渠道,采取积极举措保障股东的参与权、知情权和表决权,通过良好的公司治理机制与有效的投资者关系管理切实保障股东权益。

一、以两地视频方式召开股东大会,切实保障股东权利实现

自 2007 年度股东大会以来,中国银行均在北京和香港两地以视频会议方式召开年度股东大会,两地股东均可切身参会、现场投票,并与董事、监事及高级管理人员进行直接交流和沟通。在两地上市的公司中,主动安排两地视频股东大会的公司仍属少数。为此,中国银行投入了大量的人力和物力,在场地、设备、服务等各方面精心筹备,并就相关安排反复研究及征求律师意见,确保会议程序的合法合规。以上举措得到了两地股东的积极响应。2011 年度股东大会,香港会场出席人数达 2800 人,盛况空前。股东和媒体对中国银行创造条件实现股东权利的举措表示认可和欢迎。

二、主动披露市场关注信息,持续提高公司透明度

作为中国内地国际化程度最高的银行,国际经济环境的任何变化都有可能波及到中国银行,对信息披露和投资者关系管理带来巨大挑战。2006 年上市后,随着美元对人民币的持续贬值,中国银行美元资产大幅缩水,外汇敞口损失问题成为投资者的关注焦点。2007 年,发端于美国的次贷危机迅速演变成一场全球性的金融危机,中国银行外币债券投资的风险再次受到投资者和境内外监管机构的高度关注。2009 年至今,欧债危机愈演愈烈,国际市场突发事件不断,市场高度敏感、脆弱。

在董事会和管理层的指导下,中国银行坚持公开透明的信息披露原则,加强投资者沟通,积极、谨慎、稳妥地应对了各种复杂情况。针对上市初期投资者高度关注的外汇敞口问题,中国银行在 2006 年年报及之后的定期报告中对外汇敞口的金额、具体构成进行了详细的披露,并就如何计算外汇损失这一复杂的技术问题与投资者进行了充分沟通。次贷危机爆发后,特别是雷曼公司破产之后,针对市场各种报道和传言,中国银行做了大量的求证、监管沟通、报告和刊登澄清公告工作,并在定期报告中不断扩大外币债券投资的披露范围。2008 年中报,中国银行率先披露了持有美国两房债券的情况。2009 年年报,中国银行率先披露了持

有欧洲五国债券情况。2011年第三季度报告，中国银行全面披露了持有欧洲债券的情况。通过不断增加透明度，主动化解潜在风险，维护了市场形象和股价稳定。

三、再融资过程中注重保护股东利益

2010年初，中国银行本着前瞻和务实的精神，率先提出了资本补充计划。随后，中国银行凭借扎实周密的方案论证，与监管部门充分沟通，与资本市场充分互动，在国有大型上市银行中率先通过A股可转债及A+H配股完成了总额约1000亿元人民币的资本补充计划。在再融资方案设计和实施工作中，中国银行始终把"维护资本市场稳定、保护投资者利益"放在首位，统筹兼顾各类股东诉求，在众多方案中深思熟虑、反复权衡、慎重选择、稳步推进、周密实施。

在中国银行可转债发行前，沪深两市仅有9只可转债交易，可转债市场余额不足100亿元，溢价率普遍较高，并且发行人行业构成与A股股票市场的结构匹配度较低。中国银行可转债的发行上市丰富了投资者的投资选择，优化了市场结构，对我国可转债市场的发展起到了推动作用。之后，中国银行针对股东结构特点，从保护原有股东利益角度出发，慎重选择了A+H配股的进一步融资方案，在保证募集资金规模的同时，增强投资者和市场信心，减少对市场的冲击。汇金持有中国银行A股比例高达96.4%，扣除其认购部分，中国银行在A股市场融资不超过15亿元人民币，对市场影响非常有限。

在再融资方案执行期间，中国银行高级管理层通过电话会议、网上路演等多种形式，与战略投资者、机构投资者和个人投资者充分沟通，主动向投资者介绍融资方案细节，获得投资者的广泛支持，维护了资本市场稳定。为尽可能保护中小股东利益并提高融资效率，中国银行及主承销商和承销团通过各种沟通渠道，充分履行告知义务。最终，在股东结构远比其他上市公司更为分散的情况下，中国银行A股配股率达到99.57%，创裁至当时A股上市银行配股认配率历史新高，为后续配股的大型上市公司树立了良好的榜样。

四、建立和维护畅通的中小投资者沟通渠道

日常工作中，中国银行本着及时、主动、公开、公平的原则，结合定期业绩披露及其他重大事项，积极开展投资者关系工作，尤其注重建立畅通的中小投资者沟通渠道。通过设立专人负责的投资者关系热线电话和投资者关系电子邮箱，中国银行及时关注并应答中小投资者的问询与诉求。此外，中国银行不断完善投资者关系网页，及时发布公司公告、公司治理信息、业绩材料等资讯，满足广大投资者的信息需求。2012年，中国银行正式颁布了《中国银行股份有限公司股东沟通政策》，为与股东的持续、顺畅沟通进一步提供制度保障。

（资料来源：中国银行股份有限公司. 保护投资者权益，推进投资者关系管理[N]. 中国证券报，2012. 有删改）

【任务分析】

自上市以来，中国银行一直高度尊重和保护股东利益，充分履行了一个国有控股大型商业银行的社会使命，为中国的经济增长和社会稳定贡献了应有的力量。近年来，中国银行的公司治理机制和保护投资者利益的实践持续得到社会各界的充分认可，获得了包括上海证券交易所颁发的首届"中国公司治理专项奖——年度董事会奖""2011年度最佳信息披露奖"等诸多权威奖项。中国银行能够借鉴国际一流大银行的最佳实践，结合自身实际情况，持续提升公司治理水平，加强与投资者的有效沟通，努力保护股东权益，实现股东价值的最大化。

一、股东是企业的投资者

股东是企业的投资者，持有企业发行的不同份额的股票或债券，或者是直接参与企业的集资合伙人。

股东包括3个层次：董事会、董事局；广大股东；金融舆论专家。企业与股东的关系，也就是经营者与所有者的关系。一般情况下，所有者的行为决定经营者的行为，而经营者的行为反过来也对所有者产生影响。所有者的行为是由其所处地位决定的。企业的股权结构决定了所有者的地位。所有者地位的不同，对经营者约束方式也不同。

二、股东关系的工作目标

1. 为企业发行股票开展宣传活动

我国股份制企业所发行的股票，一般都是在银行金融机构的参与下，由有关金融机构代理发行的。一个金融机构是否愿意代理企业发行股票，这取决于该金融机构对企业的历史、管理机构、经营政策与经营绩效、企业发展前景的了解和认识。因此，要想使企业股票能够顺利发行，企业公共关系部门首先就必须对代理发行机构开展大规模的公共关系宣传活动，使企业与代理发行机构取得相互信任和了解；在寻找到较好的合作伙伴股票代理发行机构以后，企业公共关系部门就要把宣传的重点转移到有可能购买本企业股票的社会公众身上。通过开展大规模的公共关系活动，使那些手中聚集一定闲置资金并打算用于投资的社会公众，在了解企业、信任企业的基础上，产生实际的购买行为。

2. 密切企业同股东联系

定期向股东通报企业经营状况，以密切企业同股东的联系。一旦资金持有者购买了企业的股份，他（或她）也就成为企业财产的支配者，同时也就具有知晓企业经营状况的权力。企业公共关系部门的一项重要的任务，就是运用各种传播手段，及时地向企业股东传递有关企业经营状况和各类信息，加强企业与股东之间的信息沟通与交流，并通过开展各种各样的联谊活动，密切企业同股东的情感联系，这对于稳定股东，稳定企业的筹资能力和渠道，具有十分重要的作用。

3. 维护企业股东合法权益

监督企业的经营活动，维护企业股东的合法权益。取得股息，这是股东购买企业股份的特殊动机。而股东持有者取得股息的大小，一方面同他的持股数额有关，另一方面也同企业的经营状况有关。企业公共关系部门在协调企业与股东的关系时，要从维护企业股东利益的角度出发，对企业的经营活动进行必要的监督，以促使企业的经营者能够以最大的精力去较好地经营企业。从企业公共关系的角度来看，维护企业股东的合法权益，实际上也就是维护了企业长期、稳定发展的基本目标。

三、股东关系的工作内容

股东是企业的投资者，是企业的主人，他们的切身利益与企业经营状况的好坏息息相关。因此，企业有义务定期向股东汇报企业的经营状况，企业面临和曾出现过的重大问题。企业公关部门应根据股东关心的问题经常性地向股东报告下列信息。

（1）企业的方针、政策、发展目标、发展规划、经营计划。

（2）企业的资金流转状况、经营状况。

（3）股利的分配政策。

（4）盈利预测。

（5）企业面临的内外部经济环境的变异情况。

（6）有关企业的各种详尽的统计数字。

在向股东传达有关企业的经营信息时，特别要注意，不论企业经营状况好坏，都必须如实向股东汇报，绝不可报喜不报忧。否则，极易丧失掉股东的信任。另一方面，企业公关部门还有责任收集来自股东方面的各种信息，报告给企业的有关部门或主管领导。这些信息主要包括：股东本人状况，股东本人对企业的意见和建议，他对企业产品和服务的感想，他所知道的社会上对本企业的各种反映，他所收到的来自各企业方面的信息是否充分，以及他对这些信息的看法和反映，等等。

四、处理股东关系的传播手段

为了促进企业与股东之间的信息交流，进一步促进双方的联系，企业公关部门应采取各种传播手段进行交流。

1．利用年终报告进行交流

利用年终总结报告是企业与股东进行交流的主要手段，也是企业向股东汇报一年来经营状况的最重要的机会。因此，应给予足够的重视。因为，许多股东往往就凭年终总结报告来判断企业的信誉和形象。年终总结报告的内容应尽量详尽。

年终总结报告通常包括如下内容。
（1）财务状况、生产和销售水平。
（2）人事安排、工会组织情况。
（3）劳资关系。
（4）其他问题。

2．召开股东大会和向股东散发企业资料

企业可根据情况举行定期或不定期股东大会，以向股东汇报企业的各方面情况。此外，还可设立季度报告、股东刊物、股东通讯、财务通告、各种小册子等向股东汇报和交流信息。在必要的时候，甚至可直接访问股东，征求意见等。要开好股东大会，对于企业公共关系部门来说，必须做好下面几个方面的工作。

第一，召开企业股东大会，要采取书面的形式，通知企业股东。书面通知书应在会议召开前的指定时间内，送交股东手中，以便能够使其有充足的时间对会议的内容进行充分的思考和准备；送给股东的通知书，要求文字简洁，对会议召开的时间、地点及议题要有明确说明；有条件的企业，要特别讲究通知书的印刷，以示郑重。

第二，在选择会议地点时，要考虑到交通问题。同时，还要注意舒适性。对于会议日程的安排，要做到紧凑和丰富。对于在会议上的发言者，要事先通知，使他们做好充分的准备。尤其是企业的总经理提交给股东大会通过的各项议案，必须由企业公共关系部门参与起草和拟定。

第三，在会议期间，有条件的话，应当安排一些其他公关活动，如举办股东聚餐会，组织股东参观企业或旅游。这样既可以密切企业与股东的联系，也可以提高股东大会的到会率。例如，美国渥美可公司每年都要在股东大会上放映一部当年的最新影片；诺顿塞公司则在一年一度的股东代表大会上，向所有到会的股东赠送一袋当年公司生产的最新产品。

第四，在举行股东大会期间，企业公共关系部门要注意把股东大会进展情况、讨论的内容及形成的各种重大决议，及时地告诉企业的全体员工。因为股东大会讨论的内容及形成的重大决议，既关系到企业未来的发展，又会影响到企业员工的切身利益。所以，使企业员工及时了解股东大会的情况，对于贯彻会议精神是十分重要的环节。例如，美国西方电报公司公共关系部门，在公司每年举行的股东年会上，都要借用公司自身的微波通信和卫星电视技术，向分布在全国各地的50多个子公司和工厂，转播股东年会的实况。这无形中也使全公司的员工，都成为股东大会的"参加者"。

总之，正如美国公共关系学家 F·P·塞特尔所说："股东年会像其他的沟通工具一样，要在股东中间活用，来促进股东对公司的好感和提升公司的正面形象。"

五、企业与股东沟通的方法

企业与股东沟通常用的方法有如下。
（1）鼓励股东直接参加本企业各种会议，提出有关改善技术与管理的建议。
（2）每年函寄红利支票，逢年过节邮寄各种产品并报告企业近况。
（3）招待股东参观企业实况，并与高级人员会晤或与职工聚餐。
（4）将企业的公共关系方案的详细内容告知股东，使其对企业的远景有深刻印象。

六、企业要正确处理股东关系

正确处理股东关系，可以促使股东为本企业的投资决策出谋划策，提供投资信息，提高企业投资决策的科学性，为企业的长远发展打下坚实的基础。

 案例

可口可乐公司准备投资开发新配方的可口可乐，但是，由于原配方的可口可乐已深入人心，为人们所了解和喜爱。而且，原配方的可口可乐占有了广大的市场。公司担心新配方的可口可乐投资不仅不会盈利，而且很可能会影响公司的声誉，从而影响公司原来产品的销售，使公司受到损害。于是，公司决定召开股东大会，对此项目进行分析与讨论，以便决定是否要开发新配方的可口可乐。在股东大会上，股东各抒己见，把自己对市场的了解及信息全摆了出来，共同协商。在全体股东的相互支持下，公司决定投资该项目，并根据股东的意见对原投资计划进行了修改。当新产品出现在市场上时，以其独特的、不同于原配方的可口可乐的口味受到了人们的喜爱，销售状况良好。在良好的股东关系推动下，可口可乐公司投资的新项目获得了巨大的利润，使公司的发展更加迅速。

七、企业要与股东维持良好关系

企业想要正常地运转，顺利地发展，就需要与股东之间维持良好的关系。良好的股东关系在企业中起到重要作用。美国丹尼电器公司是由多个股东共同投资而建的，他们十分注重处理好公司与各股东的关系，经常邀请一些大股东来公司参观，并定期向股东们报告公司的经营与财务状况，及时地满足股东的各种要求，从而维持了与股东们的良好关系。营业几年来，公司的原有股东不仅无一人撤股，反而有好几位股东都增加了自己的入股量并介绍自己的朋友前来入股。公司的资金来源得到了丰富与扩大,财源得到了保证,从而也促进了公司的壮大与发展。

八、企业要不断创造股东价值

企业与股东的关系正如一个生态系统。企业只有不断创造股东价值,才能吸引股东资本,实现稳步发展。

在资本市场日益全球化的今天,最大限度地增加股东价值已成为公司最重要的任务。有效地提升股东价值,能增强公司在资本市场的竞争力,同时也有利于公司的持续经营。企业的决策者应主动协助股东增加对企业的了解,唤起股东对企业的兴趣,刺激股东对企业的长期投资,在股东心目中树立良好的形象,并通过股东提高企业的信誉和声望。

知识链接

广州达意隆包装机械股份有限公司投资者关系管理制度

第一章 总 则

第一条 为了进一步加强广州达意隆包装机械股份有限公司(以下简称公司)与投资者和潜在投资者(以下统称"投资者")之间的沟通,促进投资者对公司的了解,进一步完善公司法人治理结构,实现公司价值最大化和股东利益最大化,根据《中华人民共和国公司法》《中华人民共和国证券法》《深圳证券交易所投资者关系管理指引》和公司章程等有关规定,结合公司实际情况,制定本制度。

第二条 投资者关系管理是指公司通过各种方式的投资者关系活动,加强与投资者之间的沟通,增进投资者对公司了解和认同,实现公司和投资者利益最大化的战略管理行为。

第三条 投资者关系管理的基本原则:

1. 公平性原则。公平、平等对待所有投资者。
2. 权益保障原则。充分保障投资者知情权等合法权益。
3. 高效率、低成本原则。采用先进的沟通手段,努力提高沟通效果,降低沟通成本。
4. 合规性原则。严格遵守国家法律法规及深圳证券交易所的规定。

第四条 投资者关系管理的目的:

1. 树立尊重投资者及投资市场的管理理念。
2. 通过充分的信息披露和加强与投资者的沟通,促进投资者对公司的了解和认同。
3. 促进公司诚信自律、规范运作。
4. 提高公司透明度,改善公司治理结构。

第五条 公司的投资者关系管理工作应客观、真实、准确、完整地介绍和反映公司的实际状况,避免过度宣传可能给投资者造成的误导。

第六条 公司开展投资者关系活动时应注意尚未公布信息及内部信息的保密,避免和防止由此引发泄密及导致相关的内幕交易。

第七条 除非得到明确授权并经过培训,公司董事、监事、高级管理人员和员工应避免在投资者关系活动中代表公司发言。

第二章 投资者关系管理的内容

第八条 投资者关系管理的工作对象:

1. 投资者。

2. 证券分析师及行业分析师。

3. 财经媒体及行业媒体等传播媒介。

4. 其他相关机构。

第九条 公司与投资者沟通的方式包括但不限于：

1. 公告（包括定期报告和临时报告）。

2. 股东大会。

3. 说明会。

4. 一对一沟通。

5. 电话咨询。

6. 邮寄资料。

7. 广告、媒体、报刊或其他宣传资料。

8. 路演。

9. 现场参观。

10. 公司网站。

第十条 投资者关系管理的工作内容为，在遵循公开信息披露原则的前提下，及时向投资者披露影响其决策的相关信息，主要包括：

1. 公司的发展战略。

2. 公司的经营、管理、财务及运营过程中的其他信息，包括：公司的生产经营、技术开发、重大投资和重组、对外合作、财务状况、经营业绩、股利分配、管理模式等公司运营过程中的各种信息。

3. 企业文化。

4. 投资者关心的与公司相关的其他信息。

5. 投资者投诉。

第三章 投资者关系管理负责人及其职责

第十一条 公司董事会秘书为公司投资者关系管理负责人，公司董事会秘书办公室为公司的投资者关系管理职能部门，具体负责公司投资者关系管理事务。公司董事会秘书全面负责公司投资者关系管理工作，在全面深入了解公司运作和管理、经营状况、发展战略等情况下，负责策划、安排和组织各类投资者关系管理活动。

从事投资者关系管理的员工须具备以下素质：

1. 对公司有全面了解，包括产业、产品、技术、流程、管理、研发、市场营销、财务、人事等各个方面，并对公司的发展战略和发展前景有深刻的了解。

2. 具有良好的知识结构，熟悉公司治理、财务、会计等相关法律、法规。

3. 具有良好的沟通和协调能力。

4. 具有良好的品行、诚实信用。

5. 准确掌握投资者关系管理的内容及程序。

第十二条 董事会秘书负责制订公司投资者关系管理的具体方法，并负责具体落实和实施。

第十三条 董事会秘书负责对公司高级管理人员及相关人员就投资者关系管理进行全面和系统的介绍或培训。

第十四条 在进行投资者关系活动之前，董事会秘书对公司高级管理人员及相关人员进行有针对性的介绍和指导。

第十五条 董事会秘书需持续关注新闻媒体及互联网上有关公司的各类信息并及时反馈给公司董事会及管理层。

第十六条 公司董秘办为投资者投诉处理专门机构，董事会秘书负责投资者投诉处理工作。公司董事、监事和其他高级管理人员以及公司的其他职能部门、各分公司、子公司及其责任人应积极参与并主动配合董事会秘书处理投诉事项。

第十七条 公司董事、监事和其他高级管理人员以及公司的其他职能部门、各分公司、子公司及其责任人应积极参与并主动配合董事会秘书处搞好投资者关系管理工作。

第四章 投资者关系管理职能部门及其职责

第十八条 董事会秘书办公室为投资者关系管理职能部门，具体履行投资者关系管理工作的职责，主要包括：

1. 信息沟通：根据法律、法规、上市规则的要求和投资者关系管理的相关规定及时、准确地进行信息披露；根据公司实际情况，通过举行说明会及路演等活动，与投资者进行沟通；通过电话、电子邮件、传真、接待来访等方式回答投资者的咨询。
2. 定期报告：主持年度报告、中期报告、季度报告的编制和披露工作。
3. 筹备会议：筹备年度股东大会、临时股东大会、董事会，准备会议材料。
4. 公共关系：建立和维护与监管部门、证券交易所等相关部门良好的公共关系。
5. 媒体合作：加强与财经媒体的合作关系，引导媒体对公司的报道，安排高级管理人员和其他重要人员的采访报道。
6. 网络信息平台建设：在公司网站中设立投资者关系管理专栏，在网上披露公司信息，方便投资者查询。
7. 危机处理：在诉讼、仲裁、重大重组、关键人员的变动、盈利大幅度波动、股票交易异动、自然灾害等危机发生后迅速提出有效的处理方案。
8. 投诉处理：处理投诉者对信息披露、公司治理、投资者权益保护等证券相关的投诉事项。
9. 有利于改善投资者关系的其他工作。

第十九条 公司董事、监事和其他高级管理人员及公司的其他职能部门、各分、子公司、全体员工应积极参与并主动配合董事会秘书办公室实施投资者关系管理工作。

第二十条 董事会秘书办公室应当以适当方式对全体员工特别是董事、监事、高级管理人员、部门负责人、各分、子公司负责人进行投资者关系管理相关知识的培训。在开展重大的投资者关系促进活动时，还应当举行专门的培训活动。

第二十一条 董事会秘书办公室应当尽可能通过多种方式与投资者进行及时、深入和广泛的沟通，并借助互联网等快捷手段，提高沟通效率、降低沟通成本。

第五章 附 则

第二十二条 本制度与有关法律、法规、规范性文件的有关规定不一致的，以有关法律、法规和规范性文件的规定为准。

第二十三条 本制度的解释权归公司董事会。

第二十四条 本制度经公司董事会通过后生效实施。

广州达意隆包装机械股份有限公司
董事会
2014年3月28日

（资料来源：广州达意隆包装机械股份有限公司．广州达意隆包装机械股份有限公司投资者关系管理制度[N]．证券时报，2014．有删改）

知识与技能检测

一、名词解释

1. 内部公共关系。
2. 需求层次理论。

二、思考题

1. 简述员工公共关系的主要内容。
2. 论述如何建设企业文化和提高员工凝聚力。
3. 如何让离职员工成为企业的财富？
4. 简述处理股东关系目标和内容。
5. 企业怎样与股东维持良好的关系？
6. 论述如何实现股东价值最大化。

三、实训题

1. 项目：处理员工关系。
2. 目的：掌握员工关系处理的基本方法。
3. 内容：假设你是一家公司的公关部经理，请设计一套完善的员工关系方案，建立并促进员工关系的发展，从而使整个公司的效率得到提高（提示：在设计方案时要注意成本的控制）。
4. 组织：把全班同学分成4组并选出组长，讨论具体措施，下次上课时推选代表发言，教师作出点评并考核。
5. 考核：方案设计及发言情况作为一次大作业，教师分别给出成绩并计入学生平时成绩。

任务六

处理外部公共关系

CHULI WAIBU GONGGONG GUANXI

 引例

恒天然乳粉污染事件

2013年8月2日：新西兰恒天然公司向新西兰政府通报，称该公司一个工厂2012年5月生产的浓缩乳清蛋白粉自检出肉毒杆菌，受污染产品总量40吨左右，并向8家客户发出通报。

8月3日：新西兰政府通报恒天然奶粉原料检出肉毒杆菌。

8月4日：娃哈哈、多美滋卷入"被污染乳粉"事件。同日，新西兰贸易部长宣布中国全面禁止进口新西兰奶粉。

8月5日：恒天然在京召开发布会。CEO西奥·史毕根斯向中国消费者道歉，并公布了问题来源——新西兰北岛中部一家工厂的临时管道清洁不彻底所致。更重要的是，记者会解释了为什么3月份发现问题直到7月才通报的质疑："公司在3月份发现问题时未能确认有哪些病菌，继续调查直到7月底才确认为肉毒杆菌。"

8月6日：国家质检总局表示将无限期停止进口恒天然浓缩乳清蛋白粉和奶粉基粉两种原料，直到污染事件完全解决。雅培为恒天然污染门另一客户，此前曾要求保密。

8月12日：恒天然集团董事长约翰·威尔逊先生宣布，恒天然集团董事会已成立浓缩乳清蛋白事件调查委员会，将针对事件发生的原因及随后发生的一系列事件开展独立调查。

8月13日：新西兰总理约翰·基表示将于今年晚些时候访问北京，就"恒天然事件"亲自向中国消费者道歉。

8月14日：恒天然新西兰乳品部门总经理辞职。

8月19日：恒天然遭斯里兰卡禁售14天，又有两名高层停职。同天新西兰内阁决定，将对恒天然污染事件展开部长级的政府调查。调查结果最后出炉时，新西兰总理约翰·基有可能亲自前往中国。

8月28日：新西兰初级产业部（MPI）召开新闻发布会，称经过195次检测，检测结果证实在恒天然生产的奶粉中发现的细菌，并非可能致命的肉毒梭状杆菌。

在这次"毒奶粉"危机事件中，有一个不能忽略的角色也在搭台唱戏——政府。从政府反应上看，政府没有因为恒天然是"民族支柱品牌"，创造了大量就业和GDP而对其有任何偏袒。这一方面显示了政府对质量安全的重视，努力维护"干净、绿色"乳制品供应国的国家声誉；另一方面也显示出我国作为新西兰乳制品最大出口市场之一的重要性。在此案例中，恒天然公司作为一家跨国公司，更是和消费者、媒体、政府、社区等外部公众之间有着密切的联系。

子任务一　处理与消费者的关系

【知识目标】

- 了解消费者关系的概念
- 掌握企业消费者关系的目标层次
- 理解消费者关系处理的方法和技巧

【技能目标】

- 能运用企业消费者的目标层次知识识别企业消费者的目标层次
- 能运用消费者关系处理的技巧处理企业与消费者的关系

【任务导入】

2009年，网络上出现了40多个针对惠普笔记本电脑质量问题的腾讯QQ群，代表至少3000名消费者。法易网——这家致力于做律师行业咨询平台的名不见经传的小网站，成为这次消费者大规模申诉行为的组织者。从3月8日起的170人，两周之后，法易网聚集了近7000人。2010年3月8日，170名消费者将一纸申诉递到国家质检总局，请求政府下令召回据称存在问题的惠普笔记本电脑。3月10日，投诉惠普电脑的维权消费者迅速扩大至几千人，国家质检总局接收申诉，开始着手调查惠普笔记本质量问题。3月15日，中央电视台3·15晚会曝光惠普笔记本电脑的质量问题12分钟。假如你是中国惠普信息产品集团（简称PSG集团）的公共关系部经理，请你进行公关策划，解决与消费者的矛盾。

【任务分析】

惠普在处理这件事情上有如下几处败笔：产品质量存在问题，惠普的笔记本产品质量遭到曝光，售后服务人员态度推诿、服务不及时；信息不畅，失去掌握消费者信息的能力；客户投诉专员处理问题太过草率，把笔记本电脑的质量问题归咎于进了异物。要较好地处理与消费者的关系，需要掌握消费者关系的概念、企业消费者关系的目标层次及处理和消费者关系的方法和技巧。

一、消费者关系的概念

消费者关系是现代企业公共关系的重要组成部分，其特定的含义是指企业与其产品和服务的现实的、潜在的消费者之间所结成的社会联系。它有着良好与不良两种状态。良好的消费者关系即企业以其符合消费者需要的优良行为，而与消费者结成的具有较大广度和深度的社会联系。

消费者关系的特征是企业与消费者联系广泛，相处友好，来往密切，关系融洽。不良的消费者关系则完全相反。毫无疑问，现代企业应当追求的是良好的消费者关系。

二、企业消费者关系的目标层次

良好的消费者关系作为现代企业的一种追求，其总的目的在于，促使消费者形成对企业及其产品与服务产生良好印象和评价，增强企业及其产品与服务对市场的影响力和吸引力，从而争取更多的消费者，稳定市场关系，求得企业与消费者的共同发展。要达到这一总的目的，绝非是一蹴而就的事情，现代企业消费者关系的推进有一个过程。在这个过程中，消费者关系状态总会表现出不同的水平和情形。正因为这样，现代企业消费者关系推进业务，也应当有相应的具有发展关系的不同目标层次。

根据企业与消费者关系从表层到深层的推进过程和从量变到质变的跃升特点，大致可以将现代企业消费者关系的目标划分为以下 4 个具有发展关系的目标层次，即消费者知情、消费者接纳、消费者满意、消费者忠诚。

1. 消费者知情层次

所谓消费者知情是指消费者能够或者已经获得企业为其提供的、有关企业本身及其产品与服务的充足信息，从而知晓企业及其产品与服务的各种情况。让消费者知情是现代企业消费者关系目标层次中最为基础的层次，也是现代企业建立良好消费者关系的基本条件。在现代信息社会中，保证消费者能够获得企业及其产品与服务的各种信息是至关重要的。从消费者的消费过程来看，消费者接收有关商品与服务等的信息，在此基础上做出消费决策，购买某种产品或服务进行消费，这是消费者的一般消费过程。在这一过程中，如欲使消费者对企业产生好感，企业方面最重要的工作莫过于在确保产品与服务的优良质量的基础上为消费者提供这些产品与服务等的真实、准确、充足、及时的信息，以确保消费者的消费决策正确，消费活动合理。从现代企业公共关系过程来看，信息交流是企业公共关系的基本工作内容。企业只有让消费者获得了有关企业及其产品与服务的真实、准确、充足、及时的信息，消费者才有可能真正形成对企业的了解、理解、支持与合作，企业与消费者之间才能产生真正的公共关系意义上的社会联系。从对消费者权益的保护来看，消费者知情是消费者的一种非常重要的权益，企业只有让消费者获得了有关企业及其产品与服务的充足信息，让他们真正的知情，才能谈得上具备了对消费者其他权益施以保护的基础，也才能谈得上消费者对企业的信任。基于上述道理，现代企业建立良好消费者关系的第一步，就是借助于各种切实可行的渠道和媒介，将企业及其产品与服务的信息传达给消费者，以求得消费者对企业及其产品与服务的知情，而使他们形成对企业及其产品与服务全面的、深刻的、良好的印象。

2. 消费者接纳层次

所谓消费者接纳是指消费者对企业及其产品与服务在心理上和行动上的接纳，其核心是对企业产品与服务在行动上的接纳。求得消费者接纳是现代企业消费者关系目标层次中十分重要的一个层次，也是现代企业实现其劳动的社会属性的一个关键环节。一个企业的存在价值，在很大程度上取决于其产品与服务能否为消费者接纳。只有使企业的产品与服务能够为消费者真正接纳，才能把企业的产品变成社会的产品，才能把企业的服务变成具有社会意义的服务，也才能实现企业生产经营的经济效益和社会效益。当然，企业与消费者的关系并不等于企业活动中的销售关系，以及企业与消费者之间直接的买卖关系，但是良好的消费者关系的确有利于企业的产品与服务的销售，的确有利于实现企业的经济利益目标。当然，建立良好的消费者关系目标层次中的消费者接纳，并不仅限于消费者对企业产品与服务的接纳，它具有更为广泛的内容，如消费者对企业经营理念的认同、对企业经营方式的认可、对企业经营行为的接受等，都可以成为消费者接纳的内容。一个企业若能从整体上、多角度上为消费者全面接纳，那么，这个企业必然具有良好的消费者关系。

消费者接纳作为建立良好消费者关系的一个重要目标，其具体内容就是要求企业在实现消费者知情目标的基础上，进一步加强与消费者的信息交流和情感沟通，争取消费者的关注，赢得消费者的青睐，促成消费者做出对本企业及其产品与服务的选择，最终取得消费者对本企业及其产品与服务的接纳。

3. 消费者满意层次

所谓消费者满意是指消费者在接受企业有形产品或无形产品后，感到需求能满足的状态。消费者满意作为社会生活中的一个概念，并不是一项新近的创造，当然这一概念始于何时，暂时无法稽考。但消费者满意作为一个消费心理学和公共关系学中的科学概念，并以 CS 简写形式表示，则是始于 1986 年一位美国消费心理学家的创造。

消费者满意所涉及的内容非常广泛，概括起来有 5 个部分，即理念满意、行为满意、视听满意、产品满意、服务满意。这些满意又可以按其性质区分为 3 个层次，即物质满意层、精神满意层和社会满意层。消费者满意与企业形象一样，它也是企业的无形资产。在现代企业中，每多一个满意的消费者，就等于多了一个销售产品的机会，就多了一份获取利润的可能。据美国汽车行业的相关调研表明，消费者满意对企业具有至关重要的作用，一个满意的顾客可能引发 8 笔潜在的生意，其中至少有一笔成交，一个不满意的顾客可能影响 25 个人的购买意愿，甚至产生对企业的不信任心理。可见，消费者满意的经济意义和社会意义都是不可小看的。消费者满意也是企业建立良好消费者关系的目标层次中较高的一个目标层次，比较起来消费者知情和消费者接纳来讲，它能体现出企业与消费者之间更为深层的密切交往和更为优良的关系状态。作为一个层次较高的企业消费者关系目标层次，其基本的要求在于，企业必须具有令消费者满意的理念、令消费者满意的行为、令消费者满意的产品、令消费者满意的服务、令消费者满意的传播活动，塑造令消费者满意的整体形象，从而有效达到较高层次的良好企业消费者关系的状态水平。

4. 消费者忠诚层次

所谓消费者忠诚，是指消费者在一段较长的时间内，主动放弃多种可供选择的对象，面对某一特定的产品和服务，以及提供产品和服务的企业所表现的一种具有较强情感色彩的专一的优先选择行为。消费者忠诚有多方面的特征。

（1）消费者忠诚是消费者的自主性选择行为，它是消费者在对忠诚对象的有关情况进行了详细的了解、深入的分析、理智的判断，并与忠诚对象之间达到了情感相容的基础上产生的一种明智的优先选择行为。

（2）消费者忠诚是一种专注性选择行为，消费者对其忠诚的对象，总是表现出一种在较长时间内的持续的、稳定的、重复的优先选择，成为一种习惯性反应。

（3）消费者忠诚以相适性为条件而形成的选择行为，如果没有与其需求相适应的忠诚对象，消费者忠诚就不可能产生或不可能持续稳定。

（4）消费者忠诚是一种复杂的消费者行为，也就是说，消费者忠诚在忠诚的主体、忠诚的客体、忠诚的联系媒介及其三者的相互关系上都具有十分复杂的特性，如就忠诚对象来讲，可以是产品或服务，也可以是提供产品与服务的组织和具体的人。

（5）消费者忠诚也是企业与消费者之间的一种关系状态，这种关系状态是一种极好的关系状态，它反映出企业与消费者利益的高度一致、情感的高度相容等。消费者忠诚无论是一种消费者行为还是一种企业消费者关系状态，在现代企业经营管理活动中都具有十分重要的作用。

可以这样说，一个企业有效地赢得了消费者忠诚，实际上就是赢得了本企业产品和服务的基本消费者队伍，也就是赢得了本企业生存和发展的最重要的合作者和支持者。国外一条统计规律表明，一个企业营业额的 80% 往往来自于占顾客总量的 20% 的那些经常惠顾企业的人，即忠诚顾客。正因为如此，在现代企业消费者关系的推进过程中，将消费者忠诚作为其最高目标层次，不仅是公共关系学的基本要求，而且也是由企业的经济利益所驱使的。当然，现代企业要实现赢得消费者忠诚的消费者关系目标，也绝非易事。一般来说，企业必须在令消费者满意的基础上，继续加强与消费者的信息交流和情感沟通，努力塑造值得消费者长期信赖的企业形象，真诚地对待消费者。只有这样才有可能真正达到赢得消费者忠诚的消费者关系的最高目标。

三、消费者关系处理的方法与技巧

1. 提供优质的产品或服务

要搞好消费者的关系，首先，要以优质产品吸引消费者，优质产品是维系与消费者关系的最根本因素。其次，要千方百计搞好优质服务，包括对消费者以诚相待，做好产品的销前售后服务等。最后，要讲求信誉，信守承诺，用诚信赢得消费者的支持。

2. 重视与消费者的信息交流

加强组织与消费者之间的信息交流，是赢得消费者信任的重要途径。信息传播工作既有利于组织及其产品服务的宣传推广，又有利于全面掌握顾客信息。信息的传播途径多种多样，有直接沟通，也有间接沟通，应当根据实际情况而定。一方面，组织要通过各种途径及时向消费者传播有关信息。另一方面，组织要注意收集消费者反馈的信息，及时调整自己的策略。

3. 妥善、及时处理消费者投诉

处理好消费者投诉，首先要倾听，有足够耐心地倾听，而不是迫不及待地解释，当顾客把自己的抱怨都倾诉出来后，怨气也就有所消减；其次要化解投诉人的对立情绪，以"同理心"设身处地地为顾客着想,让顾客感到组织相关人员能够体会到自己的感受,比如,客服人员在倾听顾客的抱怨后,首先不是讲冷冰冰的大道理,而是说一句带有人情味的话"您的心情我完全理解",这样顾客就会觉得自己的难处得到了别人的理解,从而化解了对立情绪;再次要全面分析被投诉的情况,对于失误的地方要及时向投诉人道歉并改正,对于顾客误解的地方要及时解释清楚,以求得对方谅解,体现出足够的诚意。如果投诉处理得完美,完全可以变成一次成功的公共关系活动,完全可以使一个抱怨顾客变成一个忠诚顾客。

知识链接

2013年全国消费者投诉十大热点领域

1. 移动电话

近年来,移动电话投诉数量连续排在商品类投诉第一位,智能类手机投诉呈现爆发式增长态势,已成为消费者投诉的焦点。2013年,移动电话投诉10.12万件,占商品类投诉总量比重为15.53%,比上年增长99.68%。涉及手机质量问题投诉4.31万件,比重为40.44%,同比增幅57.12%;售后服务问题投诉3.84万件,比重为35.96%,同比增幅为168.61%。

消费者投诉的主要问题是部分商家促销时虚假夸大宣传使用功能,高仿手机冒充正牌手机销售,维修资费不透明,商家不履行移动电话机"三包"规定,故障判断不明确,智能手机软件故障频发和维修困难等。

2. 非现场购物

电子商务的高速发展,其便利性促使大量消费者逐步转入网络消费和移动终端消费,互联网购物的投诉数量也相应大幅增加。2013年,非现场购物(包括互联网购物、电视购物及邮购)投诉2.03万件,同比增长24.51%。其中,有关互联网购物的投诉量较大,为1.7万件,同比增幅为59.4%。

消费者投诉的问题集中在商品质量与图片不符,网购商品是仿冒品,虚假宣传,售后服务不及时,不履行"三包"规定,送修时间长、返修率高。另外,快递服务问题也较多,包括快递不及时送货、货物有损坏等。

3. 电信服务

由于电信市场发展迅速,用户群体庞大,信息消费规模增长的同时,电信服务投诉量总体上也呈现上涨的态势。2013年,电信服务(包括通信、游戏、下载、上网等服务)投诉6.31万件,同比增长10.55%。

从消费者投诉的问题看,消费者投诉涉及服务质量1.08万件、合同1.85万件、广告0.06万件。另外,虚假宣传、未与用户确认擅自开通或改变增值业务、网络信号不稳定、套餐计费方式复杂、收费方式标准不明晰以及错误扣费等,也是消费者投诉的热点问题。

4. 计算机及配套设备

计算机的普及和平板电脑风靡的同时,消费者投诉数量也迅速增长。2013年,计算机及配套设备投诉2.19万件,同比增长66.98%。

从消费者投诉的问题看,涉及显示器出现黑屏、无法开机、频繁死机等质量问题投诉0.89万件,同比增幅36.83%;因商家不履行"三包"规定等问题而导致的售后服务投诉0.78万件,增幅很大,为116.37%。另外,"低配"冒充"高配"销售、硬盘无法读取数据、内存容量与说明不符或不匹配、维修后出现新故障概率高、配件损坏、数据丢失等,也是消费者投诉反映的热点问题。

5. 装饰装修服务

家庭装修业发展在近几年不断升温,家装消费投诉和纠纷也逐渐增加。2013年,装饰装修服务投诉0.61万件,较上年增长18.7%。投诉纠纷中,65.08%的问题反映在服务质量和合同上。

消费者反映的问题主要是事先虽有承诺,但最终商家拒绝交付消费者退回装修剩余材料费用;装修中材料以次充好,使用劣质建材,甚至偷工减料;地热管道、五金管件安装后爆裂,造成屋内漏水、浸泡、损失严重;建材甲醛等有害物质含量超标;装修延误工期;装修服务与预期不符,实际施工过程与装修合同不一致。

6. 修理维护服务

2013年,修理维护服务投诉3.43万件,较上年增长19.56%。其中,家用电器修理投诉0.93万件,机动车修理投诉0.86万件,通信器材及配套设备修理维护投诉0.78万件,计算机及配套设备修理维护投诉0.19万件,同比分别增长54.47%、16.30%、4.59%、8.04%。

消费者反映的问题主要是维修不及时;商家的售后服务电话长期占线;一些商品修理后再次出现同一故障,修理者往往推诿不予保修;维修收费标准混乱,维修人员不提供发票及修理凭证等;偷工减料损害消费者的利益;工人技术欠佳,将原产品损坏;因维修商失误导致调换货,却要求消费者支付由此产生的运输费;维修人员服务态度差,维修时间过长;维修后有意不填写维修记录;维修时不明示故障原因、乱收费等。

7. 中介服务

2013年,中介服务投诉0.77万件,较上年上升31.71%。其中,房屋中介的投诉量为0.5万件,占中介服务投诉总量的64.95%,且增幅最大,为48.88%。中介服务依然是投诉的热点所在。

消费者反映的问题主要是服务质量、态度差;造成消费者受到垃圾短信和推销电话的骚扰;中介公司提前与消费者解约,并拖延或只退还部分押金、预付款,甚至拒不退还;索要介绍费、好处费;买卖合同设定不明确;未按合同约定提供家具、家电等生活用品;租赁合同签订后,中介公司未按约定提供房屋或拖延提供房屋;房屋中介与房主有纠纷而导致消费者无法继续租住等。

8. 汽车及零部件

随着消费者生活水平的提高,家用汽车已作为代步工具进入千家万户,同时,家用汽车消费纠纷也大量出现。2013年,汽车及零部件投诉3.82万件,同比增长18.22%。从消费者投诉的问题看,涉及质量问题投诉1.28万件,比重为33.51%,同比增幅5.09%;售后服务投诉1.09万件,比重为28.63%,同比增长34.41%。

消费者反映的问题主要是性能故障,如车体生锈、轮胎鼓包、导航失灵;样车或事故车辆经整修后被当作新车出售;合同不规范,对车辆交付时间等售后服务条款轻描淡写,或强制搭售车险或相关配套产品;拖延交车期限;拒绝消费者的退、换货要求,或故意拖延;以消费者订购的新款车货源紧张为由,要求消费者加价提车;利用消费者不了解车辆保险规定,借机诱保,推销额外险种;"终身免费保养"承诺难落实;维修者在修理汽车时使用低质量汽车配件或不能完全诊断并排除故障。

9. 互联网服务

在信息科技高速发展的今天,消费者对互联网的依赖性不断增强,对互联网服务水平也提出更高的要求。2013年,互联网服务投诉4.29万件,同比增长21.25%。其中,有3.55万件纠纷集中在网络接入服务问题上。

消费者反映的主要问题是办理宽带开通、移机、销户等业务并交纳费用后,未在承诺的时间内履行服务;运营商以包月或包年服务为名拒绝退费;网络接入故障,上网速度过慢,网络运行不稳定,网络中断或质量下降;故障报修后长时间得不到解决;利用模糊的收费说明、使用标准误导消费者,导致消费者交纳一些不必要的上网费用等。

10. 服装和鞋

2013年,服装类投诉4.25万件,鞋类投诉3.37万件,分别占消费投诉总量的4.18%和3.31%,分别比上年增长13.12%和0.46%,共占商品类投诉总量11.69%,较上年增长7.15%。从消费者投诉的问题看,涉及质量问题投诉4.54万件,比重为59.59%,同比增幅2.92%;因商家不履行"三包"规定等问题而导致的售后服务投诉1.61万件,比重为21.2%,同比增长23.25%。

(资料来源:国家工商总局. 2013年消费者投诉十大热点领域[N]. 中国工商报,2014. 有删改)

子任务二 处理与媒体的关系

【知识目标】

- 了解媒体关系的概念
- 掌握媒体关系处理的"4度法则"

【技能目标】

- 能运用媒体关系处理的"4度法则"处理企业与媒体的关系

【任务导入】

任志强任北京市华远地产股份有限公司董事长兼总经理,同时兼任北京市商业银行监事、新华人寿保险公司董事,持有中国人民大学法律硕士学位。自1993年起改组成立了北京市华远房地产股份有限公司,并担任董事长兼总经理,创建了"华远"品牌,在房地产界具有极高的声望。但自2008年房地产危机以来,由于其发表了诸如:绝不降价,房地产就应该具有暴利!不让穷人买得起商品房!我没有责任替穷人盖房子,房地产开发商只替富人建房等一系列惊人之语,他和他的华远公司成了媒体争相报道的"负面宠儿",甚至有越来越多的人指出,如果华远公司现在的经营理念再继续下去,必将引发2009年房地产行业更严重的危机。假如你是华远集团的公共关系经理,请你进行公关策划,解决与媒体的矛盾。

【任务分析】

媒体是组织与社会公众联系的主要渠道,是最重要的公众之一,而在处理与媒体关系方面,任先生的做法是不可取的,他的观点都阐明了对于房价有着"对于真正有钱人来说房价还不够高"的观点,这些观点看起来算是"炒作"的某种形式,但对于公众而言,产生的更多的是对华远公司的负面影响。要处理好与媒体的关系,首先要了解媒体关系的概念;其次要掌握处理媒体关系的"4度法则"。

一、媒体关系的概念

无论企业是否准备好面对,或者是否愿意面对如此发展剧烈的媒体环境,媒体都已经成为企业发展中不可缺少的一部分。

1. 媒体关系的概念

美国学者Irv Schenkler Tony Herrling给媒体关系定义如下:"想方设法让媒体关注你们的新闻,并让他们尽可能从有利的角度对你的企业进行报道,这就叫'媒体关系'(Media Relations)。"我国学者对媒体关系的界定是:"媒体关系指社会组织或个人与媒体的关系。"

综上分析,媒体关系是指社会组织或个人为营造和维护良好的社会形象,尊重新闻媒体的运营规律,主动与新闻媒体开展交流互动,以期获得有利于自己的报道的行为。

媒体关系的主体既可以是社会组织如企业、非政府组织、政府乃至国家,又可以是个体的人。尤其是一些公众性人物,他们一样有处理媒体关系的需要。

2. 协调组织与媒体关系的意义

（1）良好的媒体关系有利于形成良好的公众舆论。新闻传播机构及人士是社会信息流通过程中的"把关人"，他们决定着各种社会信息的取舍、流量和流向，引导了公众舆论的中心议题，能够赋予被传播者特殊的、重要的社会地位，即具有"议程设置"和"授予地位"的功能。与"把关人"建立良好的关系，有助于争取媒体报道的机会，使组织的有关信息比较顺利地通过传播过程中的层层关口，形成良好的公众舆论环境。

（2）良好的媒体关系是运用大众传播手段的前提。组织要实现大范围、远距离的沟通，就必须借助于各种现代大众传播的媒介。大众传播借助于现代印刷、电子等传播技术，大量地、高速度地复制信息，跨越时间和空间的限制，实现大范围、远距离的传播。这是现代公共关系的主要手段之一。但是，大众传播媒介一般不是由组织内的公共关系人员直接掌握和控制的。有关的信息能否被大众媒介所报道，以及报道的时机、频率、角度等，要取决于专业的传播机构和人士。除做广告之外，公共关系对大众媒介的使用必须通过媒体工作人员才可能实现。因此，与新媒体工作人员建立广泛、良好的关系，是运用大众媒介、争取媒介宣传机会的必要前提。与媒体关系越好，组织有关信息的报道数量越多；与媒体关系越好，组织有关信息的报道质量就越好。媒体关系的这种公关传播之强，是其他公众对象难以比拟的。

二、处理媒体关系的"4度法则"

1. 高度——站在企业战略高度看媒体资源，重视营销大环境内的媒体关系

企业可以通过广告手段和策略，利用媒体，扩大产品销售，实现企业利润，传播企业形象，增强企业竞争力。看待企业和媒体的关系，需要企业站在企业发展战略的高度和整个营销高度去看待媒体关系。企业与媒体关系，绝不仅是广告和宣传那样简单，绝对不能等同于简单地拿广告费购买"硬性"广告时间或者购买"软性"宣传——这种只有买和卖的软硬资源的关系。有时，媒体并不能对企业产生多大的作用，但关键的时候，如果不重视媒体关系处理或者没有应对媒体关系的经验、策略，媒体很可能给企业帮倒忙，甚至决定着一个企业的胜败。

在当今媒体传播手段多样化、网络化的时代，要让企业的负面新闻事件，一夜传遍全国、世界都是很容易的。在"3·15晚会"上对欧典地板假德国背景的曝光事件，使一个地板业的知名品牌一夜之间成为滞销品牌；还有在全球都闹得沸沸扬扬的博士伦药水的质量问题，都是这样的情况。

在国内的企业中，有许多企业都非常重视媒体的资源关系，如蒙牛近几年的突飞猛进的发展，所建立的"蒙牛帝国"，就是与他们能够高度重视媒体关系发展分不开的。蒙牛能够利用多种媒体形式，打造各种媒体组合合作关系，以达成各个营销阶段的目的。如刚开始的蒙牛参加中央电视台的招标，到后来蒙牛制造的宇航员的"飞天事件"，再到后来蒙牛与湖南卫视所运作的"超级女声"模式，每一次的媒体事件的曝光，其实都是蒙牛经过长时期媒体关系高度重视和认真对待之后的一次突破和爆发。由此看来，媒体也是生产力。处理好了，可以扩大企业的效益，处理不好，就有可能使企业破产、倒闭。媒体关系目前已经被很多企业纳入渠道建设的一部分，据说，最重视媒体关系的企业当数海尔集团，其用于企业宣传和媒体研究的专职人员不下几十人。

从整个企业的角度，强调营销部门（或广告部门）所应建立的媒体关系网络及对应所产生的价值和影响力，应该做到以下几点。

（1）企业只有把媒体关系看成是内部沟通的一部分，把媒体关系看成是内部客户关系，把媒体关系拜访列入企业客户拜访计划，建立全国性的媒体通路，及时与媒体保持联系沟通，才能防止不良信息传播，扩大影响。

（2）企业在董事会中应该设立专门分管营销部分的成员，同时对应营销部门和各分公司的市场专员，建立覆盖全国的媒体网络。

（3）企业领导应该配合企业营销部门的工作，建立专门便利的沟通渠道。企业的营销部门不能简单地看作是一个花钱的部门，而是另外一种形式的"生产部门"，营销部门的媒体关系处理的好，不仅可以减少宣传成本，而且能给企业带来无形的品牌价值。

2．广度——全方位了解媒体资源信息，建立丰富的、依托在对媒体"实物和人"全接触的"媒体库"

目前正在处于媒体多元化发展，要做到全方位了解媒体资源信息，首先就是要做到了解媒体形式的分类、不同类别的基本特色及性质。

（1）按照媒体的类别分类：报纸媒体、杂志媒体、电视媒体、电台媒体、户外媒体、直投媒体、网络媒体。还可以分为：传统媒体、新兴媒体、有声媒体、文字媒体、视频媒体等。

（2）不同类型的媒体，性质不同，定位不同，内容要求不同，发布形式不同，影响大小也不同。所以媒体的侧重点不同，各个形态的媒体在整个媒体大盘内所占有的份额各有不同，同时针对不同类别的受众群体。对于一些基本的信息都应该掌握清楚，进行有关企业行业信息的细分研究。

（3）企业品牌形象还需要一些高定位的媒体对应，进行专业的"软性"宣传，树立企业品牌形象等。建立对于媒体信息的基本沟通之后，应该与媒体背后的"人际"和"人情"搞清楚。例如中央电视台有很多频道，而不同的频道内的广告时段和栏目都有不同的代理公司，此外还有一些能够整合代理的公司存在，就中央电视台所颁发的十佳代理公司，这些公司不仅能够控制自己所代理的中央电视台的资源，更重要的是能够对其他的资源进行有效利用，同时能够处理一些紧急事件。

3．深度——熟悉媒体优劣势基础上的运营规则

要建立完善和良好媒体关系，不能只了解媒体的表面，应该也了解媒体内部运营规律和潜在规则，只有熟悉这些，才能使企业手中的媒体关系库真正运转起来，才能使媒体关系成为企业发展的助力风。了解一个媒体深度，尽管不是以是否了解运营规则来衡量，但是只有了解了一个媒体运营的潜在规则之后，企业才能够以最低成本达成最高效的媒体运用。通过熟悉媒体运营的潜在规则，才能达成与媒体之间的长期沟通关系，可以使企业获得第一手媒体信息，获得更多变相采访报道企业的机会，通过正常途径宣传报道企业，引导舆论方向，避免危机新闻的发生。

深度媒体关系的两条标准衡量如下。

（1）具有重要性质的单一媒体需要建立至少 2 条以上的沟通关系，尽量使这种沟通关系有所区别。所对应的媒体联系人职位不同，获得信息也会有所区别；同时如果对应媒体的联

系人因为工作调动而失去联系，还可以候补，不致耽误重要事情。如针对电视媒体，同一个栏目需要找不同的代理公司建立沟通关系；针对平面媒体，与广告部和采编部门两个部门，记者要联系，总编也要联系，决策权重要，真正的执行更重要。

（2）具有重要性质的单一媒体的沟通需要有经常性的信息交流。对重要性质的单一媒体，只有经常性的信息交流才能说明所建立的媒体关系不是"死"关系，而是能够在关键时刻运用的关系。经常性的信息交流，包括媒体发展新信息，媒体专门为企业量身定做的信息等。

4．灵活度——注意角色转化，达成实现双赢策略，灵活运转手中的媒体关系

在做到以上 3 点之后，企业应该做到灵活度，实际更重要的是对于企业内广告部或营销策划中心负责人所应该做到的一点就是——灵活度。

（1）在企业决策者和媒体之间灵活转化，具备对信息"价值甄别"和"正确性甄别"的意识和能力，搭建企业与媒体之间的共赢桥梁，就是要帮助媒体说服决策者，同时又要站在决策者的角度去与媒体谈判。

（2）在同类媒体不同代理方之间灵活应对，对于所获的信息"查漏补缺"，尤其是如电视媒体的收视状况和折扣等信息。

（3）在不同类型媒体之间灵活转化，学会不同类型媒体之间的横向比较，只有如此才能找到最适合的媒体形式和合作方式。

当今社会，企业生存是在一个透明、竞争激烈的媒体舆论的环境里，企业的宣传离不开媒体，企业要发展壮大更是离不开媒体支持。要学会正确处理媒体关系，掌握好 4 度法则，才能为企业的成长创造良好的发展空间，才能使企业的快速成长成为可能。

知识链接

知识媒体

1994 年，英国开放大学原校长、时任联合国教科文组织负责教育事务的副总干事 Dainel 爵士、副校长 Peters 教授和规划总监 Chisbolm 女士以教育家独有的眼光提出倡议，将该校几个实验室（主要包括人机交互、多媒体技术、人工智能等实验室）联合起来，在已有教育技术研究所的基础上，成立了"知识媒体研究所"（The Knowledge Media Institute，KMI），首要目的就是研究和开发适合远程学习的教育/信息技术。这个研究所不负众望，在不到 10 年的时间里取得了令人瞩目的成绩，对开放大学的发展功不可没。Daniel 爵士在 2001 年 6 月 28 日的离任演讲中充满深情地说，知识媒体研究所的成立及其所取得的成绩是他任校长期间最感到骄傲的几件事情之一。

简单的说，知识媒体指能够促进人的思考、学习、创造、交流和协作的技术、系统和产品等。例如，钢笔、电话、计算机、语音复读机等算是一种技术；大学的图书馆、一个讲座、牛顿定律则可算作是一种促进学习的系统；百科全书、教科书等则是产品级的知识媒体。

当知识媒体结合了交互式计算机和通信技术等数字技术时则成为"数字知识媒体"，例如，万维网、网络课程、即时消息传递系统、blog 系统、知识管理系统、数字图书馆、虚拟协作系统、视频会议系统、网络广播系统等、人类基因数据库等。知识媒体其核心在于"以学习者为中心"，促进人类的学习、创造，促进知识的获取、理解和共享。

（资料来源：http://baike.baidu.com）

子任务三　处理与政府的关系

【知识目标】

- 了解企业政府关系的概念与层次
- 掌握企业建立良好政府关系的原则
- 理解企业在面对政府关系时的问题
- 掌握企业协调政府关系的方法

【技能目标】

- 能运用政府关系的有关知识协调企业与政府的关系

【任务导入】

据 2010 年 4 月 15 日《华尔街日报》报道，德国检察机关正在调查惠普是否通过其德国子公司行贿 1090 万美元获得用于保密通信的计算机的合同。消息称，协助德国检察机关进行调查的俄罗斯调查人员当地时间周三搜查了惠普在莫斯科的分部，收集惠普利用多个国家的空壳公司"筹集"行贿资金的证据，其中包括英国、奥地利、瑞士、英属维京群岛、伯利兹、新西兰、拉脱维亚、立陶宛和美国的空壳公司。德国检察机关还在调查惠普的背信、逃税和洗钱等犯罪活动，调查主要集中在 10 个人身上。假如你是惠普集团的公共关系部经理，请你进行公关策划，解决与政府的矛盾。

【任务分析】

政府是依法对整个社会实行统一领导和管理的社会组织，任何其他社会组织都必须服从它的统一管理和领导。企业要生存和发展，必然要对政府进行公共关系工作，简称政府关系。企业要处理好与政府的关系，首先要弄清楚企业政府关系的概念及层次；其次要掌握企业建立良好政府关系的原则；最后要正确运用企业建立良好政府关系的方法。

一、企业政府关系的含义

政府关系是指社会组织与其作为公众对象的政府及其职能部门之间，以及公务员之间的关系。政府是国家权力机关的执行机关，承担着管理国家和社会事务的责任，是国家对社会进行统一管理的权力机构。任何一个社会组织作为社会的一分子，都必须服从政府的统一管理，因此也就必然存在政府关系。正确处理和协调政府关系，争取政府对本组织的了解、信任，在人力、物力及政策方面予以倾斜和支持，对于组织的生存和发展是十分重要的。

所谓企业政府关系，是指以企业作为行为主体，利用各种信息传播途径和手段与政府进行双向的信息交流，以取得政府的信任、支持和合作，从而为企业建立良好的外部政治环境，促进企业的生存和发展。

在企业政府关系中，企业是主体，政府公众则是客体，也即企业政府关系的作用对象。政府公众是一个庞大而复杂的体系结构，从公共关系的角度可分为 3 个层次：一是国家的中央政府和组织利益所触及的各级地方政府；二是政府组织机构的职能部门，企业通过这些部门与政府接触，接受政府的管理和约束；三是政府组织中的工作人员，在与政府交往过程中，企业需要接触到政府的各级官员、行政部门的助理和秘书，以及职能部门的其他工作人员。

二、企业建立良好政府关系的原则

企业对政府的公共关系活动需要遵循一些基本的原则如下。

1. 服从政府的统一管理和领导

为了维护整个国家利益，甚至是全球利益，企业必须自觉服从政府的管理。相关的法律、法令、政策、条例等企业必须履行。如政府提倡反腐倡廉，要求工商企业组织在经济活动中应该教育干部和员工，不能违背廉洁奉公的原则，如果某些政府官员利用手中的权力进行权钱交易的腐败活动，企业的相关人员要坚决抵制，还应向主管部门检举，配合政府的工作。

2. 遵纪守法

企业是法人，对政府来说是一个团体公民。它的所有的活动和行为必须在法规所允许的范围内进行，就是说，对政府公众的公共关系活动必须合法。

对政府的公共关系不是请客、送礼、拉关系，而是建立在公正、公平和公开基础上的。企业要守法才能在政府面前建立一个良好的政治形象，得到政府的认可，企业的权力和利益才能得到政府的保护，并且也会赢得消费者的信任。反之，如果一个企业无视国家政府的政策和法律，为了企业利益从事违法勾当、偷税漏税、生产仿冒伪劣产品、违章作业，那企业就会受到法律的惩罚和政府的处罚，企业甚至被取缔，此时，更何谈实现企业的目标，更何谈实现企业利益的最大化。

我国已成为 WTO 等国际组织的成员，因此，我国的企业还必须遵守这些国际法、国家条约的规定和国际惯例。在海外的企业也必须遵守当地国家政府的法律和规定，甚至一些乡规民俗。这样才能与当地政府关系融洽。

3. 大力支持政府工作

如政府号召援助灾区人民、资助"希望工程"、赞助社会公益事业、维护社会治安等活动，企业应该根据自身的实际情况，力所能及地积极参与社会活动，努力地参与这些活动可以为政府分挑一些重担，客观上也可以赢得社会的好评和公众的赞赏。

4. 企业利益与国家利益和社会利益一致

企业是社会的一部分，是一个局部的群体，有自己的目标和利益。政府则是代表国家维护全体人民的利益，是社会利益的代表。企业追求自己的利益是无可非议的，但这种对利益的追求必须与社会利益趋于一致，才能得到政府的认可，从而获得政府的信任和支持，如果违背了局部利益服从整体的社会利益，不能很好地做到企业利益与社会利益一致性，政府则可能失去对企业的信任，那么，要想获得政府的帮助和支持、协调政府关系将成为一种不现实的空想。

三、企业在面对政府关系时存在的问题

现在的企业也越来越意识到企业政府关系的重要性，他们有意识地去建立良好的政府关系，但是仍然存在以下问题。

1. 把对政府公关看成诡秘行为

人们对政府关系的定义不再仅仅是单一层面的。但在商场上仍然有一些人在谈对政府进

行公关的时候往往面露诡秘，对政府公关有不恰当的解读。

2．企业采用了不规范的沟通方式

一些人认为在国内与政府合作要靠个人的关系。但随着我国政府体制的不断改进、完善，整个政府工作的透明化、规范化，企业更需要的是通过正常渠道和政府沟通。企业有和政府沟通的需要，而这种沟通也是政府日常工作的重要组成部分，企业不应采用不规范的沟通方式。

3．过于注重和政府人员中的某位工作人员的交往

有一些企业的公共关系人员过于注重和政府人员的某位工作人员的交往，这是对政府公共关系中一个严重的误区。企业要想在社会上发展，应该关注一个企业整体的政治形象，如果一个企业在政府中的声望很高，就会获得政府的认同和支持。

4．过于注重维护企业的利益

企业追求最大的利润无可非议。但利己不能害人，利己也要利人，这是人们所认同的基本处事准则。对于企业和公众的关系同样适用，企业要加快发展，获取利益；公众也要更好地起码是安全地生活，二者并非不可调和。然而现在人们看到更多的是企业利益凌驾于公众利益之上，以漠视甚至牺牲公众利益来换取高额利润（如环境污染、信息不透明），在这种利益的不对等中容易造成各类事故，最终也使企业受到重创。

四、企业建立良好政府关系的方法

1．加强与政府部门的信息沟通

政府作为国家权力的执行机构，代表国家利益和社会公众利益。企业要正确处理与政府的关系，首先要加强与政府部门的信息沟通，了解各级政府的职能及工作程序，与政府部门建立正常的联系方式。因此，企业公共关系部门就要密切关注新闻媒介的动态，随时收集政府部门下达的各种命令和文件，并尽可能根据政策法令的变化来调整企业的政策及活动。当然，企业与政府的关系也不是简单的绝对服从关系，如果企业在执行政策法令过程中，发现政府行为与实际出现偏差，则有责任向政府有关部门提出修正意见。

2．为政府决策提供支持和帮助

一方面，尽量参政议政，影响政府的决策，使之向有利于自己的方向发展。随着国家、社会对民营经济的认可和重视，越来越多的企业家登上了政治舞台拥有话语权。如联想集团董事局名誉主席柳传志于1997年当选全国工商联副主席，海尔集团首席执行官张瑞敏当选第十七届中央候补委员，重庆力帆集团董事长尹明善、浙江传化集团董事长徐冠巨，于2003年分别当选为重庆市和浙江省政协副主席。如此，既便于和政府人员沟通，又便于及时了解政府对企业的政策和动向，也就更便于建立良好的政府关系，从而能得到政府更多的支持。

另一方面，树立支持政府工作为己任的观念。企业要赢得政府的理解与支持，就要树立支持政府工作为己任的观念。政府作为非营利性社会组织，一般财政支出较紧，但政府重大决策研究又需要资金支持。因此，企业应为政府的决策研究提供力所能及的资助。国外一些大公司的公共关系部门在这方面都做出过积极和富有成效的努力。当他们了解到政府需要进行重大决策，并需要调查研究的资助时，便主动向政府提供有力的资助。

3. 与政府人员建立良好、健康的亲密合作关系

企业要赢得政府的理解与支持，还要主动与政府人员建立密切的联系。如举办企业的周年庆等活动，邀请部分政府官员前来做客，并赠送企业的产品或服务礼券，一方面可以让政府官员更加了解企业的产品和企业的动态，对他分析、制定各种行业政策有所帮助，另一方面使其对企业的产品产生认同感，有利于建立良好的企业形象。同时企业领导可以利用这个机会和政府官员成为好朋友，以后可以在工作和生活上互相帮助。

4. 尽可能熟悉政府的职能部门的办事程序和方法

了解和熟悉政府的组织机构、职权职能、办事程序等状况，是企业协调与政府公众关系的前提条件之一。因为各级政府组织一般来说是一个庞大的体系，企业并不需要与政府中所有的部门打交道。如果企业的公共关系人员对经常交往的政府的机构设置及职权分工管理的状况比较熟悉，那么就能有效地减少企业的申请和报告遭遇诸如"公文旅行"，甚至被"踢皮球"的现象，特别是当企业有紧急事务需要与政府相关部门沟通时，更能提高工作效率，有利于企业多次活动和工作的正常开展。

5. 由专人负责与政府部门的联系

一般情况下，企业的政府关系是由企业的领导人负责的。这些领导人由于与政府部门的某些官员直接接触比较频繁，双方相互了解，如果领导人与这些官员除了工作关系外还能建立朋友关系，那么，双方之间的沟通就会比较顺利，交谈往往能直接切入主题，有利于提高沟通与协调的质量。

知识链接

跨国公司的政府公关模型

目前跨国公司在中国进行政府公关的模型包括通路搭建和多种方式的沟通。

1. 通路搭建

(1) 与政府有关部门保持长期良好的关系，保持双向的互动沟通。互动的含义包括，了解政府对自己所处行业的政策，这样，企业在制定战略的时候就有把握和不盲目。另外，企业应该经常向政府汇报自己的发展方向。

此外，对跨国公司来说，将自己在海外发展中获得的经验及时地与政府部门分享也是一个非常好的做法，这种经验分享的行为非常有利于企业所处行业的主管和监管部门思考整个监管环境并制定政策。

(2) 通路搭建的第二个方向是懂得运用行业协会的力量，以及在需要的时候要与同业者结成联盟，发出共同声音。安利公司在中国进行政府公关工作的重要做法就是借助世界直销联盟的力量与中国政府对话。

2. 多种方式的沟通

通路搭建后，就要选择沟通的方式。这就包括直接沟通与间接沟通两种。直接沟通主要的方式包括通过企业设立的公共事务部门进行日常的沟通工作，让公司的最高首脑定期的来访等。间接沟通主要包括企业参加或举办各种公益活动，提升社会形象，在自己的发展策略制定方面符合政府政策发展的方向，等等。

(资料来源：邵颖波，等. 政府公关：不仅仅是"月亮的背后"[N]. 经济观察报，2004. 节选，有删改)

子任务四　处理与社区的关系

【知识目标】

- 了解社区关系的概念
- 理解社区关系处理的技巧

【技能目标】

- 能运用社区关系处理的技巧处理企业与社区的关系

【任务导入】

北京某大学校园旁,有一家服装厂,这家服装厂的生产车间与这所大学教学人员的住宅区隔墙相望。有一段时间,这家工厂借鉴国外的先进经验,为消除工人在重复劳动中产生的疲劳感和单调感,每到上午 9~10 点,就在车间内播放各种流行音乐。可是在这段时间内,正是大学的教学科研人员从事科学研究的"黄金时间",他们需要一个安静的环境,使自己的大脑进入正常工作状态。然而,从仅隔一墙的服装厂传来的"震耳欲聋"的流行音乐,却破坏了他们的工作环境,使他们无论如何也无法进入正常的思维状态。这引起了大学里的教学和科研人员的不满和愤怒,他们多次找厂方交涉,但始终没有得到结果。无奈,不得不采取行动,投书报纸,呼吁社会舆论的支持及政府的干预。假如你是服装厂的公关部主任,请你进行公关策划,解决大学教学科研人员与服装生产厂的矛盾。

【任务分析】

作为一个地理意义上的组织,企业必然处于特定的社区。因此,企业要处理好与社区的关系,就要掌握社区关系的概念和处理社区关系的技巧等。

一、社区关系的概念

社区是一个社会学概念,即人们共同生活的一定区域,如村落、城镇、街道等。组织的社区关系主要是指组织与周围相邻的工厂、机关、学校、商店、旅馆、医院、公益事业单位及居民的相互关系。简单讲,"社区关系"就是一个社会组织的"地方关系"、"邻里关系"。社会组织与周边的关系在地理上互邻、在利益上相关。

社区关系的重要意义表现为:社区是组织生存和发展的基础;社区关系综合了众多的公共关系;组织对社区的影响具有两重性。

二、企业与社区关系的表现

当前企业与社区关系主要表现在以下几个方面。

第一,社区往往是企业的重要劳动力来源。所以,从当地社区中吸收的那部分职工,既关注并代表着当地社区的利益,又体现为企业内部公众。企业积极参与社区建设,有利于调动这一部分职工的积极性,激发其献身企业的工作热情。

第二，对于那些具有销售行为（无论是物质产品还是精神产品）的企业而言，社区公众是较为固定的经常的消费者，或者说"回头客"，某种意义上讲是企业所依靠的"衣食父母"，参与社区建设与其处好关系，有利于在社区树立形象、获得效益，并通过社区向更广阔的外部辐射，产生更大的正面影响，获取更大的效益回报。

第三，社区为企业提供部分服务，如交通、能源、邮政、治安、卫生、教育、婴幼儿入托等。参与社区建设，与其处好关系，有利于企业在上述领域获得更好的服务。

三、处理社区关系的技巧

社区是社会组织的生存环境，组织每天都要面对社区，与之打交道。因此，搞好组织的社区关系非常重要，这关系到组织的正常运行是否会受到影响。

在处理社区关系时，需要做到以下几点。

1. 主动沟通

沟通是作好公共关系的重要手段，主动沟通就是为了社区了解组织，也是组织了解社区的重要方法。只有相互了解，才能取得信任和支持。

2. 维护社区利益

组织在发展过程中，必须注意不能伤害和侵犯社区利益，如果存在有利益冲突的情况，应主动协商解决。只有关注周边的利益，组织自己的利益才能得到应有的保障。

3. 支持社区建设

组织应当利用自身的资源和优势为社区的发展作出一定的贡献，真正地将社区看成是自己的家，为社区在就业、医疗、教育、环境等方面提供力所能及的支持。在获得社区的广泛认可之后，组织在社区内面临的问题才会逐步减少，才能安心发展。况且，在很多情况下，组织的发展也需要社区提供便利，从这个角度上来说，支持社区建设是互惠互利的双赢工作。

4. 组织社区活动

社会组织应当积极地参与各种类型的社区活动。例如，配合某些特定日子，如老人节、妇女节、儿童节、母亲节、教师节等，主动拜访社区有关机构，像学校、福利院、地方政府机构，向他们表示慰问与感谢，让他们感受组织的亲和力。这样既可以树立组织的正面形象，又提供了一个良好的沟通平台，进一步促进社区关系的发展，创造适合组织健康发展的安定和睦的环境和氛围。

知识链接

生态社区的发展历程

一、启蒙

生态社区的思想可谓是源远流长。古代人类聚居地多数是规模小并靠近大自然，人类对居住区规划建设注重与自然环境的结合，如《宅经》中提出"天人合一"的思想是古代人与自然和谐态度的凝练表达。中国的风水学说提倡住宅和聚居地形式要根据外部的生态环境来构建，如元大都建设体现了人工环境和自然环境的融合等，这种在聚落选址、布局、绿化等方面自发地考虑了生态平衡要求的建设，是朴素生态学思想的萌芽。1898年英国社会学家霍华德提出"花园城市"理论，认为人类居住的理想城市应既有良好的社会经济环境又有美好的自然环境。这一理论被公认为生态社区思想的萌芽，标志着人类开始冷静的思考居住区"人—自然"关系，社区生态意识开始启蒙。

二、积淀

20世纪20年代巴洛斯和波尔克等人提出"人类生态学"，把生态学思想运用于人类聚落研究，生态社区思想的雏形开始形成。沙里宁提出"有机疏散"理论，主张人的工作、交往与自然相融合及城乡并蓄的居住环境。20世纪30—40年代，生态学原理开始运用到城市社区的规划及社会群体的产生、渗入、过滤等过程。从20世纪50年代开始，寻求"人—社会—环境"和谐的人本主义思想提出，对社区的功能进行了新的探索。1963年希腊学者道萨迪亚斯建立了人类聚居学学科，着重研究城市居民与其生态环境的复合关系，力图创造适合人类居住和工作的聚居环境。1967年美国的麦克哈格所著的《设计结合自然》首次将生态价值观带入城市设计，强调了自然环境因素在社区土地规划中的重要作用，这也标志着生态社区建设的重要内容——生态建筑学的奠基。

20世纪70年代以来，随着生态意识的进一步觉醒，国际性的绿色运动兴起，生态社区思想的发展也开始加快。1972年斯德哥尔摩联合国人类环境会议成为生态社区理论发展的重要里程碑。会议发表了"人类环境宣言"，明确提出"人类的定居和城市化工作必须加以规划，以避免对环境的不良影响，并为大家取得社会、经济和环境三方面的最大利益"。

1976年联合国在加拿大温哥华召开的第一次人类住区大会上成立了联合国人居中心（UNCHS），开始关注包括从城镇到乡村的人类居住社区的发展，并认为"人类住区不仅仅是一群人、一群房屋和一批工作场所。必须尊重和鼓励反映文化与美学价值的人类住区的特征多样性，必须为子孙后代保存历史、宗教和考古地区及具有特殊意义的自然区域"。1977年发表的《马丘比丘宪章》，把城市规划目的定为创造一个多功能的生活环境，强调生活环境和自然环境的和谐。

三、蓬勃发展

1984年中国著名生态学者马世骏和王如松等提出了社会—经济—自然复合生态系统理论及生态控制论原则原理。1985年德国建筑师格鲁夫针对现代都市一味追求生活便利与效率而牺牲自然环境与人性化特色的"都市型社区"，提出了与环境、人文共生的城市"生态型社区"的模式。1987年出版的布伦特兰报告《我们共同的未来》（Our Common Future）一书提出了"可持续发展"的概念，很快受到国际社会的重视和广泛认同并迅速成为生态社区思想的核心理念。1991年，丹麦大地之母（GAIA）信托基金出版《生态村报告》，正式提出生态村的成形概念，并且列举出地球上已有的和为了寻求现代文明出路而做出尝试和加以实践的生态村，到2001年，欧洲共有57个生态村落。而在加拿大和美国，有关绿色（可持续）社区的理论和建设开始发展。加拿大的绿色社区形成了网络，并成立了专门的协会促进新的绿色社区的建立及活动。在美国，EPA设有绿色计划包括绿色社区的认定、示范及培训等。至1997年，美国共有22个城市和城镇率先在可持续社区行动方面采取了行动；西雅图为建设可持续社区制定了一套发展指标，可以用来评价全世界的可持续发展水平，并预测和监控城市的未来发展及正在监控和加强的各项条款。

进入21世纪后中国人类居住地的建设有了更大的发展，中国对居住区的环境规划设计越来越重视，国家相应出台了很多居住区建设方面的政策和指导性文件，如《国家康居工程建设要点》、《小康型城乡住宅科技产业工程城市示范小区规划设计导则》（2000）、《绿色生态住宅小区建设要点与技术导则》（2001）等，这些措施的推出标志着中国居住区环境规划已经跨上新的台阶，正向生态社区环境规划方向发展。

（资料来源：高吉喜，等. 城市社区可持续发展模——"生态社区"探讨[J]. 中国发展，2007（4）. 节选，有删改）

知识与技能检测

一、名词解释

1. 媒体关系。
2. 政府关系。
3. 社区关系。

二、思考题

1. 企业消费者关系的目标层次有哪些?
2. 企业处理消费者关系的方法和技巧是什么?
3. 企业处理媒体关系的"4度法则"包括哪些内容?
4. 企业建立良好政府关系的原则有哪些?
5. 建立企业良好政府关系的方法有哪些?
6. 如何处理企业与社区的关系?

三、实训题

1. 项目:处理外部公共关系训练。
2. 目的:掌握外部公共关系处理的基本方法。
3. 内容:假设你是一所学校的校长,现在学校发生了一起传染性疾病事件。请你进行公关策划,解决这一起传染性疾病事件。
4. 组织:把全班同学分成4组并选出组长,分组讨论确定公共策划方案,下次上课时推选代表发言,教师作出点评并考核。
5. 考核:公共策划方案及发言情况作为作业,教师分别给出成绩并计入学生平时成绩。

任务七

实施公共关系专题活动

SHISHI GONGGONG GUANXI ZHUANTI HUODONG

 引例

王老吉赞助凤凰传奇演唱会

  2013年4月30日晚,《我是传奇》演唱会在北京激情唱响,在凤凰传奇组合和赞助商王老吉的共同打造下,北京工人体育场变成了红色的梦幻海洋。全场四万名观众挥动着手中的王老吉红色荧光棒,跟随着凤凰传奇的歌声载歌载舞,现场热烈的气氛被誉为工体30年一遇。而伴随着演唱会的成功,王老吉的这次娱乐营销也终于达到了成功的顶峰。

  王老吉的成功首先体现在演唱会的现场,四万只带有王老吉Logo的红色荧光棒,烘托出令人全场的震撼红色气氛,更令王老吉的品牌印象深入;同时凤凰传奇的《吉祥如意》《开门大吉》等歌曲主打一个"吉"字,正是王老吉"吉"文化的正面唱响;而现场宣布的王老吉投资3亿在雅安建厂帮助灾区重建的消息,配合凤凰传奇对雅安的祝福歌声,更是进一步提升了王老吉的品牌形象。

  而赞助此次演唱会对王老吉带来的宣传效应还远远不止于场内。凤凰传奇已是国内最有影响的流行音乐组合之一,影响力正在顶峰,工人体育场更是检阅歌手号召力和影响力的平台,在凤凰传奇之前的十几年间,内地歌手中只有汪峰和零点乐队在其中举办过个唱,因此这次演唱会绝对是一次京城演艺市场史上的重磅演出。再加上 2013 年春晚献唱之后,凤凰传奇身价"过亿"的传闻进一步如火如荼,使得演唱会的关注度进一步上升。在各方面有利因素的烘托之下,《我是传奇》演唱会理所应当的成为了当时的娱乐新闻热点事件。

(资料来源:佚名. 王老吉赞助凤凰传奇演唱会,成就娱乐营销经典案例[OL].
中华财经网,2013. 节选,有删改)

王老吉虽然赞助的只是一场演唱会,但无形中收到了堪比凤凰传奇代言的良好效果,在演唱会现场、网络预热等各方面都良好的彰显了自身品牌,从而做到了演唱会搭台,"吉"文化唱戏。通过此案例可以看到,赞助活动所带来的不纯粹是付出,更多的是收益。该案例也告诉人们,作为企业要充分利用有利时机开展公共关系专题活动以获得更大的收益。

子任务一 举办一次新闻发布会

【知识目标】

- 了解新闻发布会的概念及特点
- 掌握新闻发布会的程序
- 理解举办新闻发布会的技巧

【技能目标】

- 能正确选择新闻发布会的标题
- 能运用新闻发布会的有关知识筹备并开展新闻发布会

【任务导入】

"达芬奇事件"是 2011 年家居行业备受关注的商业诚信事件,遭遇品牌责任和产品造假双重信任危机。倘若不是媒体的集中曝光,大部分家居企业也许根本不会去关注像"达芬奇"这类高端家居品牌,"达芬奇"的造假不仅伤害了高端消费阶层的利益,更是最大范围地波及普通消费者层面,此时的"达芬奇事件"俨然成为一起特定时期内极具代表性的挑战商业诚信的社会公共事件。假如你是达芬奇公司的公共关系部经理,请你就此事件举办一次新闻发布会。

【任务分析】

要成功地举办一次新闻发布会,需要掌握新闻发布会的含义及特点,熟悉新闻发布会的程序,运用新闻发布会举办的方法与技巧。

一、新闻发布会的含义

1. 新闻发布会的概念

新闻发布会又称记者招待会,是一个社会组织直接向媒体发布有关组织信息,解释组织的重大事件而举办的活动。新闻发布会通常是特定的社会组织或个人把有关媒体的记者邀请到一起，宣布有关消息或介绍情况，让记者就此提问，由专人回答问题的一种特殊会议形式。

2．新闻发布会的特点

（1）正规隆重：形式正规，档次较高，地点精心安排，邀请记者、媒体负责人、行业部门主管、各协作单位代表及政府官员。

（2）沟通活跃：双向互动，先发布新闻，后请记者提问回答。

（3）方式优越：新闻传播面广，报刊、电视、广播、网站集中发布（时间集中、人员集中、媒体集中），迅速扩散到公众。

3．新闻发布会的时机与主题

（1）恰当的时机：事件前一个月或两个月左右，如12月5日滑雪节开幕，那么10月中旬即可召开新闻发布会。突发事件应该在事件发生后立即召开新闻发布会。

（2）合适的主题：主题应集中、单一，不能同时发布几个不相关的信息。

二、新闻发布会的筹备

1．准备主题材料

（1）发言稿、新闻通稿（发给记者）。

（2）宣传材料。

（3）事先充分讨论记者提问提纲（答记者问的备忘录），统一认识、口径，由专门人员负责起草、打印，分发给记者。

2．确定主持人和发言人

（1）主持人一般由组织的宣传负责人担任。

（2）发言人一般由组织的主要负责人担任（级别高、有权威性）。

（3）发言人旁边可配设助理人员。

3．确定邀请记者的地域范围（全国、地方）、形式（文字、图片、录音）

日期定后，提前一周送请柬，会前一、二天电话落实。

4．选择合适的地点

5．做好预算

三、新闻发布会程序

时间通常为上午10点或下午3点，1～2小时，通常为1.5小时左右。

（1）迎宾签到。

（2）分发资料。

（3）会议过程。

（4）会后活动。

（5）效果评估。

（6）注意事项。

新闻发布会也是媒体所期待的。在全国性的媒体调查中发现，媒体获得新闻最重要的一个途径就是新闻发布会,几乎100%的媒体将其列为最常参加的媒体活动。由于新闻发布会上人物、事件都比较集中,时效性又很强,且参加发布会免去了预约采访对象、采访时间的一些困扰,所以通常情况下记者都不会放过这些机会。

四、新闻发布会的操作技巧

1. 新闻发布会的标题选择

新闻发布会一般针对企业意义重大、媒体感兴趣的事件举办。每个新闻发布会都会有一个名字,这个名字会打在关于新闻发布会的一切表现形式上,包括请柬、会议资料、会场布置、纪念品等。在选择新闻发布会的标题时,一般需要注意以下几点。

(1) 避免使用新闻发布会的字样。我国对新闻发布会是有严格申报、审批程序的,对企业而言,并没有必要如此烦琐,所以直接把发布会的名字定义为"××信息发布会"或"××媒体沟通会"即可。

(2) 最好在发布会的标题中说明发布会的主旨内容。如:"××企业2014新品信息发布会"。

(3) 通常情况下,需要打出会议举办的时间、地点和主办单位。这个可以在发布会主标题下以字体稍小的方式出现。

(4) 有时,可以为发布会选择一个具有象征意义的标题。这时,一般可以采取主题加副题的方式。副题说明发布会的内容,主题表现企业想要表达的主要含义。如:海阔天空——××电器收购××信息发布会。

2. 新闻发布会的时间选择

新闻发布的时间通常也是决定新闻何时播出或刊出的时间。

因为多数平面媒体刊出新闻的时间是在获得信息的第二天,因此要把发布会的时间尽可能安排在周一、二、三的下午为宜,会议时间保证在1小时左右,这样可以相对保证发布会的现场效果和会后刊出效果。

发布会应该尽量不选择在上午较早或晚上。部分主办者出于礼貌的考虑,有的希望可以与记者在发布会后共进午餐或晚餐,这并不可取。如果不是历时较长的邀请记者进行体验式的新闻发布会,一般不需要做类似的安排。

有一些以晚宴酒会形式举行的重大事件发布,也会邀请记者出席。但应把新闻发布的内容安排在最初的阶段,至少保证记者的采访工作可以比较早的结束,确保媒体次日发稿。

在时间选择上还要避开重要的政治事件和社会事件,媒体对这些事件的大篇幅报道任务,会冲淡企业新闻发布会的传播效果。

3. 新闻发布会的地点安排

场地可以选择户外(事件发生的现场,便于摄影记者拍照),也可以选择在室内。根据发布会规模的大小,室内发布会可以直接安排在企业的办公场所或者选择酒店。酒店有不同的星级,从企业形象的角度来说,重要的发布会宜选择五星级或四星级酒店。为了体现权威性,可在人民大会堂等权威场所举行(由于审核程序烦琐,企业可委托专业策划公司全程策划筹办)。

酒店有不同的风格、不同的定位，选择酒店要注意其风格与发布会的内容相统一。还要考虑地点的交通便利与易于寻找。包括离主要媒体、重要人物的远近，交通是否便利，停车是否方便。

发布方在寻找新闻发布会的场所时，还必须考虑以下的问题。

（1）会议厅容纳人数，主席台的大小，投影设备、电源、布景、胸部麦克风、远程麦克风，相关服务如何，住宿、酒品、食物、饮料的提供，价钱是否合理，有没有空间的浪费等。

（2）背景布置。主题背景板，内容含主题、会议日期，有的会写上召开城市，颜色、字体注意美观大方，颜色可以按企业的 VI 为基准。酒店是否会代为安排。

（3）酒店外围布置，如酒店外横幅、竖幅、飘空气球、拱形门等。酒店是否允许布置。当地市容主管部门是否有规定限制等。

4．新闻发布会的席位摆放

摆放方式：发布会一般是主席台加下面的课桌式摆放。注意确定主席台人员。需摆放席卡，以方便记者记录发言人姓名。摆放原则是"职位高者靠前靠中"。

现在很多会议采用主席台只有主持人位和发言席，贵宾坐于下面的第一排的方式。一些非正式、讨论性质的会议是圆桌摆放式。

摆放"回"字形会议桌的发布会现在也出现的较多，发言人坐在中间，两侧及对面拜访新闻记者坐席，这样便于沟通。同时也有利于摄影记者拍照。

注意席位的预留，一般在后面会准备一些无桌子的坐席。

5．新闻发布会其他道具安排

最主要的道具是麦克风和音响设备。一些需要做电脑展示的内容还包括投影仪、笔记本式计算机、连线、上网连接设备、投影幕布等，相关设备在发布会前要反复调试，保证不出故障。

新闻发布会现场的背景布置和外围布置需要提前安排。一般在大堂、电梯口、转弯处有导引指示欢迎牌，酒店一般都有这项服务。事先可请好礼仪小姐迎宾。如果是在企业内部安排发布会，也要酌情安排人员做记者引导工作。

新闻发布会背景板主要衬托出会议主题，所以在设计及选材上一定要慎重考虑，近年来，新闻发布会主要采用高清晰写真布，这种材料因为无异味，不反光和高清晰的特点，所以对新闻发布会的现场气氛营造和媒体摄像都大有好处。

6．新闻发布会的资料准备

提供给媒体的资料，一般以广告手提袋或文件袋的形式，整理妥当，按顺序摆放，再在新闻发布会前发放给新闻媒体，顺序依次应为如下。

（1）会议议程。

（2）新闻通稿。

（3）演讲发言稿。

（4）发言人的背景资料介绍（应包括头衔、主要经历、取得成就等）。

（5）企业宣传册。

（6）产品说明资料（如果是关于新产品的新闻发布的话）。

（7）有关图片。

（8）纪念品（或纪念品领用券）。
（9）企业新闻负责人名片（新闻发布后进一步采访、新闻发表后寄达联络）。
（10）空白信笺、笔（方便记者记录）。

7. 新闻发布会发言人的确定

新闻发布会也是公司要员同媒体接触的一次很好的机会，值得珍惜。代表公司形象的新闻发言人对公众认知会产生重大影响。如其表现不佳，企业形象无疑也会大打折扣。

新闻发言人的条件一般应有以下的几方面。

（1）企业的"头面人物"之一——新闻发言人应该在企业身居要职，有权代表企业讲话。
（2）良好的外形和表达能力。发言人的知识面要丰富，要有清晰明确的语言表达能力、倾听的能力及反应力，外表包括身体语言整洁、大方得体。
（3）执行原定计划并加以灵活调整的能力。
（4）有现场调控能力，可以充分控制和调动发布会现场的气氛。

8. 发言人回答记者问的准备

在新闻发布会上，通常在发言人进行发言以后，有一个回答记者提问的环节。可以通过双方的沟通，增强记者对整个新闻事件的理解以及对背景资料的掌握。有准备、亲和力强的领导人接受媒体专访，可使发布会所发布的新闻素材得到进一步的升华。

在答记者问时，一般由一位主答人负责回答，必要时，如涉及专业性强的问题，由他人辅助。

发布会前主办方要准备记者答问备忘提纲，并在事先取得一致意见，尤其是主答和辅助答问者要取得共识。

在发布会的过程中，对于记者的提问应该认真作答，对于无关或过长的提问则可以委婉、礼貌地制止，对于涉及企业秘密的问题，有的可以直接、礼貌地告诉它是企业机密，一般来说，记者也可以理解，有的则可以委婉作答。不宜采取"无可奉告"的方式。对于复杂而需要大量的解释的问题，可以先简单答出要点，邀请其在会后探讨。

有些企业喜欢事先安排好媒体提问的问题，以防止媒体问到尖锐、敏感的问题。

9. 新闻发布会对记者的邀请

媒体邀请的技巧很重要，既要吸引记者参加，又不能过多透露将要发布的新闻。在媒体邀请的密度上，既不能过多，也不能过少。一般企业应该邀请与自己联系比较紧密的商业领域记者参加，必要时如事件现场气氛热烈，应关照平面媒体记者与摄影记者一起前往。

邀请的时间一般以提前3～5天为宜，发布会前一天可做适当的提醒。联系比较多的媒体记者可以采取电话直接邀请的方式。相对不是很熟悉的媒体或发布内容比较严肃、庄重时可以采取书面邀请函的方式。

适当地制造悬念可以吸引记者对发布会新闻的兴趣，一种可选的方式是开会前不透露新闻，给记者一个惊喜。"我要在第一时间把这消息报道出来"的想法促使很多媒体都在赶写新闻。如果事先就透露出去，用记者的话说就是"新闻资源已被破坏"，看到别的报纸已经报道出来了，写新闻的热情会大大减弱，甚至不想再发布。无论一个企业与某些媒体的记者多么熟悉，在新闻发布会之前，重大的新闻内容都不可以透漏出去。

在记者邀请的过程中必须注意，一定要邀请新闻记者，而不能邀请媒体的广告业务部门人员。有时，媒体广告人员希望借助发布会的时机进行业务联系，并作出也可帮助发稿的承诺，此时也必须进行回绝。

五、新闻发布会的几个误区

误区之一：没有新闻的新闻发布会。有些企业似乎有开发布会的嗜好，很多时候，企业并没有重大的新闻，但为了保持一定的影响力，证明自己的存在，也要时不时地开个发布会。造成的后果是，企业虽然花了不小的精力，但几乎没有收成。新闻性的缺乏使得组织者往往在发布会的形式上挖空心思、绞尽脑汁，热闹倒是热闹了，效果却未见得理想。如果过于喧宾夺主，参会者记住了热闹的形式，却忘记了组织者想要表达的内容。

误区之二：新闻发布的主题不清。从企业的立场出发，主办者恨不得把它的所有的光荣史都介绍一遍，告诉人家什么时候得了金奖，什么时候得到了认证，什么时候得了第一，什么时候捐资助学。但是偏离了主题的东西在媒体眼中，形同垃圾。

又有的企业在传播过程中，生怕暴露商业机密，凡涉及具体数据时总是含含糊糊，一谈到敏感话题就"环顾左右而言他"，不是无可奉告就是正在调查。这样一来，媒体想知道的，企业没办法提供；媒体不想知道的，企业又不厌其烦。

🌐 知识链接

"i株洲"手机APP新闻发布会发言稿

各位领导，各位来宾，新闻界的各位朋友：

下午好！首先欢迎大家参加株洲首款、城市生活应用APP——"i株洲"的新闻发布会。今天很高兴和大家一起分享这个振奋人心的消息，《株洲日报》社经过一年多的精心筹备和研发，成功推出了株洲人自己的城市生活应用——"i株洲"手机APP，下面我把相关情况向大家进行简单介绍。

一、"i株洲"发布的目的及意义

今年2月19日，省人民政府下发《关于鼓励移动互联网产业发展的意见》，意见明确表示，到2017年，湖南将建成国内领先的移动互联网产业集群，并把湖南打造成移动互联网产业的政策洼地和产业高地。

2月25日，2014年湖南移动互联网产业发展研讨会在长沙召开。湖南省副省长黄兰香表示，"让移动互联网产业成为湖南省新的经济增长点，促进湖南经济结构转型"。

3月26日，国家发改委下发通知，我市有幸成为全国第二批创建国家电子商务示范城市。

为了实现我市建设"智慧株洲"的城市理念，打造株洲升级版，作为市委、市政府的喉舌和城市主流媒体，《株洲日报》社旗下首款移动互联产品"i株洲"应运而生。"i株洲"依托报社强大的新闻媒体资源，整合城市经济、文化、生活、生态环境等公共资源，将探索最适合株洲人自己的信息接收方式，致力于把株洲升级成为一座更加宜居、更加便捷的"智慧城市"。

二、i株洲软件介绍

"i株洲"是株洲市第一个为市民免费提供各类城市生活资讯和便民服务的手机APP软件。它集新闻资讯、社交娱乐、生活服务于一体，在目前发布的1.0版本中，"i株洲"为市民推出了"新闻、活动、爆料、图片"等功能应用和海量的订阅频道，另有近十类贴近生活、服务百姓的精彩应用正在开发中。

三、i株洲发展前景及规划介绍

为了更好的服务株洲人，"i株洲"下一步将倾力打造我市民生云平台，以便更好地为市民提供及时、便捷、全面的智慧服务。在线上做好用户体验，为用户提供各类有帮助、高价值的服务，在线下基于用户实际需求，为用户提供更多"看得见、摸得着"的服务信息。例如水电气缴费、自行车租赁查询、公交实时查询、电商等生活服务，成为一个强大的"无线城市"公共服务平台。让我们共同期待。

最后，再次感谢大家莅临株洲市首款城市生活应用手机APP——"i 株洲"的新闻发布会，祝大家身体健康，万事如意，谢谢！

（资料来源：赵先辉."i 株洲"手机 APP 新闻发布会发言稿[OL]．株洲政府门户网站，2014．有删改）

子任务二 举办一次展览会

【知识目标】

- 了解展览会的概念及类型
- 掌握展览会的操作规范
- 理解展览会展览期间的注意事项

【技能目标】

- 能运用展览会的有关知识组织策划展览会

【任务导入】

由中国农业产业经济发展协会、中国营养产业国际交流协会等协会主办，广东省对外贸易经济合作厅、广州市对外贸易经济合作局及政府相关部门支持的"2014 第 14 届广州国际食品展览会暨广州进口食品展览会"定于 2014 年 5 月 27 日—29 日在广州锦汉展览中心举行。请你模拟组织该次展览会。

【任务分析】

展览会是通过现场展览和示范来传递信息，推荐形象的一种常规性公共关系活动，分为展览、庙会以及集会等，已经发展为会展业，当前正在快速发展着。展示不是做产品特性的说明，而是要激起客户决定购买的欲望。展览会以"边展边销、以展促销"为主要表现形式，是一种典型的营销公关活动。要较成功地组织一次展览会，必须对展览会的含义、类型以及展览会的操作技巧有充分的了解。

一、展览会的概念

1. 展览会的名称及含义

在汉语里，展览会名称有博览会、展览会、展览、展销会、博览展销会、看样订货会、展览交流会、交易会、贸易洽谈会、展示会、展评会、样品陈列、庙会、集市、墟、场等。另外，还有一些展览会使用非专业名词。比如：日（澳大利亚全国农业日，Australian National Field Days）、周（柏林国际绿色周，Berlin International Green Week）、市场（亚特兰大国际地毯市场，International Carpet and Rug Market）、中心（汉诺威办公室、信息、电信世界中心，World Center for Office-Information-Telecommunication）等。

展览会名称虽然繁多，其基本词是有限的，比如英文里的 fair, exhibition, exposition, show, 汉语里的集市、庙会、展览会、博览会。其他名称都是这些基本词派生出来的，下面说明一下展览会基本词的含义。

1）集市

在固定的地点，定期或临时集中做买卖的市场。集市是由农民（包括渔民、牧民等）以及其他小生产者为交换产品而自然形成的市场。集市有多种称法，比如集、墟、场等。在我国古代，常被称作草市。在我国北方，一般称作集；在两广、福建等地称作墟；在川、黔等地称作场；在江西称作圩。还有其他一些地方称谓，一般统称为集市。集市可以认为是展览会的传统形式。在我国，集市在周朝就有记载。目前，在我国农村，集市仍然普遍存在，集市是农村商品交换的主要方式之一，在农村经济生活中起着重要的作用。在集市上买卖的主要商品是农副产品、土特产品、日用品等。

2）庙会

在寺庙或祭祀场所内或附近做买卖的场所，所以称作庙会。常常在祭祀日或规定的时间举办。庙会也是传统的展览形式。因为村落不大可能有较大规模的寺庙，所以庙会主要出现在城镇。在我国，庙会在唐代已很流行。庙会的内容比集市要丰富，除商品交流外，还有宗教、文化、娱乐活动。庙会也称作庙市、香会。广义的庙会还包括灯会、灯市、花会等。目前，庙会在我国仍然普遍存在，是城镇物资交流、文化娱乐的场所，也是促进地方旅游及经济发展的一种方式。

3）展览会

从字面上理解，展览会也就是陈列、观看的聚会这只表示了形式，而未体现内容。展览会是在集市、庙会形式上发展起来的层次更高的展览形式。在内容上，展览会不再局限于集市的贸易或庙会的贸易和娱乐，而扩大到科学技术、文化艺术等人类活动的各个领域。在形式上，展览会具有正规的展览场地、现代的管理组织等特点。在现代展览业中，展览会是使用最多、含义最广的展览名称，从广义上讲，它可以包括所有形式的展览会；从狭义上讲，展览会指贸易和宣传性质的展览，包括交易会、贸易洽谈会、展销会、看样订货会、成就展览等。展览会的内容一般限一个或几个相邻的行业，主要目的是宣传、进出口、批发等。

4）博览会

中文的博览会指规模庞大、内容广泛、展出者和参观者众多的展览会。一般认为博览会是高档次的，对社会、文化以及经济的发展能产生影响并起促进作用的展览会。但是在实际生活中，"博览会"有被滥用的现象。不时可以在街上看到由商店举办的"××博览会"。展览会和博览会在汉语中是的名词，《辞源》和一些古汉语词典中无记载。

外文展览会基本词的含义与中文的不大相同，下面做一些简单的说明。

5）Fair

在英文中，fair 是传统形式的展览会，也就是集市与庙会。fair 的特点是"泛"，有商人也有消费者，有农产品也有工业品。集市和庙会发展到近代，分支出了贸易性质的、专业的展览，被称作"exhibition"（展览会）。而继承了"泛"特点的，规模庞大的、内容繁杂的综合性质的展览仍被称为 fair。但是在传入中国时则被译成了"博览会"。因此，对待外国的"博览会"，要认真予以区别：是现代化的大型综合展览会，还是传统的乡村集市。

6）Exhibition

在英文中，exhibition 是在集市和庙会基础上发展起来的现代展览形式，也是被最广泛使用的展览名称，通常作为各种形式的展览会的总称。

7）Exposition

Exposition 起源于法国，是法文的展览会。在近代史上，法国政府第一个举办了以展示、宣传国家工业实力的展览会，由于这种展览会不做贸易，主要是为了宣传，因此，exposition 便有了"宣传性质的展览会"的含义。由于其他国家也纷纷举办宣传性质的展览会，并由于法语对世界一些地区的影响，以及世界两大展览会组织：国际博览会联盟和国际展览局的总部均在法国，因此，不仅在法语国家，而且在北美等英语地区，exposition 被广泛地使用。

8）Show

在英文中 show 的原意是展示，但是在美国、加拿大等国家，show 已替代 exhibition。在这些国家，贸易展览会大多称作 show，而宣传展览会被称作 exhibition。

2．展览会的概念

《辞海》中的定义是："用固定或巡回方式公开展出工农业产品、手工业制品、艺术作品、图书、图片，以及各种重要实物、标本、模型等，供群众参观、欣赏的一种临时性组织。"这一定义似乎并不准确，值得探讨。就贸易性质的展览会而言，有个美国商人下了这样的定义：在最短的时间内，在最小的空间里，用最少的成本做出最大的生意。但是这个所谓的定义更像是一个描述。《公共关系学简明教程（修订本）》（廖为建著，中山大学出版社 2006 年出版）的定义是：展览会是一种综合运用各种媒介的传播方式，通过现场展览和示范来传递信息，推荐形象，是一种常规性的公共关系活动。

简而言之，展览会就是在固定或一系列的地点、特定的日期和期限里，通过展示达到产品、服务、信息交流的社会形式。其中信息所包含的内容很多，比如宣传成就，宣传政策，普及科技知识、建立公司形象、了解市场发展趋势等。

二、展览会的分类

1．按展览性质来选择

展览会分为贸易和消费两种性质。贸易性质的展览会是为产业即制造业、商业等行业举办的展览。展览的主要目的是交流信息、洽谈贸易。消费性质的展览是为公众举办的展览，消费性质的展览基本上都展出消费品，目的是直接销售。

展览的性质由展览组织者决定，可以通过参观者的性质反映出来：对工商界开放的展览是贸易性质的展览，对公众开放的展览是消费性质的展览。

2．按展览内容来选择

展览分为综合展览和专业展览两类。综合展览包括全行业或数个行业的展览会，也被称作横向型展览会，如工业展、轻工业展。专业展览指展示某一行业甚至某一项产品的展览会，如钟表展。专业展览会的突出特征之一是常常同时举办讨论会、报告会，用以介绍新产品、新技术。

3．按展览规模来选择

展览会分为国际、国家、地区、地方展，以及单个公司的独家展。规模是指展出者和参观者的所代表的区域规模而不是展览场地规模。不同规模的展览有不同的特色和优势，应根据企业自身条件和需要来选择。

4. 按展览时间来选择

展览会划分标准比较多：定期和不定期两种。定期的有一年 4 次、一年 2 次、一年 1 次、两年 1 次等。不定期展会则是视需要和条件举办，分长期和短期。长期展可以是 3 个月、半年、甚至常设，短期展一般不超过一个月。在发达国家，专业贸易展览会一般是 3 天。

5. 按展览场地来选择

大部分展览会是在专用展览场馆举办的。展览场馆是按室内场馆和室外场馆划分。室内场馆多用于展示常规展品的展览会，比如纺织展、电子展。室外场馆多用于展示超大超重展品，比如航空展、矿山设备展。在几个地方轮流举办的展览会被称作巡回展。

三、展览会的设计

1. 展览会流程

展览会的流程（图 7.1）包括前期策划、市场推广、招展、客户服务、布展、展出、展后几个方面。前期策划包括立项、相关资源的联系、相关合作单位的确认等；市场推广包括宣传推广和观众组织；招展就是实际的营销过程，也是展会的最大收入来源；客户服务包括和展商的互动，为他们提供一切有关参展事宜的服务；布展包括展品运输、展台搭建等，展位一般分为标准展位和特装展位，前者是承办单位来搭建，后者是参展商自己来搭建；展出期间包括展会现场的服务，如维持现场秩序，解决客户问题，接待专业观众等；展后主要是要做展商和参观商的回访，整理好数据库，然后撰写出总结报告，提供给参展商，另外，也要在媒体上刊出会后报道。

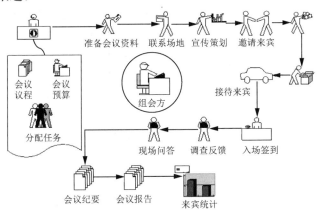

图 7.1 展览会流程图

2. 展览会设计基本步骤

展览会设计应当重视"形式服务于精神"，更应当重视"形式服务于功能"。设计是创造，也是管理，需要有艺术家的灵感，也需要有实业家的务实。设计管理应当是一个深思熟虑、按部就班的过程。设计管理的基本步骤包括如下内容。

1）收集信息

设计工作的效率和效果与掌握的信息量有关，设计人员在动手设计之前，应当掌握全部有关信息，包括有关情况和要求。因此，要尽可能早、尽可能多地收集有关信息。项目经理在交代设计要求时可能已提供了大部分情况和要求，如果不完备、不充分，设计人员还应当自己收集所需要的其他材料，所需材料主要有3方面。

（1）有关展览会的资料包括展览会性质、规模、日期、参观者情况、参展企业数量、其他参展企业的展台情况，场地、设施（包括支柱、大门、地面、供水、供气、供暖、空调、电压、消防设施、照明、通风等），技术数据，图纸，规章制度，以及标准展架或者定制展架、展具等供应和限制，等等。

（2）有关参展企业的资料包括经营规模和内容，市场活动和位置，展出面积，展区位置，展台人员数量，展出目标，展出内容，展出活动，展出重点，形象要求，展台区域分配要求，道具要求，装修要求，设施要求，设备要求，图表，照片，标志，色彩，预期的观众量，服务要求，设计日程安排，设计预算安排等。

（3）有关产品或展品的资料。包括性质、内容、种类、数量、形状、重量、尺寸、外观、特征、特点、重要性及有无操作演示，有无技术要求等。设计人员必须事先了解展品，若有挑选工作，最好让设计师参与。不能等到开幕前，让设计师在毫无准备的情况下摆出"艺术效果"来；如果设计人员不能见到展品，至少应见到照片，知道尺寸。项目经理在向设计人员提出设计要求之前，应当征询宣传、运输和其他方面的负责人的意见，以便不遗漏任何要求。无论使用什么样的设计人员，都要认真、充分地予以工作交代。

2）掌握要求

（1）展区要求：掌握展区的基本情况，如展出面积、位置、以前的展场设计、展台工作的情况，工作人员数，预算参观者人数及流向，展台号（附展场平面图）等。

（2）区域要求：了解展区的问讯、展示、接待、办公、休息、储存、餐饮等区域分配。

（3）展台要求：展台面积，展台数、展台开放面、展架规格等。

（4）设备要求：电、水、气的要求，声响设备、通信设备、招待设备、贸易洽谈设备，招待品，办公或会议桌椅、文件柜、电话、电脑等设备；展品展示、演示、操作、品尝、赠送等安排要求。展品不同布置方法也不同，如果是需要由设计人员安排布置的展品，要尽量详细地提供有关展品性质、种类、作用、特性、技术数据、外观尺寸、数量、色彩等情况，最好提供照片或包装纸以及要求说明。通过参展企业的标志、色彩、文体、风格、个性等表现出来的形象、感觉图文要求：只提出一般要求，由设计人员在制定设计标准之后具体安排。

3）了解规定和限制

展览会或当地政府对展台材料的规定、限制，对宽、高、重、尺寸、通道、紧急出口、防火、安全等方面的规定和限制，展览会指定施工公司、道具公司、花草公司等单位的名称和地址。

4）理解展览目的，进行创造性的构思

参展企业必须将展览目的向设计人员解释清楚，向设计师提供有关数据。设计人员必须能够回答下列问题：为什么展出？在何地展出？在何时展出？展出什么？希望吸引什么样的参观者？希望给观众留下什么样的印象？希望获得什么样的效果？在领会消化参展企业的要求和想法以及熟悉了解市场环境和条件的基础上再进行构思、设想。

5）决定主题和整体形象

主题应当反映展出目的。在此基础上设计具体形象。参展企业应当向设计人员说明所希望表达的主题和所希望树立的形象。但是在实际工作中，大部分参展企业自己都可能未思考清楚。因此，设计人员需要了解弄清参展企业的内在意图。

6）安排展出场地

如果设计人员能够事先了解展出目的、展出性质、展品内容和数量、展台区域要求、展出面积、形状，会对提高设计工作的效率和效果有很大帮助。但是，在此之前展位往往可能已租定。因此，设计人员往往在已租定的场地上设计。有关场地的考虑因素包括：展地的位置和形状，展品展示要求，展地区域分布要求（包括谈判、休息、储存、演示、询问区等），展台工作人员数量，以及希望的观众流量和流向等。

7) 进行设计

在理解参展企业的目标和确定展场条件后就可进行具体设计。设计时要合理地分配功能区域，配备合适的展架、展具，用恰当的照明、色彩，配合适当的声像设备、图文等。设计概念要简明，手法要简洁。设计要能表现参展企业的特征、树立参展企业的形象。要有吸引目标观众的焦点。当观众无意地看第一眼时，会产生感觉，有意地看第二眼，并产生兴趣走近看、走进展台。要能提供良好的展台环境：观众能方便地观看展示，同时使他们想提问题。展台人员能方便地接待观众，与客户洽谈贸易。

8) 安排道具及其他设计因素

其中有展台因素，包括展架展具、照明、色彩、图文、照片、音像设备、装饰等；展品因素，包括展品特性、外观等，以便用最适当的方式展示展品。如照明选择在很大程度上受展品的色彩、质地影响。设计人员应在上述信息的基础上选择、协调使用这些因素。

知识链接

国内企业出国参加国外展览会须知事项

随着对外经济贸易交往的逐步扩大，国外形形式式的展览会吸引了众多欲将产品拓展到海外去的企业。作为国际商贸活动的一种重要形式，出国参展不但为国内企业扩大商务接触面，开阔视野，而且是国内企业寻求最佳供货厂商与合作对象的最佳机会。

1. 到哪些国家去参展

目前，我国企业出国展览已成为热点，如法兰福春秋季消费品博览会、科隆五金工具展览会、米兰马契夫展览会、芝加哥五金展览会、迪拜春秋季国际博览会，等等，取得的贸易效果显著。去年，我国企业到海外参加国际展览会的国家有 60 多个，其中德国以 73 个参展项目而成为我国企业参展的首选。欧洲、北美、日本是我国出国参展的传统市场，目前也正在开拓亚洲、非洲、拉美，东欧和独联体市场。

2. 出国参加展览会的步骤

由于涉及展品出口、兑换外汇等问题，一般来说，企业要出国参加展览会必须由经国家批准的有出展权的主办单位来组织。目前，全国有 200 家这样的主办单位，包括贸促会系统（地方分会与行业分会）、各地经贸委、大型外贸工贸总公司、大型商会等。一般企业可通过这些主办单位的全年组展计划，了解可出国参加展览会概况，并要向这些单位交纳一定费用。

3. 参加出国展览要注意些什么

（1）企业选择展览会应和自身的营销、出口目标结合起来。一般来说，参加专业性的大型有影响的展览会要比综合性的博览会效果好些。

（2）由于现代专业展览业细分化程度越来越高，企业参加时，展品应注意和展览会的主题相一致。

（3）参展人员应为懂外语业务人员，以利于谈判。

（4）应将样品、货单及宣传材料准备齐全，如有条件，应在参展前对目标客户发出邀请来参观自己的展位，以取得更好的展示与贸易效果。那样会显得粗俗、邋遢和漠不关心，而且你吃东西时潜在顾客不会打扰你。

（资料来源：对外贸易服务中心. 国内企业出国参加国外展览会须知事项[OL].
中华人民共和国商务部网站，2007. 有删改）

子任务三 举办一次庆典活动

【知识目标】

- 了解庆典活动的概念与主要类型
- 掌握庆典活动的组织程序
- 理解组织庆典活动时应注意的问题

【技能目标】

- 能运用庆典活动的有关知识组织一次庆典活动

【任务导入】

某校成立于2002年，2012年该校将组织10周年的校庆活动。请你策划此次活动，并承担庆典活动的组织实施工作。

【任务分析】

庆典是社会组织为了引起公众的关注，扩大自身的知名度，最终获得更大的经济效益和社会效益，围绕重要节日或自身值得纪念的重大时间而举行的庆祝活动。要使庆典活动达到预期效果，需对庆典活动的概念、类型及组织程序等有充分的了解。

一、庆典活动的含义及作用

1. 庆典活动的含义

庆典活动是组织利用自身或社会环境中的有关重大事件，纪念日，节日等所举办的各种仪式、庆祝会和纪念活动的总称，包括节庆活动、纪念活动、典礼仪式和其他活动。通过庆典活动，可以渲染气氛，强化组织的影响力；也可以广交朋友，广结良缘；成功的庆典活动还可能具有较高的新闻价值，从而进一步提高组织的知名度和美誉度。

2. 庆典活动的作用

庆典活动可引起引力效应、实力效应和合力效应三大效应。
（1）引力效应：组织通过庆典活动吸引公众的注意力。
（2）实力效应：通过举办大型庆典，显示组织强大的实力，以增加公众对组织的信任感。
（3）合力效应：开展大型庆典，能增强组织内部职工、股东的向心力和凝聚力，提高公众对组织的信任感。

二、庆典活动的主要类型

1. 节庆活动

节庆是利用盛大节日或共同的喜事而举行的表示快乐或纪念的庆祝活动。不同国家甚至同一国家不同地区，都有自己独特的节日。节日又有官方节日和民间传统节日之分。常见的官方节日有元旦、妇女节、消费者权益保护日、国际劳动节、儿童节、国庆节、圣诞节、感恩节、复活节等，民间传统节日有春节、元宵节、清明节、端午节、中秋节等。还有些地方根据自身文化传统、风俗习惯、土特产等，组织举办一些具有地方特色的节庆活动，如北京地坛庙会、湖南汨罗的龙舟节、山东潍坊风筝节、青岛的啤酒节等。

节庆日是公共关系部门特别是酒店、宾馆等接待服务单位开展公共关系活动的绝好时机。所以，每年6月1日前后，大小商店都会在儿童商品上绞尽脑汁；中秋节前，则会爆发一轮又一轮的"月饼大战"；"十·一"长假前夕，旅游胜地和饭店就会大张旗鼓地宣传和推介其优质的特色服务。

2. 纪念活动

纪念活动是利用社会上或本行业、本组织的具有纪念意义的日期而开展的公关活动。可供组织举办纪念活动的日期和时间有很多，如历史上的重要事件发生纪念日、本行业重大事件纪念日、社会名流和著名人士的诞辰或逝世纪念日；而本组织的周年纪念日、逢五逢十的纪念日及重大成就的纪念日，更是举办纪念活动的极好时机。通过举办这样的活动，可以传播组织的经营理念、经营哲学和价值观念，使社会公众了解、熟悉进而支持本组织。因此，举办纪念活动实际上又是在进行一次极好的公关活动。

3. 典礼仪式

典礼仪式包括各种典礼和仪式活动，如开幕典礼、开业典礼、项目竣工典礼、毕业典礼、颁奖典礼、就职仪式、授勋仪式、签字仪式、捐赠仪式等。在实际工作中，典礼仪式的形式多样，并无统一模式。有的仪式非常简单，如某个企业办公楼的开工典礼，放一挂鞭炮，企业负责人喊一声"开工"，仪式便宣告结束；有的仪式非常隆重、庄严，甚至还有一套严格的程序和繁文缛节，如英国女王登基、国外皇室婚礼及葬礼等。

三、庆典活动的组织程序

1. 庆典策划

确定来宾及发放请柬。来宾组成包括政府官员、地方实力人物、知名人士、新闻记者、社区公众代表、客户代表或特殊人物等。总之，来宾要具有一定的代表性发放请柬要求：请柬提前7~10天发放。重要来宾请柬发放后，组织者当天应电话致意。一般在庆典开始前一天再电话联系。

2. 设计庆典活动程序

一般程序：主持人宣布庆典活动开始、介绍来宾、由组织的重要领导或来宾代表讲话、安排参观活动、安排座谈或宴会、邀请重要来宾留言或提字。

3. 落实致辞人和剪彩

致辞人和剪彩人分己方和客方。己方为组织最高负责人，客方为德高望重、社会地位较高的知名人士；选择致辞人和剪彩人应征得本人同意。

4．编写宣传材料和新闻通讯材料

列出庆典主题、背景、活动内容等相关材料，将材料装在特制的包装袋内发给来宾。对记者，还应在其材料中添加较详细的资料，以方便记者写作新闻稿件。

5．庆典活动的接待工作

设置接待室，对所有来宾都应热情接待，耐心服务；对重要来宾，要由组织领导亲自接待；他们的签到、留言、食、宿均应由专人负责。

四、庆典活动注意事项

庆典活动既是社会组织面向社会和公众展现自身的机会，也是对自身的领导和组织能力、社交水平以及文化素养的检验。因此，举办庆典活动时，公共关系人员应做到准备充分，接待热情，头脑冷静，指挥有序。一般说来，庆典活动应注意以下事项。

（1）确定庆典活动主题，精心策划安排，并进行适当的宣传。

（2）拟定出席庆典仪式的宾客名单，一般包括政府要员、社区负责人代表、同行代表、员工代表、公众代表、知名人士、社团。

（3）拟定庆典程序，一般为：签到、宣布庆典开始，宣布来宾名单、致贺词、致答词、剪彩等。

（4）事先确定致贺词、答词的人员名单，并拟好贺词、答词，贺词、答词都应言简意赅。

（5）确定关键仪式人员，如剪彩、揭牌、托牌等；除本单位领导外，还应邀请德高望重的知名人士。

（6）安排各项接待事宜，事先确定签到、接待、剪彩、摄影、录像、扩音等有关服务礼仪人员。

（7）可在庆典活动中安排节目，如舞龙等；还可邀请来宾题词，以作为纪念。

（8）庆典结束后，可组织来宾参观本组织的设施、陈列等，增加宣传的机会。

（9）通过座谈、留言形式，广泛征求意见，并综合整理、总结经验。

上面讲的是举办庆典活动所要注意的一般事项。实际上，庆典活动中还有一些细节问题需要注意，下面仅举两例加以说明。

1．国旗悬挂

国旗是一国的标志和象征，人们往往通过悬挂国旗表达对本国的热爱和对他国的尊重。在国际交往中的悬旗惯例，已为各国公认，成为一种重要的礼宾仪式。接待国宾时，通常要在国宾下榻的住所和交通工具上悬挂该国国旗；两国国旗并挂，以旗本身面向为准，右挂客方旗，左挂本国旗；车上挂旗，则以车辆行驶方向为准，司机左方为主方，右方为客方。在国际会议会场也要悬挂与会各国国旗。悬挂国旗的一般规定是日出升旗，日落降旗；悬挂双方国旗，左为下，右为上；升旗时，服装整洁，立正，脱帽，行注目礼。

2．签字仪式

签字是一种常见仪式，作为组织中负责对外交往和礼宾的公关人员，应当熟悉签字仪式的程序。签字时，双方签字人的身份应大体相同。安排签字及签字仪式是一项细致的工作。

第一，要做好文本的定稿、翻译、校对、印刷、装订、盖火漆印等工作；第二，准备好签字用的文具、国旗等物品；第三，与对方商定签字人员及参加签字仪式的人员，原则上是双方参加会谈的人员出席，或者是为表示重视，安排较高级别的领导人出席签字仪式。签字后，由双方签字人员互换文本，相互握手，有时还备有香槟酒，以示庆贺。

知识链接

庆典活动中的礼仪规范

庆典活动中需要注意礼仪规范。参加庆典时，不论是主办单位还是参加单位，均应注意自己的举止表现。庆典活动主办单位人员的礼仪规范尤为重要。在举行庆祝仪式之前，主办单位应对本单位的全体员工进行必要的礼仪教育。对于本单位出席庆典的人员，规定相关的注意事项，并要求大家务必严格遵守。庆典活动中严格注意的礼仪问题主要包括以下内容。

1. 整洁的仪容

所有出席庆典的人员，事先都要洗澡、理发。男士还应刮干净胡须，女士应化淡妆。规范的服饰。本单位出席者最好统一着装。有统一式样制服的单位，应要求以制服作为本单位人员的庆典着装；无制服的单位，应规定出席者必须穿着礼仪性服装，即男士穿深色的中山装套装，或穿深色西装套装，配白衬衫、蓝色领带、黑色系带皮鞋。女士应穿深色西装套裙，配长筒肉色丝袜、黑色高跟鞋，或者穿深色的套裤。

2. 遵守好时间

遵守时间，是基本的商务礼仪之一。对本单位出席庆典者而言，上到本单位的最高负责人，下到最普通的员工，都不能迟到、无故缺席或中途退场。如果庆典的起止时间已有规定，则应当准时开始、准时结束，以向社会证明本单位言而有信。

3. 适宜的表情

在举行庆典的整个过程中都要表情庄重、全神贯注、聚精会神。假若庆典之中安排了升国旗、奏国歌、唱"厂歌"的程序，一定要依礼行事：起立，脱帽，立正，面向国旗或主席台行注目礼，并且认认真真、表情庄严肃穆地和大家一起唱国歌、唱"厂歌"。

4. 友好的态度

这里所指的，主要是对来宾态度要友好。遇到了来宾，要主动热情地问好。对来宾提出的问题，都要立即给予友善的答复。当来宾在庆典上发表贺词，或是随后进行参观时，要主动鼓掌表示欢迎或感谢。

5. 行为要自律

在出席庆典时，主办方人员在行为举止方面应当注意的问题有：不要在庆典举行期间乱走、乱转；不要与周围人说悄悄话、开玩笑；不要有意无意地做出对庆典毫无兴趣的姿态；不要心不在焉，比如东张西望、一再看手表或是向别人打听时间等。

6. 简短的发言

倘若商务人员要在本单位的庆典中发言，务必谨记以下四个重要问题：一是上下场时要沉着冷静。走向讲台时，应不慌不忙。在开口讲话前，应平心静气。二是要讲究礼貌。在发言开始时，应说一句"大家好"或"各位好"。在提及感谢对象时，应目视对方。在表示感谢时，应郑重起身施礼。对于大家的鼓掌，应以自己的掌声来回礼。讲话结束，应当说一声"谢谢大家"。三是发言一定要在规定时间内结束，而且宁短勿长，不要随意发挥、信口开河。四是应当少做手势。含义不明的手势，在发言时尤其应当坚决不用。

子任务四　举办一次赞助活动

【知识目标】

- 了解赞助活动的含义及类型
- 掌握开展赞助活动的程序

【技能目标】

- 能运用赞助活动的相关知识开展赞助活动

【任务导入】

某公司为了提升企业形象，公司董事会决定对中央电视台"星光大道"栏目进行赞助。假设你是该公司的公关部经理，请你组织实施该次赞助活动。

【任务分析】

当代企业参与各类赞助活动的热情比以往任何时候都要高涨，因为商业赞助活动已成为企业对目标受众进行传播，推广产品，扩大企业知名度，塑造良好的品牌形象的重要手段。

一、赞助活动的含义

1．赞助活动的概念

赞助是指企业为了实现自己的目标（获得宣传效果或品牌增值）而向某些活动主办方提供资金支持的一种投资行为。这项投资需要为赞助者带来相应的商业回报。赞助可以采用资金，也可以采用物质资料，甚至是提供人力资源等多种形式。

赞助是赞助提供者的一种战略性的市场营销投资行为，这意味着活动主办方必须把赞助者当成是一种商业伙伴关系。大多数赞助商是投资人，他们希望借助活动对他们的品牌价值带来直接影响（强化品牌认知度和品牌形象），同时增加销售和利润。在公共领域的赞助者则希望看到社会传播的效果，比如让公众了解水源保护的好处及醉酒驾驶的危害等。

在国内活动的运营当中，很多人对赞助都有一种误解，认为赞助就是捐赠或拨款。特别是一些地方政府举办的节庆活动，因为政府财政投入的不足，要求招商局等部门去为活动寻求赞助，那么这种纯政府主导的赞助往往在活动执行过程中，赞助方往往看不到相应的宣传回报，或者是即便有一点点宣传的体现也是物不所值，这时候赞助商更主要的可能是碍于政府领导情面而提供实质性捐赠。

2．赞助活动的目的

提高企业的知名度，树立企业在社会公众心目中的美好形象，是企业生存和发展的重要条件。以此为目的的公共关系赞助活动，是实现这一条件的有效手段。赞助活动的目的主要有4个方面。

（1）出资赞助社会公益事业，为企业经济效益的提高创造社会大环境，故赞助以提高社会效益为重要目的。

（2）关心和支持社会公益事业，表明企业作为社会的一员，为社会作出了贡献，从而树立企业的美好形象，故赞助以承担企业的社会责任和尽义务为主要目的。

（3）以资证明企业的经济实力，赢得社会公众的信任，谋求社会公众的好感，故赞助以增进感情的融通为主要目的。

（4）以赞助活动为手段，扩大企业知名度，使之成为公共关系广告，增强企业商业广告的说服力和影响力，故赞助以扩大影响为主要目的。

3．赞助的主要对象

（1）体育事业。对体育事业的赞助可以带动人民提高对体育事业的关注度，可以最大限度地提高企业的知名度。

（2）文化事业。企业赞助社会文化事业，不仅可以陶冶公众的情操，提高民族文化素养，而且可以大大提高企业的美誉度，提高企业的社会效益。

（3）教育事业。赞助教育事业是百年大计，它体现了企业对社会的责任，也为企业提供了长期发展的后备力量。

（4）社会福利和慈善事业。为社会分忧解难，是企业的义务。赞助福利和慈善事业，是企业谋求与政府和社区最佳关系的手段。

4．赞助活动的分类

赞助通常分为现金赞助和实物赞助。企业往往更愿意进行实物赞助，因为实物赞助可以减少赞助企业的现金压力，同时降低产品的库存压力和成本，但对于活动主办方来讲，实物赞助的物品最好是活动举办所急缺的，可以用来降低举办的直接支出成本的物品。比如，联想集团赞助了北京奥运会期间所有所需电脑，就属于实物赞助。有些时候，实物赞助仅限于活动期间主办方对该物品的使用权，活动结束后举办方需要向赞助者交还物品，比如2009年3月在无锡举办的"第二届世界佛教论坛"的所有嘉宾接待车辆都是由一汽奥迪提供的，活动结束后主办方需归还所有车辆。2005年"超级女声"举办期间，武汉市的旋宫饭店提供了180间客房的免费使用权也是这样。常用的还有餐饮企业、饮料行业提供吃与喝服务，也都属于这种情况。

二、开展赞助活动的程序

1．调查研究、确定对象

企业的赞助活动可以自选对象，也可以按被赞助者的请求来确定。但无论赞助谁、赞助形式如何，都应作好深入细致的调查研究。特别需要指出的是，企业的赞助活动，必须是社会公众最乐于支持的事业和最需要支持的事业。另外，调查研究应该以经济效益和社会效益的同步增长为依据，重点分析投资成本与效益的比例，量力而行，保证企业与社会共同受益。

2．制订计划、落到实处

企业的赞助活动应是有计划的公共关系的一部分。在调查研究的基础上，赞助计划应具体详尽。

3. 完成计划、争取效益

在制订计划的基础上，企业应派出专门的公共关系人员，去实施赞助方案。在实施过程中，公共关系人员要充分利用有效的公共关系技巧，创造出企业内、外的"人和"气氛，尽可能扩大赞助活动的社会影响。

4. 评价效果、以利再战

对每一次公共关系活动的效果，都应该作出客观的评价。这样可使今后的活动搞得更好。

国外企业在提供赞助时，多遵循如下原则：赞助的对象是非营利性组织；被赞助的活动或团体，要有利于本企业的生存和发展；视企业的经营情况，量财政预算支付赞助费用的额度和范围。

三、赞助活动的注意事项

企业搞好赞助活动应注意以下事项。

第一，企业的赞助活动，应以企业和企业所面对的社会环境为出发点，制定出切实可行的公共关系政策、方针和策略，切忌盲目。

第二，企业应将公共关系政策公之于众，应保持与被赞助者和需要赞助的活动组织者之间的联系，用财政预算的应捐款项，及时帮助有助者。另外，企业应将赞助计划列入企业为其生存和发展创造环境的长期计划，分清所需赞助事业的轻重、缓急，逐步实施。

第三，企业的公共关系部，应随时把握社会赞助的供求状况，做到灵活掌握赞助款项。

第四，企业对赞助活动的科学管理，必使其善举"广"行，由此创造出的良好的社会效益，必然会得到社会的广泛支持。

🌐 知识链接

大学生拉赞助的方法与注意事项

一、拉赞助的方法与步骤

1. 做好策划

策划的目标要明确：说服对方，使之与你建立合作关系。如何说服？这是问题关键。整个说服过程应是建立在双方基础上的，即在分析双方利弊后提出一个使双方受益的合作方案。

明确对方需要什么，即对方希望通过合作产生宣传效益，进而带来经济效益；希望投入1块钱能给他带来10块甚至更多效益。

我方优势何在，如何发挥？这是对前一问题回答，是说服对方与你而非与其他人合作的依据。两者结合，分析双方合作的基础，提出为对方宣传效益起作用的合作方案，即策划书。

2. 交涉阶段

该阶段的工作重心是化解对方的疑惑，商讨合作细节，最终确定具体的合作模式。此时应该注意一些礼仪上的细节问题，比如①衣着整洁，并尽可能稳重些，给对方暗示：我是尊重你的；我是干练的，有经验的；②不迟到，向对方表明：我是守时的，我是守信的，跟我合作没错；③无不良习惯，如抠鼻子，挖耳朵，跷二郎腿，讲粗话问题务必十分注意，尤其是双方初次见面的时候。当然，这就要求我们平时就要培养良好的习惯。

3. 赞助前的准备

收集最近学校内外的活动信息，通过收集这些信息可以让你清楚什么公司有兴趣，什么公司没有兴趣。锁定公司后，先对该公司进行初步了解，寻求话题和合作点。出发前准备多一些资料，可以是学校同类型活动好的一面和学生组织一些历史经典资料。选择好你的拍挡，每次拉赞助最好 2~3 个人一组，男女搭配。分好工，谁做记录，谁解说，谁回答问题。选择好去的路线和明确公司地址（最好一次去多家），并且与公司负责人先用电话约好时间。外出拉赞助，除了拉赞助外，你的一行一动都代表着所在学生组织的形象。所以应注意言行及装束。拉赞助最大的财富不是能否拉到赞助，而是你可以接触一个公司，甚至一个公司的高层，了解他们的运作和思维，然后把它变成你的经验和财富。

二、注意事项

（1）不要在前台人员那里浪费太多时间，她没有决定权。

（2）当公司叫你传真过去的时候，不要理他，最好说送上门或直接见面会谈。因为传真的价格不是你可以承担的，而且大部分都没有结果。

（3）去一家公司，无论你如何失败，对方如何没有诚意和兴趣，你一定要拿到其中一个人的联系方法（卡片）。

（4）拉赞助的时候，除了介绍的话，其他的少说，让你的赞助商多说话，并认真仔细回答他的问题，并记录他的观点和看法。

 知识与技能检测

一、名词解释

1．新闻发布会。
2．展览会。

二、思考题

1．新闻发布会的筹备应做好哪些工作？
2．如何有效地组织新闻发布会？
3．展览会的类型可分为哪几种？
4．怎样有效地设计展览会？
5．庆典活动应注意哪些事项？
6．为什么社会组织要开展赞助活动？

三、实训题

1．项目：新闻发布会的组织与实施。
2．目的：掌握新闻发布会的会前准备、会中组织及会后的整理工作。
3．内容：某公司新开发出一种产品，公司要求召开新产品新闻发布会。
4．组织：

（1）把全班同学分成 2~3 组，指定一名组长。

（2）请各组分别制定新闻发布会的程序，并挑选主持人和发言人，撰写发言提纲。

（3）会场布置。

（4）一组在模拟时，其他各组成员扮演各新闻单位，并挑选记者进行提问。

（5）各组对本次活动进行总结，指导教师点评。

5．考核：主要考核新闻发布会的程序及注意事项。教师分别给出成绩并计入学生平时成绩。

任务八
处理公共关系危机
CHULI GONGGONG GUANXI WEIJI

 引例

2013年山西苯胺泄漏迟报事件

　　山西苯胺泄漏事件一度成为媒体大众关注的焦点，这是2013年最新的一个政府危机公关事件，但是由于事故初期没有及时采取相应的危机公关措施，致使后期效果不好，政府形象大打折扣。

　　2012年12月31日，山西省长治市潞城市山西天脊煤化工集团股份有限公司发生一起苯胺泄漏事故。经初步核查，当时泄漏总量约为38.7吨，发现泄漏后，有关方面同时关闭管道入口和出口，并关闭了企业排污口下游的一个干涸水库，截留了30吨的苯胺，另有8.7吨苯胺排入浊漳河。

　　2013年1月5日下午，山西省委宣传部称山西省政府接到此次泄漏报告，报告称泄漏苯胺可能随河水流出省外。山西省委、省政府高度重视，立即启动应急预案，成立了省级应急处置小组，启动了事故调查处置工作，要求长治市和有关部门尽快采取有效措施，封堵源头，清理污染物，加强对污染物的全面检测，防止有新的污染物向下游扩散，积极做好与兄弟省市的沟通、协助、预警工作，共同处理好这起泄漏事故。

　　1月6日，山西省长治市市长张保说，山西天脊煤化工集团股份有限公司苯胺泄漏以来，长治市政府和天脊煤化工集团迅速启动应急预案，在浊漳河河道中打了三个焦炭坝，对水质污染物进行活性炭吸附清理，设置了5个监测点，每两个小时上报一次监测数据，同时沿着河流深入河北境内80千米进行水质监测。

长治市通报称，泄漏在山西境内辐射流域约80千米，波及约2万人。泄漏事件导致河北邯郸因此发生停水和居民抢购瓶装水，河南安阳境内红旗渠等部分水体有苯胺、挥发酚等因子检出和超标。

民众质疑为何事发5天才通报事故，长治市有关负责人表示是按规定报告的，长治市新闻办主任称，"我们都是按照规定程序报的，并不是晚报5天。发生了污染以后，只要污染不出长治的边界好像就不用往省里报，自己处理就行，出边界了这才需要报，再详细的我也不是很清楚"。

山西省政府在处理这次处理苯胺泄漏事故的危机公关中，严重违背了速度第一原则。第一，在事故发生5天后，山西省长治市政府才将事故上报山西省政府，导致事故的影响更加严重和恶劣。第二，事故发生6天后，山西官方才首次明确回应泄漏事故。第三，事故发生50天后，山西省政府才召开新闻发布会通报事故处理结果。这一再拖延让危机愈演愈烈，山西省政府的官方形象也不断跌入低谷。在此次危机公关中，山西省政府在接到报告后，一方面紧急启动应急预案，成立省级应急处置小组，一方面对4名事故直接责任人做出撤职处理。符合系统运行原则。然而，最终的事故处理结果却在事故50天之后才姗姗来迟，导致前面系统运行的效果大打折扣。在整个事件的危机公关处理中，长治市政府和山西省政府并没有邀请权威第三方为自己证言，不符合权威证实原则。

（资料来源：http://www.prywt.com/545.html，有删改）

子任务一 拟定公共关系危机预防方案

【知识目标】

- 了解公共关系危机的概念、特点及类型
- 掌握公共关系危机事件预防的措施
- 了解公共关系危机预防方案的基本内容

【技能目标】

- 能根据公共关系危机预防方案开展危机预警工作

【任务导入】

某日，广州摩登购物中心的某名牌鞋柜前突然人声嘈杂，原来是顾客因质量问题与营业员发生争吵。新鞋10天之内修了2次，顾客要求退换，而当时的规定，无条件退换的期限是货物售出后7天以内，且不影响第2次销售。当天是周日，围观者越来越多。如果你是当班经理，你将如何面对此事？并给出预防措施。

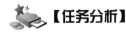

虽然社会组织不可避免地要遭遇公共关系危机，但是，仍然可以在危机到来之前，运用敏锐的眼光，提前发现可能会出现的危机苗头，采取一系列有效的手段，把危机制止在萌芽状态中，或是减轻危机带来的危害程度。能实现这样结果的前提是必须预防公共关系危机。

一、公共关系危机的含义和特点

1. 公共关系危机的含义

公共关系危机是指社会组织因组织内部或外部的某种非正常因素引发的、严重危害组织正常运作的、对组织形象造成重大损害的、具有比较大的公众影响的突发性事件。这些危机事件的突发会使组织的公共关系状态严重失常,如果不及时妥善地处理解决,会直接威胁到组织的生死存亡。如企业因产品质量给消费者造成伤害的就可能引发成为公共关系危机事件,2008年牛奶行业的三聚氰胺事件,就是典型的例子。

2. 公共关系危机的特点

1)突发性

突发性是公共关系危机事件最基本的特征。公共关系危机事件,通常是在组织没有准备的情况下突然发生的,往往使人措手不及,因而极易给组织成员和公众造成精神上的压力和心理上的恐慌,同时也常常会使组织蒙受重大损失。

案例

2009年11月24日,海口市工商局发布商品消费警示,称农夫山泉和统一品牌9种饮料、食品总砷或二氧化硫超标,不能食用。两大知名饮料企业陷入危机之中,事件引发媒体报道与消费者高度关注,"农夫山泉"、"统一"突然遭遇此次事件,尽管海口市工商局12月1日发布复检结果,称经权威部门复检,农夫山泉、统一企业几种抽检产品全部合格。海口市工商局以自我否定的方式,还原了事实真相,为两品牌涉案产品平反。虽然事件已得到平息,但却因此使农夫山泉蒙受了10亿元的巨额销售损失。

2)危害性

无论是哪种类型的公共关系危机,一旦发生,都有可能会导致组织的工作秩序发生混乱,严重地会导致财产损失,乃至人员伤亡,使组织的信誉一落千丈,导致组织在公众中产生信任危机,其结果很可能给社会造成混乱,使组织的形象受到很大的影响,甚至直接威胁到组织的生存。如2001年南京冠生园由于使用陈馅做月饼,被媒体曝光,几乎使全国的冠生园濒临倒闭,使该企业当年的月饼销量下降了40%多,最终于次年3月,南京冠生园宣告破产,被称为国内"失信破产第一案"。总之,危机事件造成的后果是非常严重的,必须引起高度重视。

3)关注性

无论是哪个组织,一旦发生公共关系危机,都会造成相当大的社会影响。因为现代社会大众传媒的传播速度是相当快的。不仅社会成员之间的信息传播非常迅速,而且危机事件一旦发生,各个媒体会马上给予高度关注,甚至全程跟踪报道,形成强大的社会舆论。在很短的时间内,危机事件就会成为社会舆论和新闻媒体密切关注的焦点和热点,成为媒介捕捉的最佳新闻素材和报道线索。有时会在一定的范围,有时则可能波及社会各个阶层甚至更为广泛的范围。2008年的"5·12"汶川大地震、2009年年底的疑似注射甲流疫苗导致死亡事件的报告,都是在非常短的时间内成为全世界各大媒体广泛报道的焦点。

4)潜伏性

潜伏性又称未知性。指公共关系危机包含许多未知因素,具有不可预测的特点,它往往潜伏着。因为有时某一因素可能会成为诱发危机事件的导火索,从而引发一次危机事件的发生；有时是几个因素的碰撞引发了危机事件的爆发；有时是组织内部因素引发的，有时可能是组织外部因素引发的。一般来说，汽车公司会有遇到交通事故的可能，但不可能预测什么时候会发生交通事故。一家企业可以想象会受到舆论的批评、顾客的指责，但却很难预料什么时候受到批评和指责，事情是否会越闹越大，会不会由此使企业陷入更加不利的境地。所以，重要的在于用积极的态度对待危机事件，当危机事件未发生时，积极做好危机的防范工作；当危机事件发生时，能尽快有效地处理好危机事件，把损失降到最低。

5）普遍性

危机的发生带有普遍性。任何组织，大到一个政府，小到一个企业，都有可能陷入公共关系危机。如1999年的美国"9·11"事件、2010年3月的韩国军舰爆炸沉船事件，以及世界上许多知名的跨国公司，诸如奔驰、可口可乐、三星等企业都在其发展的过程中遇到过不同性质和形式各异的公共关系危机。

6）复杂性

公共关系危机有比较显著的复杂性。一旦组织发生危机，无论是处理危机、控制危机，都需要对危机所涉及的方方面面进行协调，投入比平时更多的人力、物力、财力。

二、公共关系危机的类型

公共关系危机的种类繁多，要成功而有效地处理公共关系危机，就必须准确认识和判断公共关系危机的类型。按照不同的分类标准，可以将公共关系危机分成以下几种。

1．人为危机和非人为危机

根据危机产生的主客观原因，公共关系危机可分为人为危机和非人为危机。

（1）人为公共关系危机。主要是指由人的某种行为引起的公共关系危机。如生产工艺欠科学或原材料质量不佳，组织内部员工的行为损害公众利益（如2010年3月江苏常州曝疫苗造假大案就是组织自身在疫苗生产过程中掺入一种不易发觉的添加物，可以令出厂疫苗在一般检测时达标，但实际效用却大大降低而造成的），竞争对手或个别敌对公众的故意破坏（如河南财专的投毒事件，造成一百多学生中毒）等造成的危机，就属于此类，人为公关危机会造成人员伤亡或财产的重大损失。这类危机具有可预见性和可控性的特点。如果平时采取相应有效的措施，有些危机是可以避免或减轻损失的，在一定程度上也是可以控制的。

（2）非人为公共关系危机。主要是指不是由人的行为直接造成的某种危机。包括各种自然灾害，飞机失事及社会大动荡等。相比较人为公共关系危机，这类危机具有无法预见和不可控性的特点。通常造成的损失是有形的，容易得到社会各界和内部公众的同情、理解与支持。

2．一般性危机和重大危机

根据危机发生的程度，公共关系危机可划分为重大危机和一般危机。

（1）重大危机。主要是指组织所面临的事关全局，危机组织存亡的公共关系危机。如组织的重大工伤事故、重大生产失误、火灾造成的严重损失、突发性的商业危机、重大的劳资纠纷等。例如，强生集团生产的"泰诺"止痛药在芝加哥引发7人中毒死亡事件，安达信事务所信誉危机事件，巴林银行财务危机事件等都属于重大危机。对于上述这些会对组织产生致命影响的公共关系危机，公关人员必须马上应对处理，最好在平时就有所准备。

（2）一般性危机。主要是指常见的公共关系纠纷。从某种意义上说，公共关系纠纷还算不上真正的危机，它只是公共关系危机的一种信号、暗示和征兆。只要及时处理，做好工作，公共关系纠纷就不会向公共关系危机发展。但它带来的危害是不可忽视的，轻则降低企业的声誉，影响产品销售，造成形象损失；重则可能危及企业的生存和发展。

对一个组织而言，常见的公共关系纠纷主要有：内部关系纠纷、消费者关系纠纷、同行业关系纠纷、政府关系纠纷、社区关系纠纷等。组织的内部纠纷不利于团结，会挫伤组织成员的积极性，降低管理人员的威信。组织与外部的纠纷，可能会损害相关公众的物质利益和身心健康，不利于组织良好形象的塑造。

3. 内部危机和外部危机

根据危机与组织利益的关系程度以及危机归咎的对象，公共关系危机可分为内部危机和外部危机。

(1) 内部危机。主要是指发生在组织内部的公共关系危机。可以是危机事件发生地在组织内部，或者是造成危机的责任在于组织的内部成员的过失。此类危机的特点是波及范围小，主要影响本组织的利益。危机的主体主要以本企业的领导和职工为重点，因而相对来说容易处理。

(2) 外部危机。主要是指发生在组织外部，影响多数公众利益的一种公共关系危机。相对于内部危机而言，外部危机的特点是波及的范围较广，不可控因素较多，较难处理，需要有关危机的各方面密切配合行动。

从这一角度具体划分公共关系危机的类型时，内部和外部是相对的。因为有些公共关系危机的发生，内部和外部原因都有，所承担的责任大小也相差不多。故对具体公关危机的划分与处理必须具体分析，恰当处理。

4. 信誉危机、效益危机和综合危机

根据危机的不同内容，公共关系危机可分为信誉危机、效益危机和综合危机。

(1) 信誉危机。主要指组织在经营理念、组织形象、管理手段、服务态度等方面出现失误造成的社会公众对组织的不信任感。如组织由于不履行合同、不按时交货、质量问题等所形成的公共关系危机都是信誉危机。这类危机看似软性，但直接影响组织的经济效益，并有能使组织形象在公众心目中瞬间倒塌，如不及时挽救，将会带来灾难性的损失。

(2) 效益危机。主要指组织在直接的经济收益方面面临的困境。如原材料价格上涨、同行业产品价格下调、组织投资出现偏差等。这类危机的出现，组织面临直接的、单纯的经济效益灾难，应及时想办法进行补救，使亏损降低到最小。

(3) 综合危机。主要指兼有信誉危机和经济效益危机在内的整体危机。它是一种迅速蔓延，向四面发展的危机状态，也是一种最严重的危机状况。这种危机的爆发往往是出现了影响重大的突发性事件，而且情况总是从信誉危机引发经济利润全面下降。处理这类危机，就需要组织内部群策群力，上下同心面对，及时找到解决的突破口，迅速、果断地控制事态发展。

5. 显在危机和内隐危机

根据危机的外显形态，公共关系危机可分为显在危机和内隐危机。

(1) 显在危机。又称显性危机，是指已发生的危机或危机趋势非常明朗，爆发只是时间问题。如组织经营决策失误造成的产品积压、市场缩小的危机等。

（2）内隐危机。又称隐性危机或潜伏危机，是指危机的因素已经存在，但没有被人们意识到的危机。如安全防火设施遭到破坏、缺乏防火意识等。与显在危机相比，内隐危机具有更大的危险性。犹如一座冰山，显在危机是浮在水面，所占比重小，容易被人发现，并加以重视，而内隐危机犹如藏于水下的冰山本体，不容易被发现且危险性更大。

在现代社会严酷复杂的市场竞争环境中，社会组织随时都有可能面临危机。学会识别公共关系危机的类型，掌握不同公共关系危机的特征，对认识和理解危机公关具有非常重要的意义。

三、公共关系危机事件的预防

公关危机事件虽然因其突发性而很难预测，但是若是以积极的态度防范的话，是可以把损失减到最低，甚至可能从根本上杜绝某些危机事件的发生。

1. 树立危机意识

组织的全体成员在日常工作中都应该有危机意识，尤其是组织的领导者、高层管理人员和公关人员更应该树立这种危机意识。组织应该"居安思危"，防患于未然。在思想上树立危机意识，就会使许多矛盾及时化解而避免其引发危机事件，可以把工作做在前头，把矛盾消灭在萌芽状态。特别是公关人员，日常工作应保持与内部公众和外部公众的协调和沟通，在公众中树立组织的良好形象，某些原本可能发生的危机事件就可化解于无形之中，这需要公关人员具有高度责任感和爱岗敬业精神。有了积极的工作态度，还要有敏锐的洞察力和分析力，要化解危机就要预先对可能发生的危机作出分析预测，哪些因素有可能引发危机，危机可能具备的性质、可能涉及的范围，以及可能对哪些方面造成影响。并能根据具体情况，对可能发生的危机进行分类后积极制定相应对策。这样，就有可能及时察觉潜在的危机因素并设法化解它。即使有意外的危机事件发生，也会采取积极有效的方法应对。

案例

著名企业海尔集团的总裁张瑞敏要求海尔："永远战战兢兢，永远如履薄冰"。他有两段话说得非常精彩，对树立危机意识的意义阐述得既深刻又生动，他说："今天的海尔，像一辆疾驰在高速公路上的车，速度非常快，风险也非常大，即'差之毫厘，谬以千里'。海尔完全有可能在一夜之间被淘汰出局。""海尔最大的危险是决策上从未出现过大的失误。企业长期成功，员工就会迷信领导，前面有个坑，领导让他跳，他也可能跳下去，这样很危险。每个人都有局限性，我不可能驾驭这个企业永远走向成功，更不能老是超前，假如有一天，海尔因为我超越不了自己而出问题，那就肯定是一个致命的大问题，海尔就有可能变成'泰坦尼克号'。"

我国政府对 2005 年爆发的"禽流感"的应急处理明显比 2003 年爆发"非典"时的应急处理成功得多，这就是树立危机意识、加强危机预防的典型的成功案例。

2. 建立专门机构

组织在机构设置时，有必要组建一个有权威性的、有效率的公共关系危机处理专门机构，或为常设的公共关系危机处理小组，由组织的领导人担任组长，公关人员和部门经理作为小组成员。这些成员分工明确、责任分明，一旦发生危机事件，小组立即投入工作。只要各司其职，很快就能摸清危机事件的实质，工作也能井然有序。危机处理小组除负责日常危机预警、预控和员工的危机应对培训等工作外,在危机发生时的主要任务是:第一时间收集全面信息,确定危机性质、影响范围、严重程度等;针对危机事件的具体情况制订应对计划;建立信息传播中心,统一信息传播口径;指定新闻发言人,召开新闻发布会;与媒体及时沟通,启动危机处理网络;落实危机应对计划,做好善后处理工作,直至危机完全解除。危机解除后,还必须要认真总结经验教训。

3. 强化危机预警

强化危机预警,首先要组织的领导者重视这项工作,要有备无患,就必须使危机管理制度化、规范化,这就有赖于建立健全系统的危机管理机制和防范预警系统。预警系统的主要任务是:加强信息的收集、分析、整理工作,随时把有价值的信息提供给危机事件处理小组。加强与组织内部成员和组织外部公众的沟通,以便获得更多更有价值的信息,及时掌握情况、发现问题,把矛盾力争消灭在萌芽状态。有重点、有目的地选择社会公众作为沟通对象,扩大企业的正面影响。要经常性地进行市场调查和预测,分析自己的市场竞争力,了解同行业竞争对手的情况,以便调整自己的经营管理,不断预测市场前景,寻找可能产生危机的因素,尽量把这些可能引发危机事件的因素事先化解掉。

4. 制定危机预警方案

公共关系危机预警方案是组织在全面分析预测的基础上,针对危机事件出现的概率而制定的有关工作程序、施救方法、应对策略措施等的方案。

预警方案的制定能使组织在危机来临时目标集中、决策迅速、反应快捷、掌握主动,能使各方面都有心理准备,从容面对,能保障紧急状态中的资源供应,降低成本、减少损失。一份完整的公共关系预警方案一般包括危机处理的对策、具体运作方式和注意事项等,并以书面的形式表现。其侧重点在于具体危机出现后如何施救处理。

5. 组织危机预演

为了强化全体工作人员的危机意识,提高危机期间的危机实战能力,检测危机处理协调程度,完善并修正危机应急预案,组织有必要定期对危机应急方案进行模拟演练。让有关人员对危机爆发后的应对措施有一个大体的了解。积累一定的危机处理经验。危机预演的形式很多,可采用录像观摩、案例学习、计算机模拟危机训练、实战性小组演习等。

6. 作好危机预控

在日常工作中,作为社会组织已意识到危机事件的发生有其难以预测的特征,且一旦发生又极易造成人员生命或财产的重大损失,那么就应尽可能做到未雨绸缪,把危机意识转化为组织的自觉行动。也就是说,当公关部门在日常管理中收集到相关信息,预感到可能有危机事件发生时,就应立即启动危机预警机制,积极作好防范。包括舆论宣传、信息沟通、内部动员、全面部署,力争在危机发生后把损失降到最小。同时,还应该认识到,由于危机事件有其突发性的特征,在平时就应该强化对可能发生危机的预测,并且与处理危机的相关单位建立良好的合作关系,一旦危机发生,能够立即启动这个合作网络。平时加强沟通、增进了解,建立起相互信赖、相互支持的友好合作关系,危机发生时,就会相互支援、并肩战斗,有利于危机的解决。

知识链接

跨国公司危机公关之道

1. 嘴要快：谨防"恐龙公关"，快速反应表立场

据说，恐龙的尾巴挨了打，三天后，恐龙的头才会感觉到疼痛。许多大型企业集团，由于机构庞杂、对市场、危机反应迟缓而被人称为"恐龙"。一般来说，危机发生后的 24 小时，是处理危机的"黄金时机"。如果在这 24 小时内，当事企业不能及时表明自己正确的态度与立场，很容易引发公众的反感和事态的扩大。

2. 心要诚：不要"霸王公关"，真诚沟通平众怒

在以经济为主导的现代社会，企业与消费者是完全平等的。但在危机面前，这种对等开始倾斜。如果跨国公司仍旧摆出"霸王"的姿态、不与公众真诚、充分地沟通，舆论的声讨很可能使脆弱的天平崩溃，企业将自食恶果。

在危机面前，再强势的企业也会变得很脆弱。跨国公司切不可板着面孔做"霸王"，而应摆正心态做沟通的"智者"。待人以诚，人自以诚相待。在重视人情的中国社会中，法理固然重要，人情也是化解危机不可或缺的手段。

3. 身要正：摒弃"皮球公关"，敢担责任赢人心

皮球过来，应对者不是自己拿起，而是设法踢回对方或者踢给别人。皮球公关就像打太极，不论责任是否在己，首先想到的是责任能推就推，不要"惹祸上身"，从而维护企业眼前的既得利益。

国与国之间的国情不同，处理问题的方式也存在巨大差异。在欧美本土，跨国公司完全可以依照法律行使自己申辩的权利，在真相大白前，任何言论和行为都是被允许的。但在中国，同情弱者是公众普遍存在的心理状态，消费者作为危机事件中相对弱势的一方，会得到社会和舆论的广泛同情与支持。

在"有罪推定"的中国式认定原则下，一旦遭遇危机，当事企业就被假定"有罪"、"有责任"。此时，企业绝不可"自己说自己没错"，这样只会给公众造成"欲盖弥彰"的恶劣印象。恰当的做法是：重视被曝光的问题，尊重有关部门的调查结果，采取积极态度和措施整改。

即使主要责任不在己方，也应在事件定论以前，出于道义上的考虑，先主动承担责任，安抚消费者的情绪。静待"中立"的权威第三方出面澄清，切不可自我解脱，引发公众的反感。

为什么许多跨国公司在中国处理危机事件，会给中国消费者留下傲慢的形象呢？不正确地采取"恐龙公关"、"霸王公关"、"皮球公关"等处理手段是问题的根源。表面上看，是跨国公司的公关体制所限，实质上是跨国公司没有真正深入地贴合中国国情和市场实际，没有进行危机公关的本土化改良。

当然，跨国公司在"适应中国水土"的过程中，快速反应、真诚沟通、承担责任等危机公关的基本原则，还是要严格恪守的。只是在具体运用上，要做出富有中国特色的创新与改变。

(资料来源：郭俊. 跨国公司危机公关之道[OL]. 全球品牌网，2007. 节选，有删改)

子任务二 解决一次公共关系危机

【知识目标】

- 了解公关危机管理的基本概念和基本原则
- 熟悉危机处理的基本程序
- 掌握危机处理的基本技巧

【技能目标】

- 能处理危机事件，控制危机事件过程中的信息传播
- 能做好危机善后工作

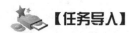【任务导入】

2010年7月14日香港有关媒体报道，香港有机构对"霸王"（01338.HK）旗下的中草药洗发露、首乌黑亮洗发露及其生产的追风中草药洗发水进行了化验，这几款洗发水中均检出了含有被美国列为致癌物质二恶烷。二恶烷对皮肤、眼部和呼吸系统有刺激性，并可能对肝、肾和神经系统造成损害，急性中毒时可能导致死亡。消息一出，危机的狂潮即刻掀起，各大主流媒体、各大网站开始进行疯狂的报道。各种批判性很强的网络专题也随之推出。霸王股价一天之内暴跌14%。假如你是该公司的公共关系经理，请你进行公关策划，解决该次公共关系危机。

【任务分析】

在一个资讯发达的时代，即使是媒体的错误报道，在公众容易对媒体偏听偏信的心理作用下，在网络媒体的放大与推动下，任何对于企业或产品的负面报道都可能引发一场大的危机风波，这正是新市场环境下，每一家企业都可能遭遇到的挑战。消费信心的崩溃如山倒，但消费信心的重建却如抽丝剥茧般需要漫长的过程。公共关系要义告诉人们，认知就是事实：公众对事物认知就是最高的事实，是超过事件本身的印象"事实"。处理此次危机时，措施基本只停留在官方声明的层面上是远远不够的。要处理好公共关系危机，首先要了解公关危机事件的处理的基本原则；其次要了解公关危机事件处理的基本程序；最后要掌握公共关系危机处理的基本方法。

一、危机公关的含义和原则

1. 危机公关的含义

危机公关，又称为公共关系危机处理，是指组织在公共关系理论和原理的指导下，运用公共关系的策略、措施与技巧，科学地处理组织潜在的或现存的公共关系危机，从而减少危机给组织与公众带来的影响，进而寻求公众对组织的谅解，以重新树立和维持组织形象的一种管理行为。

2. 公共关系危机与危机公关的关系

公共关系危机与危机公关是两个既有联系又有区别的概念。如果说公共关系危机是一种状态，一种趋势，是对所出现的问题、事故的描述，那么，危机公关强调的则是一种行动过程，一种结果。公共关系危机是危机公关的前提和基础，没有公共关系危机的存在，也就没有危机公关。

3. 公关危机事件的处理的基本原则

在危机公关中，为了能够更有效地解决危机事件，应该遵从以下7大原则。

1）快速反应原则

危机事件一旦发生，作为组织要做的重要工作之一就是要及时、准确地把危机事件的真相告诉公众，告诉媒体，以最快的速度作出反应，掌握处理危机事件的主动权。只有越早发现危机并迅速反应控制事态，才越有利于危机的妥善解决和降低各方利益损失。所以危机事件一出现，便应火速出击，才会及时稳定人心，为后面的工作开创有利局面。快速反应原则主要表现在以下3个方面。

（1）组织内部要保持高度警觉，早发现、早通报。让组织的决策者能够尽快了解真相，并作出决策。

（2）通过媒体及时向外界发布危机事件的相关信息。如危机事件的基本情况、组织所采取的措施等，以此来赢得公众的信任。

（3）第一时间与利益相关者进行沟通，争取良好的外部环境，分解组织的外部压力，有利于危机的妥善解决。可以说谁能第一时间作出反应，谁就掌握了主动。

2）真诚沟通原则

危机事件发生后，组织与公众的沟通至关重要，尤其是组织与外部公众的沟通更为急迫。这时的沟通必须以真诚为前提，如果不是真心实意地同公众、同媒体沟通，是无法平息舆论压力的。俗话说，"真心换真心"、"将心比心"，组织若能把公众的利益放在第一位，真诚地与公众沟通，相信公众是通情达理的。组织与媒体的沟通同样重要，如果说公众之中信息传播的速度是非常快的，那么作为媒体，他们有现代高科技的传播手段，瞬间即可以把信息传遍四面八方，包括全国乃是全球。媒体是引导舆论的，大众媒体连着大众，所以绝不可忽视与媒体的真诚沟通。作为组织，应主动向媒体及时提供相关信息，并通过媒体引导舆论，处理危机事件过程中取得的每一步进展都及时让公众了解。概括地说，组织危机沟通的覆盖范围主要有：企业内部管理层和员工、直接消费者及客户、产业链上下游利益相关者、政府权威部门和行业组织、新闻媒体和社会公众等群体。沟通的形式很多，可以发通告，印制宣传品，这是书面的材料；可以通过大众媒体发布信息；还可以举行新闻发布会或恳谈会把信息及时传播出去。必要时，个别访问、谈心、调查等方法都可以用，至于采取什么形式，要根据危机事件的性质、规模、影响范围和后果等情况，做到具体情况具体对待。但无论采取什么方式方法，真诚的态度是沟通成功的保证。

3）承担责任原则

危机事件发生后，作为组织不能推卸责任或拒不承担责任甚至拒不承认有责任。在危机事件发生后，公众往往会表现出"宁愿信其有，不愿信其无"的心态，公众关注的焦点主要集中在两个方面：一方面是利益的问题，另一方面则是情感的问题。毫无疑问，利益是公众关注的焦点。危机事件常常会造成组织利益和公众利益的冲突激化，组织必须勇于承担自己该负的责任，否则组织的信誉就会受损，在公众心目中的形象也会大打折扣，情况严重时，会动摇组织的根基，使组织从此一蹶不振。具有强烈责任感的组织，宁愿以牺牲自身短暂利益换来良好的社会声誉，树立和不断提升组织和品牌形象，从而实现组织发展的基业常青。作为组织，一旦遭遇公关危机事件，就应该坦诚面对，勇敢地承担起自己的责任，从而获得公众的同情、理解、信任和支持，切忌遮遮掩掩，闪烁其词，避免引起公众的反感。

4）系统运行原则

公共关系危机发生后，在处理整个危机事件的过程中，组织者要按照应对计划全面、有序地开展工作。处理危机过程是一个完整的系统，包括许多分支，涉及多个方面，既要注意各个分支的正常运行和分支间的互相协调，又要注重分支系统内部的环环相扣，哪个环节都不能出问题。所以，一定要坚持系统运行的原则，不能顾此失彼，保证及时、准确、有效地处理危机事件。

5）权威证实原则

作为组织，尤其是生产企业和经销企业，产品质量都是企业赖以生存发展的保障。产品质量的好坏不是自己说出来的，而要靠广大消费者，即社会公众在使用之后作出评价。当然，企业如果想使自己的产品质量通过自身的完善达到创名牌的目的，那就只有一个办法——拿出法定权威部门的质量鉴定。这是企业信誉的保证，尤其是发生公关危机后，企业应尽力争取政府主管部门、独立的专家或权威机构、媒体及消费者代表的支持，而不要去徒劳地自吹自擂，在这里"王婆卖瓜、自卖自夸"是无法取得消费者信赖的，必须用"权威"说法，用"权威"来证明自己，别无捷径可走。

6）理性应对原则

危机事件发生后，公关人员面对危机所呈现出来的灾难和混乱局面时，一定要保持冷静，不能因头绪繁多、关系复杂的事件使自己变得急躁、烦闷、信口开河等。只有在遇到危机时保持稳定和积极的态度，才能理性应对所发生的危机事件。

7）灵活机动原则

由于公共关系危机具有不同的类型和特征，即使类型和性质相同或相似，所面临的环境也会是不同的。同时，由于公共关系危机事件随着情况的发展会不断地发生变化，可能原定的预防措施或抢救方案考虑不太周全，因此，危机公关人员要根据客观环境的变化，有针对性地提出有效而又灵活的措施和方法。

二、公关危机事件处理的基本程序

公关危机事件一旦发生，如何处理就成为最首要的任务。各种类型的公共关系危机事件在规模、性质上、表现形式、涉及的公众等方面虽有不同，但在处理程序上有其共同点。这个基本程序应该与应急方案相衔接，同时根据当时情况予以调整。一般来说，其基本程序如下。

1. 成立公关危机事件处理小组

公共关系危机发生后，应立即启动常规的危机处理机制，并针对本次危机事件的特点成立危机事件应急处理小组，组长由组织的主要领导担任，公关部成员和部门负责人参加，明确分工、迅速到位、立即奔赴现场，各司其职开展工作。小组主要任务是：制订应急计划，明确具体任务，让内部员工了解事情真相，统一口径，以利协调工作，与媒体取得联系并为其准备好相关资料，成立公共信息中心，及时向外界公众发布有关信息，保持传播沟通的畅通等。

2. 迅速到达现场，掌握全面情况

组织负责人、相关部门负责人、危机处理的专家，必须在第一时间到达危机现场，掌握第一手情况，弄清事件发生的时间、地点、原因和已出现的后果，如人员伤亡和财产损失等情况，了解公众的情绪和舆论的反应，要尽可能多地、全面地掌握有关信息。并掌握事态的发展和控制情况，为危机对策的制定奠定基础。

3. 分析信息，确定对策，控制险情

在掌握危机事件第一手情况，了解公众的情绪和舆论的反应的基础上，深入研究，迅速确定应采取的对策和措施，及时控制危机险境，力争把组织和公众的生命财产损失降到最低点，这是在危机发生地要果断处理的。在这个过程中，尤其要把公众的利益放在第一位，这是在危机处理完毕后使组织形象得以尽快恢复的基础。接着要尽量控制危机态势的蔓延，使影响不再扩大。危机处理小组成员要按照分工积极妥善做好分管的工作，发挥团队合作精神，齐心协力为共同的目标而努力。

4．抓紧时机，组织力量，落实措施

这是危机处理的中心环节，公众和舆论不仅要看组织的宣言，更要看组织的行动。组织对危机事件的受害者要诚恳地听取他们的意见，实事求是地承担责任，坚决避免在事故现场与受害者或其家属发生争执。向媒体传递的信息要统一口径，由组织负责人公布事件真相。在实际操作中，当对危机事件的处理意见统一以后，各方面负责人要同时开展工作，按照职责做到各司其职、步调统一、及时交流、保持协调，齐心协力处理危机，使局面向着利于维护组织形象方面发展。

在处理整个事件过程中，组织要始终把公众利益放在第一位。同时，组织还要随时向上级领导汇报情况，使上级领导随时掌握事态发展，以便及时给予指导。

5．及时评估，总结检查，公之于众

危机事件处理工作结束后，要及时对事件处理情况进行全面检查、评估，并将检查结果向董事会和股东公布。有些重大事故也可采取致歉广告的形式在报刊上刊登，表明企业敢于承担责任，一切从公众利益出发，认真做好善后处理工作。在检查、评估中，要实事求是、一丝不苟，重点放在社会效益和形象效应方面，力争把成功的经验和遇到的困难以及失败的教训尽可能总结得全面些，为以后处理危机事件积累经验和教训，争取减少和更有效地防范危机事件的发生。

三、公共关系危机处理的基本方法

1．公关危机事件的常见类型

根据公关危机产生的不同原因来看，组织所面临的公关危机事件主要有以下3种：一是组织因自身行为不当引起的危机；二是因外界突发事件引发的危机；三是媒体报道失实引起的危机。

1）组织自身行为不当引起的危机事件

组织自身行为不当引起的危机事件主要指组织自身因管理不善，存在产品的质量问题，以及内部员工的行为不当等问题而损害公众利益，从而引起公众的不满，使组织形象和产品形象受到直接致命的打击的危机事件。对于组织而言，这类危机事件所占比例最大。

2）组织外部突发事件引发的危机事件

组织外部突发事件主要指因公众使用组织产品的不当，因竞争对手或个别敌对公众故意破坏等原因而引起的使组织形象受到损害，名誉受到损失，以及组织因遭受自然灾害、火灾蔓延、疾病传播等不可控因素而引发的危机事件。

这类突发事件，虽然不是组织的过失，但由此造成的危机事件，具有较大的残酷性、悲剧性，涉及的范围广、破坏性大，因此往往会给组织带来巨大的人财物方面的损失，因其存在不可预测性，事发突然，令组织措手不及而损害了公众利益，极易引发公众的不满情绪。如果处理不当，更是会严重冲击组织形象。

3）媒体失实报道引发的危机事件

媒体失实报道引发的危机事件，它既不是组织自身行为过错引起的，也没有什么组织外部突发事件的发生，是由于新闻媒介报道时的内容失实造成的，但因新闻媒介对公众舆论的导向作用，极易引起公众对组织的误解与反感，因此而损害了组织在公众心目中的良好形象。

2. 公关危机事件的处理方法

（1）因组织自身原因引发的公关危机事件应采取的处理方法。主要包括以下方面。

果断采取措施，有效制止事态扩大；及时向公众及新闻界披露事件真相，主动公开道歉，以期迅速获得公众的谅解、宽容；采取有效措施处理善后事宜，了解公众需求，及时弥补公众的损失，力争把公众的损失降到最低；通过适当的媒体把事态的发展情况、改进措施、对公众的承诺等内容公之于众，以消除公众的不良印象，恢复公众的信任；针对此危机事件，认真总结教训，对组织的全体成员进行危机意识教育，尽量避免危机事件的再度发生。

（2）因组织外部突发事件引起的公关危机应采取的处理方法。主要包括以下方面。

在指导思想上要把公众利益放在第一位，换位思考，理解公众的想法，并认真耐心地为公众提供一流的服务，用真诚的态度和得体的沟通来稳定公众的情绪。同时要抓紧时间全面安排好一系列具体问题的解决方案。特别强调的是与媒体的沟通和与消费者的沟通同样重要。这类突发事件，因为事发突然，事前不可能周密部署，此时如何把难题处理好，是对领导和公关人员素质和能力的极大考验，需要有丰富经验的人做带头人，具体指挥部署每一道工作程序，使公众能认同组织的处理意见。这样组织形象也能尽量不受或少受损害，最终化险为夷，渡过难关。但事后一定要认真总结经验教训，用以指导今后对公关危机事件的预防。

3. 因个别传媒失实报道引起的公关危机应采取的主要处理方法

首先稳定情绪，避免冲动，不可看到失实报道就感情冲动，出口不逊，不计后果，应该保持清醒的头脑，冷静地分析失实报道给组织造成的影响和损害程度，进而明白组织目前所处的环境状态如何；接着要进行认真的调查研究，弄清报道失实的真实原因，确定下一步开展危机公关活动目标；然后有针对性地制订计划、采取切实可行的有力措施，尽快澄清错误报道，加强正面宣传、报道，让媒体和公众了解事件的真实情况，如积极与新闻媒体沟通，争取他们的理解与支持，通过召开记者招待会、新闻发布会、新闻恳谈会等方式，说明事件真相，消除不利于组织形象的舆论影响，使组织和公众之间增强透明度，最终达到公众正确理解组织的真实意图的目的。当然在现实生活中，个别严重失实报道会造成十分恶劣的后果，如遇此种情况引发的危机，则应注意先取得政府公众的理解和支持，相信政府公众会正确对待已发生的危机事件。对因失实报道造成严重恶劣后果而引发的危机事件，必要时可运用法律手段来维护组织和公众的合法权益，相信法律是公证的。一般情况下，若能在公关职能范围内，通过双向沟通协调解决的，应尽量协商解决。

四、公众关系危机处理对策

公关人员在危机发生之后，必须立即着手开展危机的调查了解工作，并在全面掌握情况以后，针对不同对象尽快制定出危机处理的不同对策。

1. 与组织内部公众沟通协调的对策

（1）在危机初期，技术向内部员工宣布危机处理小组成员、宣布本组织对待危机的态度，并且对员工提出一些应对危机的要求。

（2）在危机稳定期，及时向内部公众通报危机事件的发生时间、地点、有无伤亡，以及本组织处理危机事件的基本原则、方针、具体的程序与对策。将制定的危机处理方案通告各部门及全体员工，以便统一口径、统一思想、协同行动。

（3）在危机抢救期，及时向内部员工通报造成危机的原因、给直接受害者造成的损失，以及受到波及的公众范围有多大、影响有多深、事态发展趋势、事态是否得到有效控制等情况。

（4）在危机处理末期，一方面对危机处理工作进行评估，总结经验、找出不足、奖励在处理危机事件中表现突出的有功人员，处罚危机事件的责任者，并通告有关方面；另一方面通过危机事件教育员工，齐心协力共渡难关。

与组织内部公众沟通协调要注意强调统一指挥、有条不紊，要做到及时、顺畅、有效，要起到稳定人心、增强信心的作用，从而充分发挥团队的作用。

2．与受害者沟通协调的对策

（1）企业和组织要全面了解危机，以及危机所造成的有关损失情况，并主动承担相应的责任，给公众留下一个责任感强的企业和组织形象。同时，要全面提供善后服务，以维护此时可能已经岌岌可危的公众形象。

（2）危机事件若造成伤亡，一方面要立即进行救护工作或进行善后处理；另一方面应立即通知其家属，并尽可能提供一切条件，满足家属的探视要求。

（3）要积极倾听各方面公众的意见，并合理赔偿损失。对于受害者家属的过分要求，公关人员应宽宏大量，坚决避免在事故现场与受害者发生争辩与冲突。另外，在合适场合与相关公众研究处理问题时，也要做到有分寸地让步，应该注意拒绝的方法与技巧。

与受害者沟通协调的注意事项如下。

① 一般来说，公众在危机事件受害后，所关心的都是与其切身利益直接相关的东西，特别是经济方面的利益。所以，企业和组织应该尽量满足工作的这些"底层次"的要求，实现其物质补偿，这样做有利于避免危机所造成的无形损失的进一步扩大。

② 要委派固定的公关人员去处理危机事件。具体人数可多可少，这些人应具备的主要条件是：一要了解有关赔偿损失的文件规定与处理原则；二要善于沟通。在处理危机事件的整个过程中，企业和组织要尽快保持工作人员的相对稳定性，不要无故换人，以免引起公众的疑虑与不安。

3．与新闻媒介沟通协调的对策

（1）在危机发生时，企业或组织内部一定要就如何向媒体公布事件，以及公布时如何措辞等有关事项先在内部统一认识和统一口径，以免口径不一，造成不必要的疑虑与误解。

（2）危机发生后，由权威人士发言提供准确信息。一般来说，公布本企业或组织事故的时候，最好是由总负责人，如厂长、经理、CEO等公布，以示企业或组织对危机的重视程度，这样也会给公众和媒体留下较好的印象。另外，在发布信息时，一定要保证企业或组织向媒体提供的信息是准确和正式的，以消除无端猜疑。对于重要的事项还应该用书面材料的形式发给记者，以避免报道失实，进一步导致危机的发生。

（3）对于企业或组织自身来说，在事实还没有完全弄清楚之前，不要轻易对事件作出评论，也不要对危机发生的原因、损失，以及一些其他方面的任何可能性进行揣测。

（4）危机发生后，企业和组织要主动向媒体提供真实、准确的消息，公开表明组织的立场和态度，帮助媒体做出正确的报道。对媒体不可采取隐瞒、搪塞、对抗的态度，不可像"挤牙膏"一样地吐露信息，对确实不便发表的信息，也不要简单地说"无可奉告"，而应说明理由，以获得记者的同情与理解。

与媒体沟通协调要注意,当记者发表了不符合事实真相的报道后,应尽快向该媒体提出更正要求,并指明失实的地方。还要向该媒体提供与事实有关的资料,派主要发言人接受采访、表明立场,要求公平报道,当然要注意避免产生敌意。

4. 与上级领导部门沟通协调的对策

危机发生之后,应及时、主动地向上级组织进行实事求是的报告,不要文过饰非,更不要歪曲事实真相。在处理危机的过程中,应该定期汇报事态发展的状况,求得上级领导部门的指导、支持和援助。

与上级领导部门沟通协调要注意:危机事件处理完毕,应向上级领导部门详细报告处理的经过、解决的方法、事情发生的原因等情况,并提出今后的预防计划和措施。

5. 与业务往来单位沟通协调的对策

危机发生后,应尽快如实地向有业务往来的单位通报事故发生的消息,表明组织对该事件的坦诚态度,并以书面的形式通报正在或将要采取的对策和措施。如有必要,还可派人直接去各个单位面对面地进行沟通与解释。

与业务往来单位沟通协调要注意,在事故处理的过程中,应定期向有业务往来单位传达处理经过。一旦处理完毕,应用书面形式表示歉意,并向给予理解、援助的单位表示诚挚的谢意。

6. 与消费者沟通协调的对策

(1) 设立专线电话,以应付危机期间消费者打来的大量电话,要让训练有素的人员接听专线电话。

(2) 以尊重消费者权益为前提,制定危机处理事件的对策和措施。

(3) 迅速查明和判断受到危机事件影响的消费者类型、特征、数量、分布区域等情况,并通过不同的传播渠道,向消费者颁发说明事件梗概的书面材料,公布事故处理意见。

与消费者沟通协调要注意,应认真听取受到不同程度影响的消费者对事故处理的意见和愿望,尤其要热情接待消费者团体的代表,如实回答他们的询问、质询。另外,还要主动及时地与消费者团体中的领导及意见领袖进行沟通、磋商;通过媒体向消费者公布事故的经过、处理方法、与消费者团体达成的一致意见,以及今后的预防措施。

五、公共关系危机处理过程中信息发布的目的、方式、要点

1. 公共关系危机处理过程中信息发布的目的

公共关系危机事件引起的损害,有时并不只是事件的本身,还有因其而引发的对组织和相关公众的影响。因此,充分尊重公众的知情权,适时公开相关信息,是公共关系危机处理中非常重要的一环。过去,人们对危机的处理原则是"外紧内松",不到万不得已,信息能不公开就不公开。但是在现代社会里,由于信息沟通渠道的空前多样和人们思维的空前活跃,事情往往并不因为你不发布消息而使真相得到掩盖。因此,当危机事件来临时,如果信息不透明,对危机发布的信息没有科学的解读,就难免引发公众的负面情绪,严重时会谣言四起,反而可能放大危机,造成人心慌乱,产生更加严重的后果。公关危机管理中信息发布的目的是，既要让公众对公关危机事态的程度与危害有清醒的认识，又要使他们了解组织为化解危机所做的各种努力，更要使公众保持情绪稳定，避免公众情绪失控而增加组织面临的压力，恶化组织的危机应急处理环境，还要有利于组织形象的重塑。

2．公共关系危机处理过程中信息发布的要点

（1）制定规范化的信息发布制度，发布什么信息，如何发布（信息发布方式），由谁发布（指定新闻发言人）等，都要作出明确的规定。

（2）把握好信息发布的时机，能早则早，让公众在第一时间内了解事件的真相。

（3）对发布的信息进行科学的解释，避免引起公众的恐慌。

（4）发挥媒体的主力军作用，同时也要考虑到公共关系危机事件发展变化的复杂性，充分利用其他信息发布渠道，如开设网上对话、开通热线电话等回答公众提出的问题，以提高信息发布的时效性、准确性，及时消除公众疑虑，安抚人心。

3．公共关系危机处理过程中信息发布的主要方式

1）开新闻发布会发布信息

通过新闻发布会向社会告知真相、表明态度，要掌握报道的主动权，控制事态的发展。召开新闻发布会要注意以下几点。

（1）及时召开新闻发布会，向新闻媒体提供信息。如果组织反应太慢，会让人感觉组织的态度傲慢，而且也会给谣言以可乘之机。

（2）选择合适的新闻发言人。一般应是企业公共关系部门的负责人。由新闻发言人向媒体公布组织的解释。

（3）做好新闻发布会的策划、准备工作。尤其是做好发布信息的内容的准备工作。对于公众比较关心的问题要考虑周全，并有合理的解释和圆满的答复。

（4）统一口径，确认对外发布的信息，提供完整的信息和背景资料。

（5）撰写新闻稿。在撰写新闻稿时要做到：标题要表明立场，旗帜鲜明；内容应完整、清晰；注意多用事实说话；避免使用行话或专业术语；应表明新闻发言人的联系方式。

（6）当重大危机发生后，组织最高领导应该在新闻发布会中出面，以表明对事件的重视态度。

（7）邀请政府主管部门或其他具有公信力的第三方参加，以提高新闻发布会的权威性。

（8）在现场尽力配合记者，向记者提供现场传真、电话、网络等通信办公设备，可消除敌对情绪。

2）开设网上对话、开通热线电话发布信息

网上电话、热线电话接待人员，他们是接受公众咨询、投诉、沟通信息和对外树立形象的重要环节，危机公关的第一道门户，如果处理得当，往往会把由公关事件引起的危机影响大大地减小。网上电话、热线电话接待人员要注意如下几点。

（1）处理电话咨询的人员要十分注重自己的态度。因为公众在此时往往言行过激，如果能够稳定下他们的心态，可以有效降低危机的负面作用，同时也可以为组织节省下一笔公关费用。

（2）统一口径，向公众提供完整的信息和背景资料，避免公众胡乱猜测或从其他渠道探

听。负责准确地回答电话问讯、发布信息，去澄清问题和消除谣言。

（3）危机事件处理期间，应实行 24 小时工作制，必须确保公众始终能得到组织为了控制危机而正在采取的措施等信息及相关的最新的信息。

（4）保证电话、网络等通信设备的正常使用，确保通话的畅通。

3）借助大众媒体发布信息

大众媒体传播信息的速度之快，受众范围之广，其影响是众所周知的。公共关系危机事件处理过程中，借助大众媒体发布信息主要是为了遏制公共危机事件中错误信息的进一步扩散和传播，向公众发布组织积极的动态消息，尽快重塑组织形象。借助大众媒体发布信息要注意如下几点。

（1）建立媒体资源数据库，收集与组织相关板块编辑、记者的联系电话、常用信箱、手机号码，在日常工作中，保持长期的沟通，通过短信或 E-mail 的方式，定期向他们发布组织的信息、新闻稿。

通过媒体资源数据库的建立，组织不但可以建立与媒体记者、编辑长期的友好关系，发布对组织有利的信息，同时，如果记者、编辑得到有关对组织不利的消息，也便于他们同组织人员联系，使事件得到尽快地解释和处理，避免不利信息的扩散。还可以避免危机，以及危机带来的计划外的广告费用的支出。

（2）建立媒体分级体系，即建立有层次感的媒体联络方式，将一些具有权威性的重要媒体放在首位进行沟通，因为这些媒体对全国的媒体具影响力，一旦他们发布出错误信息，后果将不堪设想，同时更希望借助这些媒体的权威性来影响全国各家媒体。

（3）充分运用多种大众传播媒介，尤其是报纸、广播、电视、电脑等常见的大众传播媒介，尽可能多地照顾到各个层面的公众都能够接受到组织发布的信息，便于尽快恢复组织良好的信誉，重塑组织形象。

六、危机处理后的评估与修正

危机后的评估与修正，是危机管理循环周期中最后一个环节，对危机管理循环周期中的其他环节起到反馈作用，在危机管理中具有重要意义。一方面，对危机事前、事中管理工作进行总结分析和有效反馈，提出针对性改进措施，进行危机管理体系的修复，实现组织变革，提高组织应对危机的处置和恢复能力，防范类似危机发生。另一方面，通过对已发生的危机事件和处理过程进行调查和评估，认知危机本质与影响，对危机后期恢复与重建进行有效指导，防范次生危机发生。

危机后应注意对组织形象进行重新建树。可充分运用传播工具进行连续性的正面报道，将企业在危机后所采取的一系列修正措施及服务方针告诉给公众，使公众能真正了解组织及其行为，并能逐步对组织重新产生信任感。还应增加组织在承担社会责任、重视社会效益方面的活动与投入，通过积极参与社会活动向公众展示组织回报社会、服务社会的良好形象。同时还要进一步密切与政府部门、权威机构和人士、意见领袖的关系，积极参与地方建设，充分重视权威部门的监督、检查并争创优秀，邀请权威人士和意见领袖为组织出谋划策，以充分利用他们的影响力，帮助组织重树形象。

知识链接

危机公关处理 5S 原则

1. 承担责任原则（Shoulder The Matter）

危机发生后，公众会关心两方面的问题：一方面是利益的问题，利益是公众关注的焦点，因此无论谁是谁非，企业都应该承担责任。即使受害者在事故发生中有一定责任，企业也不应首先追究其责任，否则会各执己见，加深矛盾，引起公众的反感，不利于解决问题。另一方面是感情问题，公众很在意企业是否在意自己的感受，因此企业应该站在受害者的立场上表示同情和安慰，并通过新闻媒介向公众致歉，解决深层次的心理、情感关系问题，从而赢得公众的理解和信任。实际上，公众和媒体往往在心目中已经有了一杆秤，对企业有了心理上的预期，即企业应该怎样处理，我才会感到满意。因此企业绝对不能选择对抗，态度至关重要。

2. 真诚沟通原则（Sincerity）

企业处于危机漩涡中时，是公众和媒介的焦点。企业的一举一动都将接受质疑，因此千万不要有侥幸心理，企图蒙混过关。而应该主动与新闻媒介联系，尽快与公众沟通，说明事实真相，促使双方互相理解，消除疑虑与不安。真诚沟通是处理危机的基本原则之一。这里的真诚指"三诚"，即诚意、诚恳、诚实。如果做到了这"三诚"，则一切问题都可迎刃而解。

（1）诚意。在事件发生后的第一时间，公司的高层应向公众说明情况，并致以歉意，从而体现企业勇于承担责任、对消费者负责的企业文化，赢得消费者的同情和理解。

（2）诚恳。一切以消费者的利益为重，不回避问题和错误，及时与媒体和公众沟通，向消费者说明消费者的进展情况，重拾消费者的信任和尊重。

（3）诚实。诚实是危机处理最关键也最有效的解决办法。公众会原谅一个人的错误，但不会原谅一个人说谎。

3. 速度第一原则（Speed）

好事不出门，坏事行千里。在危机出现的最初 12~24 小时内，消息会像病毒一样，以裂变方式高速传播。而这时候，可靠的消息往往不多，社会上充斥着谣言和猜测。公司的一举一动将是外界评判公司如何处理这次危机的主要根据。媒体、公众及政府都密切注视公司发出的第一份声明。对于公司在处理危机方面的做法和立场，舆论赞成与否往往都会立刻见于传媒报道。因此公司必须当机立断，快速反应，果决行动，与媒体和公众进行沟通。从而迅速控制事态，否则会扩大突发危机的范围，甚至可能失去对全局的控制。危机发生后，能否首先控制住事态，使其不扩大、不升级、不蔓延，是处理危机的关键。

4. 系统运行原则（System）

在逃避一种危险时，不要忽视另一种危险。在进行危机管理时必须系统运作，绝不可顾此失彼。只有这样才能透过表面现象看本质，创造性地解决问题，化害为利。危机的系统运作主要是做好以下几点。

（1）以冷对热、以静制动：危机会使人处于焦燥或恐惧之中。所以企业高层应以"冷"对"热"、以"静"制"动"，镇定自若，以减轻企业员工的心理压力。

（2）统一观点，稳住阵脚：在企业内部迅速统一观点，对危机有清醒认识，从而稳住阵脚，万众一心，同仇敌忾。

（3）组建班子，专项负责：一般情况下，危机公关小组的组成由企业的公关部成员和企业涉及危机的高层领导直接组成。这样，一方面是高效率的保证；另一方面是对外口径一致的保证，使公众对企业处理危机的诚意感到可以信赖。

（4）果断决策，迅速实施：由于危机瞬息万变，在危机决策时效性要求和信息匮乏条件下，任何模糊的决策都会产生严重的后果。所以必须最大限度地集中决策使用资源，迅速做出决策，系统部署，付诸实施。

(5) 合纵连横，借助外力：当危机来临，应充分和政府部分、行业协会、同行企业及新闻媒体充分配合，联手对付危机，在众人拾柴火焰高的同时，增强公信力、影响力。

(6) 循序渐进，标本兼治：要真正彻底地消除危机，需要在控制事态后，及时准确地找到危机的症结，对症下药，谋求治"本"。如果仅仅停留在治标阶段，就会前功尽弃，甚至引发新的危机。

5. 权威证实原则（Standard）

自己称赞自己是没用的，没有权威的认可只会徒留笑柄，在危机发生后，企业不要自己整天拿着高音喇叭叫冤，而要曲线救国，请重量级的第三方在前台说话，使消费者解除对自己的警戒心理，重获他们的信任。

（资料来源：游昌乔. 危机公关5S原则[R]. 2006. 有删改）

 知识与技能检测

一、名词解释

1. 效益危机。
2. 公共关系危机。
3. 系统运行原则。

二、思考题

1. 公共关系危机有哪些特点？
2. 预防公共危机事件要注意哪些问题？
3. 公共关系应急预案应包括哪些内容？
4. 公共关系危机处理的基本程序是什么？
5. 公共关系危机处理时，有哪些基本原则？
6. 危机公关中，借助大众媒体发布信息要注意什么？

三、实训题

1. 项目：危机预防。
2. 目的：掌握危机预防措施的制定技能。
3. 内容：以所在学校为公关主体，制订所在学校的公共关系预防计划。
4. 组织：把全班同学分成4组并选出组长，讨论并制定危机预防方案，推选代表发言，教师作出点评并考核。
5. 考核：方案的可行性及发言情况作为作业，教师分别给出成绩并计入学生平时成绩。

任务九

塑造公关人员形象

SUZAO GONGGUAN RENYUAN XINGXIANG

 引例

名片的失误

某公司新建的办公大楼需要添置一系列的办公家具,价值数百万元。由于之前已经商谈过多次,公司的总经理已做了决定,向A公司购买这批办公用具。

这天,A公司的销售部负责人打电话来,要上门拜访这位总经理。总经理打算,等对方来了,就在订单上盖章,定下这笔生意。

不料对方比预定的时间提前了2个小时,原来对方听说这家公司的员工宿舍也要在近期内落成,希望员工宿舍的家具也能向A公司购买。为了谈这件事,销售负责人还带来了一大堆的资料,摆满了台面。总经理没料到对方会提前到访,刚好手边又有事,便请秘书让对方等一会。这位负责人等了不到半小时,就开始不耐烦了,一边收拾起资料一边说:"我还是改天再来拜访吧。"

这时,总经理发现对方在收拾资料准备离开时,将自己刚才递上的名片不小心掉在了地上,对方却并没发觉,走时还无意从名片上踩了过去。这一系列的情况,使总经理改变了初衷,A公司不仅没有机会与对方商谈员工宿舍的设备购买,连几乎到手的数百万元办公用具的生意也告吹了。

 **案例分析**

A公司销售部负责人的失误,看似很小,其实是巨大而不可原谅的失误。名片在商业交际中是一个人的化身,是名片主人"自我的延伸"。弄丢了对方的名片已经是对他人的不尊重,更何况还踩上一脚,顿时让这位总经理产生反感。再加上对方没有按预约的时间到访,不曾提前通知,又没有等待的耐心和诚意,丢失了这笔生意也就不是偶然的了。由于公共关系是一门人与人之间的艺术,因此,礼仪在其中所发挥的作用非常大。礼仪是公关人员进入社交场所的通行证,是组织与公众之间交往的润滑剂,是塑造组织形象、创造最佳社会环境的基础,公关人员所具有的礼仪知识和良好素质,是一个人成功的关键,也是一个组织公关活动成功的关键。

子任务一 塑造公关人员个人形象

 【知识目标】

- 了解礼仪、公共关系礼仪的概念
- 理解礼仪的特征及原则
- 掌握仪表、仪容、仪态、仪式礼仪的基本要求和规范

 【技能目标】

- 能运用公共关系礼仪中仪容、仪表和仪态的基本要求和规范设计个人形象

 【任务导入】

某大学毕业生王某收到某公司的面试通知,王某得知面试官对面试者的个人形象很看重,但他对自己的个人形象设计很茫然。假如你是王某的同学,请你帮助王某设计个人形象。

 【任务分析】

良好的个人形象可以吸引人,有利于公关活动的开展。要设计良好的个人形象,需要掌握礼仪的概念、礼仪的原则及仪容、仪表和仪态的基本要求和规范。

一、礼仪的概述

1. 礼仪的含义

礼仪是指人们在社会交往中由于受历史传统、风俗习惯、宗教信仰、时代潮流等因素影响而形成,既为人们所认同,又为人们所遵守,以建立和谐关系为目的的各种符合交往要求的准则和规范的总和。总而言之,礼仪就是人们在社会交往活动中应共同遵守的行为规范和准则。

从个人修养的角度来看,礼仪是一个人内在修养和素质的外在表现;从交际的角度来看,礼仪是人际交往中适用的一种艺术,是一种交际方式或交际方法,是人际交往中约定俗成的

示人以尊重、友好的习惯做法；从传播的角度来看，礼仪是在人际传播中进行相互沟通的技巧。

礼仪是人类社会中人与人之间为了更好地进行交际活动而共同遵循的最基本的道德行为规范。它至少包含几层意思：第一是"交际活动"，即只要发生人与人的社会交往活动，就必然会遵循一定的交往规范，就是说礼仪渗透于人际交往的各项活动中；第二是"共同遵循"，即它不是针对某一个阶层或某一部分人群，而是全社会成员都要遵循的；第三是"最基本的"，就是说礼仪不是高不可攀、不可企及的，也不是可有可无、随心所欲的，而是每一个人都能够也必须做到的；第四是"道德行为规范"，即礼仪属于道德体系中最基本的社会公德的范畴，是人的基本道德品质在言谈举止中的外在表现。从这个意义上讲，礼仪确实是一种"形式"，但这种"形式"是由一定的"内容"所决定的，这个"内容"就是人的思想道德品质。所以，人们常常把一个人的礼仪修养看成是他思想道德品质高低的标志。

如果只讲道德而不懂礼仪，好人也会经常失礼；反之，如果虽懂礼仪，但内心缺乏恭敬、谦逊之心，则所谓礼仪就会变成一种虚伪的形式和客套。礼仪要发自内心，表里如一，真正的礼仪是内容与形式的完美统一。

2．礼仪的特征

礼仪作为人际交往最基本的行为规范，具有自身的特点。了解这些特点，有利于人们更自觉地按照礼仪规范来待人接物。

1）国际性

礼仪作为一种文化现象，是全人类的共同财富。全人类对礼仪的需要是共同的，不论哪个国家、哪个民族，都以讲究礼仪为荣，以不讲究礼仪为耻。随着全球化进程的加快，许多礼仪观念和礼仪规范也已经跨越国家和民族的界限，成为多数国家共同遵循的"国际礼仪"，如微笑礼、握手礼、鞠躬礼等。一般而言，社会的文明程度越高，其成员遵守礼仪的共同性就越强，趋同趋简是礼仪发展的大势。

2）差异性

由于地域的不同、民族的不同、文化背景的不同，礼仪形式必然带有本地域、本民族的鲜明特色，并代代传承下去，表现出多种多样的差异性。如我国传统的拱手礼、跪拜礼在西方就很罕见，而西方某些国家流行的拥抱礼、亲吻礼在我国也较少使用。中国人在见面时多行点头礼或握手礼，而日本人在见面时互行鞠躬礼，鞠躬的深度直接与对方受尊敬的程度有关。另外，同一礼仪形式在不同的民族中可能代表不同的意义。国际通行以点头表示肯定，摇头表示否定，而在尼泊尔则恰恰相反；欧美人普遍忌讳"13"这个数字，中国则无此忌；在美国，子女直呼父母的名字是很常见的，但在中国则是极其无礼的表现，是不礼貌的。

礼仪的差异性要求人们学习不同国家、不同民族和地区的礼仪风俗习惯，以防在国际交往中因为不懂异地习俗而出现差错，影响交流。

3）时代性

一个国家、一个民族的礼仪一旦形成，通常会长时期地为后人沿袭，从而形成千差万别的礼仪形式。但礼仪规范也不是一成不变的，而是继承传统的同时不断与时俱进，具有明显的时代特征。当今社会，各国的礼仪习惯有相互影响、相互融合的趋势，如我国传统婚礼中以红色象征喜庆，白色只用于葬礼上；而在现代中国，象征纯洁的白色婚纱正越来越普遍地被接受。随着社会经济的不断发展、人际交往的日益频繁，礼仪已经渗透到社会生活的各个方面。所以，人们要相互了解，相互尊重，求同存异，与时俱进。

4）规范性

礼仪作为行为规范，一旦形成，便相对固定，成为全社会成员必须共同遵守的惯用形式和"通用语言"，随意违犯，即为失礼。任何人想在交际场合表现得彬彬有礼，首先必须了解礼仪规范的要求，并无条件地加以遵守。擅自创立，或只遵守自己适应的那一部分，而不遵守自己不适应的那一部分，都难以成为一个受欢迎的人。

3. 礼仪的原则

1）遵时守约原则

遵时守约是指约会要事先发出邀请，不论是邀请方，还是应邀方，一旦答应，就应该按时履约，遵守时间，信守诺言。无论什么理由，不遵时守约都是不礼貌的。中国传统文化提倡做人与人际交往，都要以信义为本，提倡"一诺千金"。改革开放以后，中国和国际接轨，社会节奏加快，遵时守约更为重要，不讲究诚信，就不会有商品经济的发展，就不会有国际合作的加强，就不会有社会进步。

2）公平对等原则

"礼尚往来"，以礼相待是礼仪的核心内容，"投之以桃，报之以李"，社会交往中每个人都希望得到尊重，体现自我价值。如果有亲有疏，表现出傲慢、冷漠，或曲意逢迎，都会被视为不礼貌。应公平大方，不卑不亢，主动友好，热情又有所节制。

公平对等原则是指尊重交往对象，对任何交往对象都必须一视同仁，给予同等程度的礼遇。不允许因为交往对象彼此之间在地位、财富及与自己的关系亲疏远近等方面有所不同，就厚此薄彼，区别对待，给予不同待遇。这是社交礼仪中平等原则的基本要求。

3）和谐适度原则

有人说："礼仪使人们接近，礼仪使人们疏远。"为什么呢？陌生人初次见面，礼仪可以表现为有教养，展示气质与人格魅力。可是不分场合、亲疏，乱用礼仪，过于讲究，反而显得不真诚，不实在，令人难以相处，甚至会弄巧成拙。例如：接待宾客时，时间安排得过满，恨不得24小时陪同，不给人家留一点私人空间。结果，自己费时费力，宾客还不满意。

和谐适度的原则，是要求使用礼仪一定要具体情况具体分析，因人、因事、因时、因地恰当处理。应用礼仪时特别要注意做到把握分寸，认真得体，不卑不亢，热情大方，有理、有利、有节，避免过犹不及。分寸感是礼仪实践的最高技巧，运用礼仪时，假如做得过了头，或者做得不到位，都不能正确地表达自己的自律、敬人之意。因此一定要做到和谐适度。

4）宽容自律原则

宽容自律的原则是要求人们在交际活动中运用礼仪时，既要严于律己，更要宽以待人。要多容忍他人，多体谅他人，多理解他人，学会为他人着想，善解人意。豁达大度、容纳意识和自控能力是现代人应具备的基本素质。只有能理解人，才能做到宽宏大量。千万不要求全责备，斤斤计较，咄咄逼人。

在人际交往中，要容许其他人有个人行动和进行自我判断的自由。对不同于己、不同于众的行为耐心容忍，不必要求其他人处处效法自己，与自己完全保持一致，宽容也是尊重对方的一个主要表现。自律是对待个人的要求，是礼仪的基础和出发点。最重要的就是要自我要求、自我约束、自我控制、自我对照、自我反省、自我检点，这就是所谓自律的原则。

5）尊重习俗与风俗禁忌原则

《礼记》中说："入境而问禁，入国而问俗，入门而问讳。"俗话说"十里不同风、八里不同俗""到什么山唱什么歌",这些都说明了尊重各地不同风俗与禁忌的重要性。尊重习俗原则与风俗禁忌是指世界每个民族地区都可能有自己独特的风俗禁忌,人们应当理解它、尊重它,不违反这些风俗禁忌。

4.公共关系礼仪的含义

公共关系礼仪是指公关人员在公关活动中应遵守的礼仪要求,并不包括其他场合的礼仪。但是,公关礼仪与其他交际礼仪也有相通之处,只不过目的、对象有所不同而已。

社会组织是公关礼仪的一半主体,但组织的公关工作人员代表组织直接处理内外公众的关系,他们是从事公共关系活动的现实主体。他们的言行举止、风度仪表均需遵循礼仪的要求。社会公众作为主体作用的对象,在公共关系礼仪形成及实施过程中,既接受礼仪又反馈并创造礼仪,成为公关人员礼仪的作用对象,同时又以自己的礼仪反作用于公关人员的礼仪,参与公关礼仪的往来接受,他们的礼仪亦具有公关礼仪的意蕴。公关礼仪的主体是多元的,客体也是多元的,并且主客体的构成常常是变动的、转化的或兼而有之的。

二、个人基本礼仪

个人礼仪是社会个体的生活行为规范与待人处世的准则,是个人仪表、仪容、言谈举止、待人接物等方面的个体规定,是个人道德品质、文化素养、教养良知等精神内涵的外在表现。其核心是尊重他人,与人友善,表里如一,内外一致。

个人礼仪也被称为"仪表礼仪"。仪表,是指人的外表,包括人的容貌、仪态、服饰和个人卫生等方面,它是人精神面貌的外观。人们常说的"第一印象",多半来自一个人的仪表。讲究仪表,不仅能塑造和维护个人的社交形象,而且能通过良好的个人形象塑造组织形象。

1.仪容礼仪

仪容主要指包括五官在内的整个面部,它是仪表之首。对仪容的基本要求是整洁、卫生。清洁是仪容美的关键,是个人礼仪的基本要求,也是当今社会与人交往、取得成功的必要条件。具体要求有以下几个方面。

1)头发

作为公关人员,其修饰头发大体上有下列4个问题。

(1)干净整洁。一定要对自己的头发常洗,常理,常梳,常整。要保证头发无异味,无异物,人们有的时候偶尔看到这样的人,倒未必都是公关人员,也有各色人等,他衣服穿得很得体,发型也比较时尚,但是走近之后,异味扑鼻;细看之下,发屑满目。那你感觉如何?肯定是很不舒服。所以,讲到头发的时候,第一个要注意的问题就是要干净整洁。公关人员的头发要干净。

(2)长短合适。男性公关人员的头发最长应该是在七厘米左右。即前发不覆额,侧发不掩耳,后发不及领。就是不要随便留披肩长发。女性公关人员头发的长度,一般不要长于肩部。如果长于肩部的话,最好盘起来、挽起来或梳起来,不要随意披散开来。

(3)染发禁忌。现在很多时尚一族,头发染得色彩斑斓,有时候还不止一种颜色。但作为公关人员,作为代表组织形象的公关人员,在此方面就不能肆意妄为了。一般来讲,提倡公关人员不染彩色发。

（4）发型选择。公关人员的发型要大方，更重要的是要得体，不要过分地标新立异。过分地标新立异就有招摇卖弄之嫌。

2）面部和手部

面部各部分和手部的清洁与修饰也是仪容的重要问题。

（1）眼部。"眼睛是心灵的窗户"。注意眼睛的保洁，及时清除眼角分泌物。当然，清洁时要避开他人，不能当众用手绢、纸巾擦拭或用手去抠。注意用眼卫生，预防眼病。

眉毛的形状是容貌的重要组成部分，适当修剪可以让整个面部显得平衡、清晰。

（2）鼻部。养成每天洗脸时清洁鼻腔的好习惯。切忌当众清洁鼻孔，当着他人的面挖鼻孔或擤鼻涕，既易引人反感，又影响个人形象。另外，毛发重的男性，如果鼻毛长出鼻孔，应及时修剪。

（3）嘴部。保持干净。吃东西后马上擦嘴，并及时清除牙缝中残存的食物，但不能当众剔牙。口气清新，口中不能有烟、酒、葱、蒜、韭菜、腐乳等气味。避免"异响"，一般咳嗽、打嗝、打哈欠时应尽量避开他人，一旦忍不住当众出现的，要用手绢或手捂住嘴，并向他人致歉；不要随地吐痰。

修面剃须。男性要每天剃胡须，不能当着外人的面使用剃须刀。

（4）颈部。颈部与头部相连，属于面容的自然延伸部分，也是人体最易显现年龄的部位，因此应重视修饰颈部。要从年轻时开始对颈部进行营养护理，防止皮肤老化，与面容产生较大的反差。还要经常保持颈部的清洁卫生，不能当众搓颈部的污垢。

（5）化妆。公关人员的特点就是要天天化妆上岗，不能素面朝天。对于公关人员，化妆主要指的是女性，其化妆是有要求的。简单地讲就是8个字：化妆上岗，淡妆上岗。公关人员不仅是化妆上岗、淡妆上岗，化妆时还有些基本的规则一定要认真遵守。以下5个重要的规则，要特别强调一下。

第一，自然。化妆是一种美化自身的行为，美容尤其如此，但是一定要明白，美在含蓄，美在自然。"清水出芙蓉，天然去雕饰"。

第二，美化。美化就是化妆要符合常规的审美标准。不能与人们常规的审美标准不同，要让大多数人喜欢。

第三，协调。美在和谐，化妆者一定要懂得一些常规的搭配。比如，腮红和眼影应该是一个色系。再比如，涂彩色唇彩和彩色指甲油时，其具体色彩是不是也要一样呢？平时所使用的化妆品，是不是整体上它的香型要相似？所以如果经济能力允许的话，使用化妆品最好还是系列化比较好。

第四，得法。要掌握常规的化妆方法，此即所谓化妆得体。一些最基本的化妆方法一定要知道。例如，使用香水，要注意香水的类型和使用方法。香水分为很多类型，有浓香型、清香型、淡香型、微香型。

第五，避人。所谓避人，即回避他人，不要在人前化妆。它是化妆中非常重要的一个原则。

（6）手部。在交际活动中，手占有重要的位置。接待客人时，人们通常以握手的礼节来表示对客人的欢迎，然后再伸出手递送名片等，客人总是先接触到手，形成第一印象。通过观察手，可以判断出一个人的修养与卫生习惯，甚至对生活的态度。因此，应经常清洗自己的手，修剪指甲。手的清洁与一个人的整体形象密切相连，应当引起足够的重视。但不要在任何公众的场合修剪指甲，这是不文明、不雅观的举止。

2. 服饰礼仪

服饰礼仪是人们在交往过程中为了相互表示尊重与友好，达到交往的和谐而体现在服饰上的一种行为规范。

服饰是一种文化，它反映着一个民族的文化水平和物质文明发展的程度。服饰具有极强的表现功能，在社交活动中，人们可以通过服饰来判断一个人的身份地位、涵养；服饰可展示个体对美的追求、体现自我的审美；服饰可以增进一个人的仪表、气质，所以，服饰是人类的一种内在美和外在美的统一。要塑造一个真正美的自我，首先就要掌握服饰打扮的礼仪规范，让和谐、得体的穿着来展示自己的才华和美学修养，以获得更高的社交地位。

1）服饰打扮的原则

服饰打扮虽说由于每个人的喜好不同，打扮方式不同，产生的效果也不同，因此也成就了五彩斑斓的服饰世界，但根据人们的审美观及审美心理还是有一些基本的原则可循。

（1）整洁原则。整洁原则是指整齐干净的原则，这是服饰打扮的一个最基本的原则。一个穿着整洁的人总能给人以积极向上的感觉，并且也表示出对交往对方的尊重和对社交活动的重视。整洁原则并不意味着一味地时髦和高档，只要保持服饰的干净合体、全身整齐有致即可。

（2）个性原则。个性原则是指社交场合树立个人形象的要求。不同的人由于年龄、性格、职业、文化素养等各方面的不同，自然就会形成各自不同的气质。人们在选择服装进行打扮时，不仅要符合个人的气质，还要展现出自己美好气质的一面，为此，必须深入了解自我，正确认识自我，选择自己合适的服饰，这样，可以让服饰尽显自己的风采。要使打扮富有个性，还要注意：首先不要盲目追赶时髦，因为最时髦的东西往往是最没有生命力的。其次要穿出自己的个性，不要盲目模仿别人，而要考虑自己的综合因素。

（3）和谐原则。所谓和谐原则是指协调得体原则。即选择服装时不仅要与自身体型相协调，还要与着装的年龄、肤色相配。服饰本是一种艺术，能掩盖体形的某些不足。要借助于服饰，创造出一种美妙身材的感觉。不论是高矮胖瘦，年轻的还是年长的，只要根据自己的特点，用心地去选择适合自己的服饰，总能创造出服饰的神韵。

（4）着装的 T.P.O 原则。T.P.O 分别是英语 Time、Place、Occasion 3 个词的缩写字头，即着装的时间、地点、场合的原则。一件被认为美的服饰不一定适合所有的场合、时间、地点。因此，人们在着装时应该要考虑这 3 方面的因素。

着装的时间原则，包含每天的早、中、晚时间的变化；春、夏、秋、冬四季的不同和时代的变化。着装的地点原则是指环境原则，即不同的环境需要与之相适应的服饰打扮。着装的场合原则是指场合气氛的原则，即着装应当与当时当地的气氛融洽协调。服饰的 T.P.O.原则的三要素是相互贯通、相辅相成的。人们在社交活动与工作中，总是会处于一个特定的时间、地点和场合中，因此在着装时，应考虑一下，穿什么？怎么穿？这是踏入社会并取得成功的一个开端。

（5）着装的配色原则。服饰的美是款式美、质料美和色彩美三者完美统一的体现，形、质、色三者相互衬托、相互依存，构成了服饰美统一的整体。而在生活中，色彩美是最先引人注目的，因为色彩对人的视觉刺激最敏感、最快速，会给他人留下很深的印象。

2）服装色彩搭配服饰色彩的相配应遵循一般的美学常识

服装与服装、服装与饰物、饰物与饰物之间的色彩应色调和谐，层次分明。饰物只能起到"画龙点睛"的作用，而不应喧宾夺主。服饰色彩在统一的基础上应寻求变化，服与服、服与饰、饰与饰之间在变化的基础上应寻求平衡。一般认为，衣服里料的颜色与表料的颜色，衣服中某一色与饰物的颜色均可进行呼应式搭配。

知识链接

服装色彩搭配的3种方法

（1）同色搭配：即由色彩相近或相同，明度有层次变化的色彩相互搭配造成一种统一和谐的效果。如墨绿配浅绿、咖啡配米色等。在同色搭配时，宜掌握上淡下深、上明下暗。这样整体上就有一种稳重踏实之感。

（2）相似色搭配：色彩学把色环上大约90°以内的邻近色称之为相似色。如蓝与绿、红与橙。相似色搭配时，两个色的明度、纯度要错开，如深一点的蓝色和浅一点的绿色配在一起比较合适。

（3）主色搭配：指选一种起主导作用的基调和主色，相配于各种颜色，造成一种互相陪衬、相映成趣之效。采用这种配色方法，应首先确定整体服饰的基调，其次选择与基调一致的主色，最后再选出多种辅色。主色调搭配如选色不当，容易造成混乱不堪，有损整体形象，因此使用的时候要慎重。

3）色彩选择应考虑的因素

在选择服饰色彩的时候，不仅要考虑色彩之间的相配，而且还要考虑与着装者的年龄、体形、肤色、性格职业等相配。

（1）服色与年龄。不论年轻人还是年长者都有权利打扮自己。但是在打扮时要注意，不同年龄的人有不同的着装要求。一般而言，年轻人的穿着可鲜艳、活泼和随意些，这样可以充分体现年轻人朝气蓬勃的青春美；而中老年人的着装则要注意庄重、雅致、含蓄，体现其成熟和端庄，充分表现出成熟之美。但无论何种年龄段，只要着装与年龄相协调，都可以显示出独特的韵味。

（2）服色与体形。天下人等，高矮胖瘦各得其所，不同的体形着装意识有所区别。

对于高大的人而言，在服装选择与搭配上要注意：服色宜选择深色、单色为好，太亮太淡太花的色彩都有一种扩张感，使着装者显得更高更大。

对于较矮的人而言，服色宜稍淡、明快柔和些为好，上下色彩一致可以造成修长之感。

对于较胖的人而言，在服色的选择上，应以冷色调为好，过于强烈的色调就更显的胖。

对于偏瘦的人而言，服色选择应以明亮柔和为好，太深太暗的色彩反而显得瘦弱。

（3）服色与肤色。肤色影响着服饰配套的效果，也影响着服装及饰物的色彩。但反过来说服饰的色彩同样作用于人的肤色而使肤色发生变化。一般认为：肤色发黄或略黑、粗糙的人，在选择服色时应慎重。服色的调子过深，会加深肤色偏黑的感觉，使肤色毫无生气；反之，也不宜用调子过浅的服色，色泽过浅，会反衬出肤色的黝黑，同样会令人显得暗淡无光。这种肤色的人最适宜选用的是与肤色对比不强的粉色系、蓝绿色。最忌色泽明亮的黄、橙、蓝、紫或色调极暗的褐色、黑紫、黑色等。

肤色略带灰黄，则不宜选用米黄色、土黄色、灰色的服色，否则会显得精神不振和无精打采。

肤色发红，则应配用稍冷或浅色的服色，但不宜使用浅绿色和蓝绿色，因为这种强烈的色彩对比会使肤色显得发紫。

（4）服色与性格。不同的性格需要由不同的色彩来表现，只有选择与性格相符的服色才会给人带来舒适与愉快。性格内向的人，一般喜欢选择较为沉着的颜色，如青、灰、蓝、黑等；性格外向的人，一般以选用暖色或色彩纯度高的服色为佳，如红、橙、黄等。

（5）服色与职业。

不同的职业有不同的着装要求。如法官的服色一般为黑色，以显示出庄重、威严；银行职员的服色一般选用深色，这会给客户以牢靠、信任的感觉。

3．仪态礼仪

仪态礼仪主要是指个人的举止礼仪。举止落落大方，动作合乎规范，是个人礼仪方面最基本的要求。它包括站立、就座、行走和手势。

1）站立

站立是人们在交际场所最基本的姿势，是其他姿势的基础。站立是一种静态美，是培养优美典雅仪态的起点。

（1）站立的一般要求。头正、颈挺直、双肩展开放松，人体有向上的感觉；收腹、立腰、提臀；两腿并拢，膝盖挺直，小腿向后发力，人体的重心在前脚掌。无论男性还是女性站立时要做到自然并保持面带笑容。这样就可以表现出饱满的精神状态，给人以良好的形象。

（2）不良站立姿势及纠正。交际场合双手不可叉在腰间，也不可抱在胸前；不可驼着背，弓着腰，不可眼睛不断左右斜视；不可一肩高一肩低，不可双臂胡乱摆动，不可双腿不停地抖动。在站立时不宜将手插在裤袋里，更不要下意识地出现搓、剐动作，也不要随意摆动打火机、香烟盒，玩弄皮带、发辫等。这样不但显得拘谨、有失庄重，还会给人以缺乏自信和没有经验的感觉。

2）就座

就座是指人们从其他姿势转到入座及应保持的坐相。坐姿的原则是给人以端正、大方、自然、稳重之感。

（1）就座的要求。入座时要轻稳，走到座位前，转身后，右腿后撤半步，轻稳地坐下。女性就座时，应用手将裙稍稍拢一下，男性则应将西服扣打开。坐在椅子上时，上体保持站姿的基本姿势，头正目平、嘴微闭、面带微笑、双膝并拢、两脚平行，鞋尖方向一致，做到两腿自然弯曲，小腿与地面基本垂直。双脚可正放或侧放，并拢或交叠。女性的双膝必须并拢，双手自然弯曲放在膝盖或大腿上。如坐在有扶手的沙发时，男性可将双手分别搭在扶手上，而女性最好只搭一边，倚在扶手上，以显示高雅；坐在椅子上时，一般只坐满椅子的2/3，不要靠背，仅在休息时才可轻轻靠背。起立时，右腿向回收半步，用小腿的力量将身体支起，并保持上身的直立状态。当然，坐姿还可以上体与腿同时转向一侧，面向对方，形成优美的"S"形坐姿，还可两腿膝部交叉，脚内收与前腿膝下交叉，两脚一前一后着地，双手稍微交叉于腿上。无论采取哪种坐的姿势，关键要做到自然、美观、大方，切不可表现出僵死、生硬。

（2）不良坐姿及纠正。不良坐姿包括：与人交谈时，双腿不停地抖动，甚至鞋跟离开脚跟晃动；坐姿与环境要求不符，入座后二郎腿跷起，或前俯后仰。不能将双腿搭在椅子、沙发和桌子上；女性叠腿要慎重、规范，不可呈"4"字形，男性也不能出现这种不雅的坐姿；坐下后不可双腿拉开成八字形，也不可将脚伸得很远。不规范的坐姿是不礼貌的，是缺乏教养的表现。对不雅的坐姿应在平时加以纠正，养成良好的就座姿态。

3）行走

行走是人们在行走过程中应遵循的正确姿势。正确的行走要从容、轻盈、稳重。行走是一种动态美，凡是协调稳健、轻松敏捷的走姿都会给人以美感。女性走姿要展现身体的曲线美，男性走姿要体现阳刚之气。

（1）行走的要求。以站姿为基础，面带微笑，眼睛平视；双肩平稳，双臂前后摆动自然且有节奏，摆幅以30°～50°为宜；双肩、双臂都不应过于僵硬；重心稍前倾；行走时左右脚重心反复地向前后交替，使身体向前移动；行走时，两只脚的内侧行走的线迹为一条直线，脚印应是正对前方；步幅要适当，一般应是男性70cm左右，女性略小些，但也因身高有一定的差异。着装不同，步幅也不同，如女性穿裙装（特别是旗袍、西服裙或礼服）和穿高跟鞋时，步幅应小些；跨出的步子应是脚跟先着地，膝盖不能弯曲，脚腕和膝盖要灵活，富于弹性；走路时应有一定的节奏感，走出步韵来。

（2）不良走姿及纠正。行走最忌内八字、外八字；不可弯腰驼背、摇头晃肩、扭腰摆臀；不可膝盖弯曲，或重心交替不协调，使得头先去而腰、臀后跟上来；不可走路时吸烟、双手插在裤兜；不可左顾右盼；不可无精打采，身体松垮；不可摆手过快，幅度过大或过小。

4）手势

手势是人们利用手来表示各种含义时所使用的各种姿势，是人们交际时不可缺少的体态语言。手势美是动态美，要能够恰当地运用手势来表达真情实意，就会在交际中表现出良好的形象。

（1）手势的要求。与人交谈时的手势不宜过多，动作不宜过大，更不可手舞足蹈；介绍某人或给对方指示方向时，应掌心向上，四指并拢，大拇指张开，以肘关节为轴，前臂自然上抬伸直。指示方向时上体稍向前倾，面带微笑，自己的眼睛看着目标方向并兼顾对方是否意会到。这种手势有诚恳、恭敬之意；打招呼、致意、告别、欢呼、鼓掌也属于手势的范围，要注意其力度的大小、速度的快慢及时间的长短；在任何情况下，不可用拇指指自己的鼻尖或用手指指点他人，这含有妄自尊大和教训别人之意。谈到自己时应用手掌轻按自己的左胸，显得端庄、大方、可信；同样的一种手势在不同的国家、地区有不同的含义，千万不可乱用，否则会造成误解。

（2）交际中应避免出现的手势。交际场合不可当众搔头皮、掏耳朵、抠鼻孔和眼屎、搓泥垢、修指甲、揉衣角、用手指在桌上乱画、玩手中的笔或其他工具；切忌做手势，或指指点点。

🌐 知识链接

主要仪式的礼仪

一、签字仪式

签字仪式，通常是指订立合同和协议的各方在合同、协议正式签署时所正式举行的仪式。举行签字仪式，不仅是对谈判成果的一种公开化、固定化，而且也是有关各方对自己履行合同、协议所作出的一种正式承诺。

1. 签字的准备工作

（1）布置好签字厅。签字厅要庄重、整洁、清静。室内应铺满地毯，正规的签字桌应为长桌，其上最好铺设深绿色的台呢布。签字桌应横放于室内，在其后可摆放适量的座椅。签署双边性合同时，可放置两张座椅，供签字人就座。签署多边性合同时，可以仅放一把座椅，供各方签字人签字时轮流就座。也可以给每位签字人提供座椅。签字人就座时，一般应面对正门。

(2) 在签字桌上，按照惯例应事先安放好待签的合同文本及签字笔、吸墨器等签字时所用的文具。

(3) 与外商签署涉外商务合同时，还需在签字桌上插放有关各方的国旗。插放国旗时，在其位置与顺序上，必须按照礼宾序列。例如，签署双边性涉外商务合同时，有关各方的国旗需插放在该方签字人座椅的正前方。

2. 签字时的座次安排

1) 签署双边性合同

应请客方签字人在签字桌右侧就座，主方签字人则应同时就座于签字桌左侧。双方各自的助签人，应分别站立于己方签字人的外侧，以便随时对签字人提供帮助。双方其他随行人员，可以按照一定顺序在己方签字人的正对面就座。也可依照职位的高低，依次自左至右（客方）或自右至左（主方）列成一行，站立于己方签字人的身后。当一行站不完时，可按照以上顺序并遵照"前高后低"的惯例，排成两行三行或四行。原则上，双方随行人员人数，应大体上相当。

2) 签署多边性合同

一般仅设一个签字椅。各方签字时，须依照有关各方事先同意的先后顺序依次上前。助签人应随之一同行动。在助签时，依"右高左低"的规矩，助签人应站立于签字人的左侧。有关各方的随行人员，应按照一定的序列，面对签字桌就座或站立。

3. 对待签合同文本的要求

(1) 依照商界的习惯，在正式签署合同之前，应由举行签字仪式的主方负责准备待签合同的正式文本。应会同有关各方指定专人，共同负责合同的定稿、校对、印刷与装订。按常规，应为在合同上正式签字的有关各方，均供有一份待签的合同文本。必要时，还可再向各方提供一份副本。

(2) 签署涉外商务合同。按照国际惯例，待签的合同文本，应同时使用有关各方法定的官方语言。此外，也可同时并用有关各方法定的官方语言。

(3) 待签的合同文本。应以精美的白纸印制而成，按大八开的规格装订成册，并以高档质料如真皮、金属、软木等作为封面。

4. 签约的程序

签字仪式的正式程序一共分为4项，分别如下。

(1) 签字仪式的正式开始。有关方面各主要人员入签字厅后，在既定的位次上各就各位。

(2) 签字人正式签署合同文本。通常的做法是，首先签署己方保存的合同文本，接着再签署他方保存的合同文本。商务活动规定：每个签字人在签署己方保留的合同文本上签字时，按惯例应当名列首位。因此，每个签字人均应首先签署己方保存的合同文本，然后再交由他方签字人签字。这一做法，在礼仪上称为"轮换制"。它的含义是在位次排列上，轮流使有关各方均有机会居于首位一次，以显示机会均等，各方平等。

(3) 签字人正式交换有关各方正式签署的合同文本。此时，各方签字人应握手，互致祝贺，并相互交换各自一方刚才使用过的签字笔，以示纪念。全场人员应鼓掌表示祝贺。

(4) 共饮香槟酒互相道贺。交换已签的合同文本后，有关人员，尤其是签字人当场干一杯香槟酒，是国际上通行的用以增添喜庆色彩的做法。在一般情况下，商务合同在正式签署后，应提交有关方面进行公证，此后才正式生效。

二、开业仪式

开业仪式是指在单位创建、开业，项目完工、落成，某一建筑物正式启用，或是某项工程正式开始之际，为了表示庆贺或纪念，而按照一定的程序所隆重举行的专门的仪式。

1. 筹备工作

1) 筹备工作的原则

筹备开业仪式，首先在指导思想上要遵循"热烈"、"节俭"与"缜密"三原则。所谓"热烈"，是指要想方设法在开业仪式的进行过程中营造出一种欢快、喜庆、隆重而令人激动的氛围，而不应令其过于沉闷、乏味。所谓"节俭"，是要求主办单位勤俭持家，在举办开业仪式以及为其进行筹备工作的整个过程中，在经费的支出方面量力而行，节制、俭省，反对铺张浪费。所谓"缜密"，则是指主办单位在筹备开业仪式时，既要遵行礼仪惯例，又要具体情况具体分析，认真策划，注重细节，分工负责，一丝不苟。力求周密、细致，严防百密一疏，临场出错。具体而论，筹备开业仪式时，对于舆论宣传、来宾约请、场地布置、接待服务、礼品馈赠、程序拟定6个方面的工作，尤其需要事先作好认真安排。

2) 筹备工作程序

具体工作程序见前文"开业典礼策划注意事项"。

2. 各种常见的开业仪式

开业仪式其实只不过是一个统称，在不同的适用场合，它往往会采用其他一些名称，例如，开幕仪式、开工仪式、奠基仪式、破土仪式、竣工仪式、下水仪式、通车仪式、通航仪式等。

1) 开幕仪式

依照常规，举行开幕式需要较为宽敞的活动空间，所以门前广场、展厅门前、室内大厅等处，均可用做为开幕仪式的举行地点。开幕仪式的主要程序共有6项。第一项，仪式宣布开始，全体肃立，介绍来宾。第二项，邀请专人揭幕或剪彩。揭幕的具体作法是：揭幕人行至彩幕前恭立，礼仪小姐双手将开启彩幕的彩索递交对方。揭幕人随之目视彩幕，双手拉启彩索，令其展开彩幕。全场目视彩幕，鼓掌并奏乐。第三项，在主人的亲自引导下，全体到场者依次进入幕内。第四项，主人致词答谢。第五项，来宾代表发言祝贺。第六项，主人陪同来宾进行参观。开始正式接待顾客或观众，对外营业或对外展览宣告开始。

2) 开工仪式

开工仪式，即工厂准备正式开始生产产品、矿山准备正式开采矿石时，所专门举行的庆祝性、纪念性活动。开工仪式大都讲究在生产现场举行。即以工厂的主要生产车间、矿山的主要矿井等处，作为举行开工仪式的场所。除司仪人员按惯例应着礼仪性服装之外，东道主一方的全体职工均应穿着干净而整洁的工作服出席仪式。

开工仪式的常规程序主要有5项。第一项，仪式宣布开始。全体起立，介绍各位来宾，奏乐。第二项，在司仪的引导下，本单位的主要负责人陪同来宾行至开工现场肃立。例如，机器开关或电闸附近。第三项，正式开工。届时应请奉单位职工代表或来宾代表来到机器开关或电闸旁，首先对其躬身施礼，然后再动手启动机器或合上电闸。全体人员此刻应鼓掌祝贺，并奏乐。第四项，全体职工各就各位，上岗进行操作。第五项，在工人的带领下，全体来宾参观生产现场。

3) 奠基仪式

对于奠基仪式现场的选择与布置，有一些独特的规矩。奠基仪式举行的地点，一般应选择在动工修筑建筑物的施工现场。而奠基的具体地点，则按常规均应选在建筑物正门的右侧。在一般情况下，用以奠基的奠基石应为一块完整无损、外观精美的长方形石料。在奠基石上，通常文字应当竖写。在其右上款，应刻有建筑物的正式名称。在其正中央，应刻有"奠基"两个大字。在其左下款，则应刻有奠基单位的全称以及举行奠基仪式的具体年月日。奠基石上的字体，大都讲究以楷书字刻写，并且最好是白底金字或黑字。

在奠基石的下方或一侧，还应安放一只密闭完好的铁盒，内装与该建筑物相关的各项资料以及奠基人的姓名。届时，它将同奠基石一道被掩埋于地下，以示纪念。通常，在奠基仪式的举行现场应设立彩棚，安放该建筑物的模型或设计图、效果图，并使各种建筑机械就位待命。

奠基仪式的程序大体上共分5项。第一项，仪式正式开始。介绍来宾，全体起立。第二项，奏国歌。第三项，主人对该建筑物的功能以及规划设计进行简介。第四项，来宾致词道喜。第五项，正式进行奠基。此时，应锣鼓喧天，或演奏喜庆乐曲。由奠基人双手持握系有红绸的新锹为奠基石培土。随后，再由主人与其他嘉宾依次为之培土，直至将其埋没为止。

4) 破土仪式

破土仪式的具体程序共有5项。第一项，仪式宣布开始。介绍来宾，全体肃立。第二项，奏国歌。第三项，主人致词。以介绍和感谢为其发言的重点。第四项，来宾致词祝贺。第五，正式破土动工。具常规的做法是：首先由众人环绕于破土之处的周围肃立，并且目视破土者，以示尊重。接下来，破土者须双手执系有红绸的新锹垦土3次,以示良好的开端。最后,全体在场者一道鼓掌,并演奏喜庆音乐,或燃放鞭炮。一般而言,奠基仪式与破土仪式在具体程序方面大同小异,而其适用范围也大体相近。因此,这两种仪式不宜同时举行于一处。

5) 竣工仪式

举行竣工仪式的地点,一般应以现场为第一选择。例如,新建成的厂区之内、新落成的建筑物之外,以及刚刚建成的纪念碑、纪念塔、纪念堂、纪念像、纪念雕塑的旁边。

竣工仪式的基本程序通常一共有7项。第一项,仪式宣布开始,介绍来宾,全体起立。第二项,奏国歌,并演奏本单位标志性歌曲。第三项,本单位负责人发言,以介绍、回顾、感谢为主要内容。第四项,进行揭幕或剪彩。第五项,全体人员向竣工仪式的"主角"——刚刚竣工或落成的建筑物,郑重其事地恭行注目礼。第六项,来宾致词。第七项,进行参观。

6) 下水仪式

按照国际上目前通行的做法,下水仪式基本上都是在新船码头上举行的。届时,应对现场进行一定程度的美化。比如说,在船坞门口与干道两侧,应饰有彩旗、彩带。在新船所在的码头附近,应设置专供来宾观礼或休息用的彩棚。对下水仪式的"主角"新船,也须认真进行装扮。一般的做法,是在船头扎上由红绸结成的大红花,并且在新船的两侧船舷上扎上彩旗,系上彩带。

下水仪式的主要程序共有5项。第一项,仪式宣布开始。介绍来宾,全体起立,乐队奏乐,或锣鼓齐奏。第二项,奏国歌。第三项,由主人简介新船的基本状况。例如,船名、吨位、马力、长度、高度、吃水、载重、用途、工价等。第四项,由特邀掷瓶人行掷瓶礼。砍断缆绳,新船正式下水。第五项,来宾代表致词祝贺。

行掷瓶礼,是下水仪式上独具特色的一个节目。它在国外由来已久,并已传入我国。它的目的是要渲染出喜庆的气氛。它的做法则是由身着礼服的特邀嘉宾双手持握厂瓶正宗的香槟酒,用力将瓶身向新船的船头投掷,瓶破之后酒香四溢,酒沫飞溅。在嘉宾掷瓶以后,全体到场者须面向新船行注目礼,并随即热烈鼓掌。此时,还可在现场再度奏乐或演奏锣鼓,施放气球,放飞信鸽,并且在新船上撒彩花,落彩带。

7) 通车仪式

举行通车仪式的地点,通常均为公路、铁路、地铁新线路的某一端,新建桥梁的某一头,或者新建隧道的某一侧。在现场附近,以及沿线两旁,应当适量地插上彩旗、挂上彩带。必要之时,还应设置彩色牌楼,并悬挂横幅。在通车仪式上,被装饰的重点应当是用以进行"处女航"的汽车、火车或地铁列车。在车头之上,一般应系上红花。在车身两侧,则可酌情插上彩旗,系上彩带,并且悬挂上醒目的宣传性标语。

通车仪式的主要程序一般共有6项。第一项,仪式宣布开始。介绍来宾,全体起立。第二项,奏国歌。第三项,主人致词。其主要内容是,介绍即将通车的新线路、新桥梁或新隧道的基本情况,并向有关方面谨致谢意。第四项,来宾代表致词祝贺。第五项,正式剪彩。第六项,首次正式通行车辆。届时,宾主及群众代表应一起登车而行。有时,往往还须由主人所乘坐的车辆行进在最前方开路。

8) 通航仪式

通航仪式又称首航仪式。它所指的是飞机或轮船在正式开通某一条新航线之际,正式举行的庆祝性活动。一般而言,通航仪式除去主要的角色为飞机或轮船之外,在其他方面,尤其是在具体程序的操作上,往往与通车仪式大同小异。因此,对其不再赘述。进行实际操作时,一般均可参照通车仪式的具体作法进行。

三、剪彩仪式

剪彩仪式是指商界的有关单位,为了庆祝公司的成立、公司的周年庆典、企业的开工、宾馆的落成、商店的开张、银行的开业、大型建筑物的启用、道路或航道的开通、展销会或展览会的开幕等,举行的一项隆重性的礼仪性程序。

1. 准备工作

剪彩的准备必须一丝不苟涉及场地的布置、环境的卫生、灯光与音响的准备、媒体的邀请、人员的培训等。在准备这些方面时，必须认真细致，精益求精。此外，要准备某些特殊用具，诸如红色缎带、新剪刀、白色薄纱手套、托盘及红色地毯等。

2．人员选定

对剪彩人员必须认真进行选择，并于事先进行必要的培训。

1）人员组成

除主持人之外，剪彩的人员主要是由剪彩者与助剪者两个主要部分的人员所构成的。

2）礼仪要求

在剪彩仪式上担任剪彩者，是一种很高的荣誉。剪彩仪式档次的高低，往往也同剪彩者的身份密切相关。因此，在选定剪彩的人员时，最重要的是要把剪彩者选好。

剪彩者，即在剪彩仪式上持剪刀剪彩之人。根据惯例，剪彩者可以是一个人，也可以是几个人，但是一般不应多于5人。通常，剪彩者多由上级领导、合作伙伴、社会名流、员工代表或客户代表所担任。

确定剪彩者名单，必须是在剪彩仪式正式举行之前。名单一经确定，即应尽早告知对方，使其有所准备。在一般情况下，确定剪彩者时，必须尊重对方个人意见，切勿勉强对方。需要由数人同时担任剪彩者时，应分别告知每位剪彩者届时将与何人同担此任。这样做，是对剪彩者的一种尊重。千万不要"临阵磨枪"，在剪彩开始前才强拉硬拽，临时找人凑数。

必要之时，可在剪彩仪式举行前，将剪彩者集中在一起，告之对方有关的注意事项，并稍事训练。按照常规，剪彩者应着套装、套裙或制服，将头发梳理整齐。不允许戴帽子，或者戴墨镜，也不允许其穿着便装。

若剪彩者仅为一人，则其剪彩时居中而立即可。若剪彩者不止一人时，则同时上场剪彩时位次的尊卑就必须予以重视。一般的规矩是：中间高于两侧，右侧高于左侧，距离中间站立者愈远位次便愈低，即主剪者应居于中央的位置。需要说明的是，之所以规定剪彩者的位次"右侧高于左侧"，主要是因为这是一项国际惯例，剪彩仪式理当遵守。其实，若剪彩仪式并无外宾参加时，执行我国"左侧高于右侧"的传统做法，亦无不可。

助剪者指的是剪彩者剪彩的一系列过程中从旁为其提供帮助的人员。一般而言，助剪者多由东道主一方的女职员担任。现在，人们对她们的常规称呼是礼仪小姐。

具体而言，在剪彩仪式上服务的礼仪小姐，又可以分为迎宾者、引导者、服务者、拉彩者、捧花者、托盘者。迎宾者的任务，是在活动现场负责迎来送往。引导者的任务，是在进行剪彩时负责带领剪彩者登台或退场。服务者的任务，是为来宾尤其是剪彩者提供饮料，安排休息之处。拉彩者的任务，是在剪彩时展开、拉直红色缎带。捧花者的任务则在剪彩时手托花团。托盘者的任务，则是为剪彩者提供剪刀、手套等剪彩用品。

在一般情况下，迎宾者与服务者应不止一人。引导者既可以是一个人，也可以为每位剪彩者各配一名。拉彩者通常应为两人。捧花者的人数则需要视花团的具体数目而定，一般应为一花一人。托盘者可以为一人，也可以为每位剪彩者各配一人。有时，礼仪小姐亦可身兼数职。

礼仪小姐的基本条件是，相貌较好、身材颀长、年轻健康、气质高雅、音色甜美、反应敏捷、机智灵活、善于交际。

礼仪小姐的穿着打扮必须尽可能地整齐划一。必要时，可向外单位临时聘请礼仪小姐。

3．基本程序

通常应包含如下6项基本的程序。

第一项，请来宾就位。在剪彩仪式上，通常只为剪彩者、来宾和本单位的负责人安排坐席。在剪彩仪式开始时，即应敬请大家在已排好顺序的座位上就座。在一般情况下，剪彩者应就座于前排。若不止一人时，则应按照剪彩时的具体顺序就座。

第二项，宣布仪式正式开始。在主持人宣布仪式开始后，乐队应演奏音乐，现场可燃放鞭炮，全体到场者应热烈鼓掌。此后，主持人应向全体到场者介绍到场的重要来宾。

第三项，奏国歌。此刻须全场起立。必要时，亦可随之演奏本单位标志性歌曲。

第四项，进行发言。发言者依次应为东道主单位的代表、上级主管部门的代表、地方政府的代表、合作单位的代表等。其内容应言简意赅，每人不超过3分钟，重点分别应为介绍、道谢与致贺。

第五项，进行剪彩。此刻，全体应热烈鼓掌，必要时还可奏乐或燃放鞭炮。在剪彩前，须向全体到场者介绍剪彩者。

第六项，进行参观。剪彩之后，主人应陪同来宾参观被剪彩之物。仪式至此宣告结束。随后东道主单位可向来宾赠送纪念性礼品，并以自助餐款待全体来宾。

（资料来源：http://baike.baidu.com）

子任务二　塑造公关人员交际形象

【知识目标】

- 掌握常用社交礼仪的内容
- 掌握常用社交礼仪的基本做法

【技能目标】

- 能得体地使用社交礼仪促进事业成功

【任务导入】

某公司要接待一批来自美国某公司的洽谈代表约翰斯，公司董事长决定由你担任主谈人并负责接待美国谈判代表。为了使业务洽谈成功，请你接待好约翰斯并安排好会谈。

【任务分析】

企业间的竞争越来越激烈，对职场人士素质的要求也越来越高。也许一个小小的礼仪上的疏漏，就会造成订单的损失、业绩的下滑。在商务交往活动中，为了体现相互尊重，需要通过一些行为准则去约束人们在商务交往活动中的方方面面，这其中包括仪表礼仪、社交礼仪等技巧。

一、致意礼仪

见面致意，是表示一种友好和尊重；相反，则会被认为是傲慢、无礼、没有教养。

1. 致意方式

1）点头致意

点头致意，就是在公共场合微微点头表示礼貌的一种方式。采取点头致意的场合如下。

（1）遇到领导、长辈时。在一些公共场合遇到领导、长辈，一般不宜主动握手，而应采用点头致意的方式。这样既不失礼，又可以避免尴尬。

（2）遇到交往不深者。和交往不深的人见面，或者遇到陌生人又不想主动接触，可以通过点头致意的方式，表示友好和礼貌。

（3）不便握手致意时。一些场合不宜握手、寒暄，就应该采用点头致意的方式。如与落座较远的熟人打招呼等。

（4）比较休闲的场合。一些休闲的场合，如在会前、会间的休息室；在上下班的班车上；在办公室的走廊上，不必握手和鞠躬，只要轻轻点头致意就可以了。

2）鞠躬致意

鞠躬一般在隆重、庄重的场合使用，表示感谢、道别、致意。鞠躬一般要脱帽，身体直立，目光平视，身体上部适当下弯，角度不宜过大。采取鞠躬致意的场合如下。

（1）讲话前后。演讲人在演讲前和结束讲话后，通常要鞠躬致意，表示对听众的感谢和致意。

（2）领受奖品。得奖人在领受奖品时，要对颁奖人鞠躬致意，感谢鼓励。

（3）道别告别。如出远门与亲人、朋友道别；遗体告别仪式或追悼会上，与逝者告别，可以行鞠躬礼。

3）鼓掌致意

鼓掌致意是在热烈、隆重的气氛中，表示欢迎、赞成、感谢的一种礼节。规范的鼓掌时左手手指并拢，手掌自然伸直，掌心向内或向上，拇指自然松开，右手手指并拢，用右手手指击打左手掌心。但注意不要合十鼓掌；不要五指分开鼓掌。

4）举手致意

举手致意，一般用来向他人表示问候时使用的举止。举手致意要伸开手掌，掌心向外，面向对方，指尖向上。当看见熟人又无暇分身的时候，举手致意可以立即消除对方的被冷落感。

2．致意规则

（1）男性应先向女性致意。

（2）年轻者应先向年长者致意。

（3）下级应先向上级致意。

在行非语言致意礼时，最好伴以"您好"等简洁的问候语，这样会使致意显得更生动、更具活力。

二、称呼礼仪

称呼指的是人们在日常交往应酬之中，所采用的彼此之间的称谓语。在人际交往中，选择正确、适当的称呼，反映出自身的教养、对对方尊敬的程度，甚至还体现着双方关系发展所达到的程度和社会风尚，因此称呼不能随便乱用。

选择称呼要合乎常规，要照顾被称呼者的个人习惯，入乡随俗。在工作岗位上，人们彼此之间的称呼是有其特殊性的。要庄重、正式、规范。

（1）职务性称呼：以交往对象的职务相称，以示身份有别、敬意有加，这是一种最常见的称呼。有3种情况：称职务、在职务前加上姓氏、在职务前加上姓名（适用于极其正式的场合）。

（2）职称性称呼：对于具有职称者，尤其是具有高级、中级职称者，在工作中直接以其职称相称。称职称时可以只称职称、在职称前加上姓氏、在职称前加上姓名（适用于十分正式的场合）。

（3）行业性称呼：在工作中，有时可按行业进行称呼。对于从事某些特定行业的人，可直接称呼对方的职业，如老师、医生、会计、律师等，也可以在职业前加上姓氏、姓名。

（4）性别性称呼：对于从事商界、服务性行业的人，一般约定俗成地按性别的不同分别称呼"小姐"、"女士"或"先生"，"小姐"是称未婚女性，"女士"是称已婚女性。

（5）姓名性称呼：在工作岗位上称呼姓名，一般限于同事、熟人之间。有3种情况：可以直呼其名；只呼其姓，要在姓前加上"老、大、小"等前缀；只称其名，不呼其姓，通常限于同性之间，尤其是上司称呼下级、长辈称呼晚辈，在亲友、同学、邻里之间，也可使用这种称呼。

三、介绍礼仪

在社交礼仪中，介绍是一个非常重要的问题，可以说，人际交往始自介绍，换而言之，跟任何人打交道，把介绍这个程序去掉了，恐怕就非常麻烦。从礼仪的角度来讲，介绍可以分为自我介绍、为他人作介绍、集体介绍和业务介绍4类。

1. 自我介绍

1）自我介绍的时机

两种情况下需要作自我介绍，第一种情况你想了解对方情况之时，所谓"将欲取之，必先予之"，"来而不往非礼也"。举个例子，在舞场上，或在宴会桌上，你想认识一个异性或者想认识一个长辈，直接问人家你是谁啊？你认识我吗？这都是不礼貌或者比较唐突的话。聪明的做法是自我介绍。一般情况下，作自我介绍实际上就是想了解对方的情况时作为一种交换，那就首先要让对方了解你的情况。第二种情况是想要别人了解你的情况。

2）自我介绍的顺序

主人和客人在一起，主人先作介绍；长辈和晚辈在一起，晚辈先作介绍；男性和女性在一起，男性先作介绍；地位低的人和地位高的人在一起地位低的人先作介绍。但是必须注意，地位低者先作介绍这个规则不是每个人都很熟悉，有鉴于此，当和外人打交道，需要作介绍而地位低者又不明白他应该先介绍，此时地位高者也可以先作自我介绍。

3）自我介绍的内容和方式

自我介绍时应先向对方点头致意，得到回应后再向对方介绍自己的姓名、身份、单位等。自我介绍的具体形式如下。

（1）应酬式。适用于某些公共场合和一般性的社交场合，这种自我介绍最为简洁，往往只包括姓名一项即可。例如，"你好，我叫张强。""你好，我是李波。"

（2）工作式。适用于工作场合，它包括本人姓名、供职单位及其部门、职务或从事的具体工作等。例如，"你好，我叫张强，是××公司的销售经理。""我叫李波，我在北京大学中文系任教。"

（3）交流式。适用于社交活动中，希望与交往对象进一步交流与沟通。它大体应包括介绍者的姓名、工作、籍贯、学历、兴趣及与交往对象的某些熟人的关系。例如，"你好，我叫张强，我在××公司上班。我是李波的老乡，都是北京人。""我叫王朝，是李波的同事，也在北京大学中文系，我教中国古代汉语。"

（4）礼仪式。适用于讲座、报告、演出、庆典、仪式等一些正规而隆重的场合。包括姓名、单位、职务等，同时还应加入一些适当的谦辞、敬辞。例如，"各位来宾，大家好！我叫张强，我是××公司的销售经理。我代表本公司热烈欢迎大家光临我们的展览会，希望大家……"

（5）问答式。适用于应试、应聘和公务交往。问答式的自我介绍，应该是有问必答，问什么就答什么。例如，"先生，您好！请问您怎么称呼？（请问您贵姓？）""先生您好！我叫张强。"主考官问："请介绍一下您的基本情况。"应聘者："各位好！我叫李波，现年26岁，河北石家庄市人……"

4）自我介绍时注意事项

（1）注意时间。要抓住时机，在适当的场合进行自我介绍，比如对方有空闲而且情绪较好，又有兴趣时，这样就不会打扰对方。自我介绍时还要简洁，尽可能地节省时间，以半分钟左右为佳。为了节省时间，作自我介绍时还可利用名片、介绍信加以辅助。

（2）讲究态度。进行自我介绍，态度一定要自然、友善、亲切、随和。应落落大方，彬彬有礼。既不能唯唯诺诺，又不能虚张声势，轻浮夸张。语气要自然，语速要正常，语音要清晰。

（3）真实诚恳。进行自我介绍要实事求是，真实可信，不可自吹自擂，夸大其词。

2．为他人介绍

在社交场合，人们往往有为不相识者彼此引见一下的义务，这便是为他人作介绍。为他人介绍，首先要了解双方是否有结识的愿望；其次要遵循介绍的规则；再次是在介绍彼此的姓名、工作单位时，要为双方找一些共同的谈话材料，如双方的共同爱好、共同经历或相互感兴趣的话题。

1）介绍的时机

遇到下列情况，有必要进行他人介绍。

（1）与家人外出，路遇家人不相识的同事或朋友。

（2）本人的接待对象遇见了其不相识的人士，而对方又跟自己打了招呼。

（3）在家中或办公地点，接待彼此不相识的客人或来访者。

（4）打算推介某人加入某一方面的交际圈。

（5）受到为他人作介绍的邀请。

（6）陪同上司、长者、来宾时，遇见了其不相识者，而对方又跟自己打了招呼。

（7）陪同亲友前去拜访亲友不相识者。

2）介绍的规则

将男性先介绍给女性。如："张小姐，我给你介绍一下，这位是李先生。"

将年轻者先介绍给年长者。在同性别的两人中，年轻者先介绍给年长者，以示对前辈、长者的尊敬。

将地位低者先介绍给地位高者。遵从社会地位高者有了解对方的优先权的原则，除了在社交场合，其余任何场合，都是将社会地位低者介绍给社会地位高者。

将未婚的先介绍给已婚的。如果两个女性之间，未婚的女性明显年长，则又是将已婚的介绍给未婚的。

将客人介绍给主人。

将后到者先介绍给先到者。

将家人介绍给同事、朋友。

3）介绍的礼节

（1）介绍人的做法。介绍时要有开场白，例如，"请让我给你们介绍一下，张小姐，这位是……"，"请允许我介绍一下，李先生，这位是……"。为他人做介绍时，手势动作要文雅，无论介绍哪一方，都应手心朝上，手背朝下，四指并拢，拇指张开，指向被介绍的一方，并向另一方点头微笑。必要时，可以说明被介绍的一方与自己的关系，以便新结识的朋友之间相互了解和信任。介绍人在介绍时要注意先后顺序，语言要清晰明了，以使双方记清对方姓名。在介绍某人优点时要恰到好处，不宜过分称赞而导致难堪的局面。

（2）被介绍人的做法。作为被介绍的双方，都应当表现出结识对方的热情。双方都要正面对着对方，介绍时除了女性和长者外，一般都应该站起来。但是若在会谈进行中，或在宴会等场合，就不必起身，只略微欠身致意就可以了。如方便的话，等介绍人介绍完毕后，被介绍人双方应握手致意，面带微笑并寒暄，例如，"您好"、"见到您很高兴"、"认识您很荣幸"、"请多指教"、"请多关照"等。如需要还可互换名片。

3．集体介绍

集体介绍是他人介绍的一种特殊形式，被介绍者一方或双方都不止一人，大体可分为两种情况：一是为一人和多人作介绍，二是为多人和多人作介绍。

1）集体介绍的时机

（1）规模较大的社交聚会，有多方参加，各方均可能有多人，为双方作介绍。

（2）大型的公务活动，参加者不止一方，而各方不止一人。

（3）涉外交往活动，参加活动的宾主双方皆不止一人。

（4）正式的大型宴会，主持人一方人员与来宾均不止一人。

（5）演讲、报告、比赛，参加者不止一人。

（6）会见、会谈，各方参加者不止一人。

（7）婚礼、生日晚会，当事人与来宾双方均不止一人。

（8）举行会议，应邀前来的与会者往往不止一人。

（9）接待参观、访问者，来宾不止一人。

2）集体介绍的顺序

进行集体介绍的顺序可参照他人介绍的顺序，也可酌情处理。但注意越是正式、大型的交际活动，越要注意介绍的顺序。

（1）"少数服从多数"，当被介绍者双方地位、身份大致相似时，应先介绍人数较少的一方。

（2）强调地位、身份。若被介绍者双方地位、身份存在差异，地位较高一方虽人数较少或只有一人，也应将其放在尊贵的位置，最后加以介绍。

（3）单向介绍。在演讲、报告、比赛、会议、会见时，往往只需要将主角介绍给广大参加者。

（4）人数较多一方的介绍。若一方人数较多，可采取笼统的方式进行介绍。如："这是我的家人""这是我的同学"。

（5）人数较多各方的介绍。若被介绍的不止两方，需要对被介绍的各方进行位次排列。排列的方法：①以其负责人身份为准；②以其单位规模为准；③以单位名称的英文字母顺序为准；④以抵达时间的先后顺序为准；⑤以座次顺序为准；⑥以距介绍者的远近为准。

3）集体介绍注意事项

集体介绍的注意事项与他人介绍的注意事项基本相似。除此之外，还应再注意以下两点。

（1）不要使用易生歧义的简称，在首次介绍时要准确地使用全称。

（2）不要开玩笑，要很正规。介绍时要庄重、亲切，切勿开玩笑。

4．业务介绍

现代市场经济日趋成熟，很多人员在日常工作和交往中往往需要向别人介绍本单位的产品，本单位的技术，本单位的服务，等等。在进行业务介绍时，礼仪方面需要注意以下3个要点。

（1）把握时机。换言之，当消费者或者目标对象有兴趣的时候，再做介绍，见机行事，那时效果可能比较好。"拉郎配"的促销方式不适合现代人的观念，此为理智消费者所不取。所以去介绍业务时，要之要者是一定得掌握时机。别人有兴趣的时候，介绍的效果可能比较好。

（2）讲究方式。一般来说，作业务介绍有4句话需要注意：第一，人无我有。需要把这个业务、产品服务的独特之处跟他人说出来，人无我有。第二，人有我优。有些产品、有些服务大家都有，但是我这儿质量好，技术能保证，后续服务比较到位。自身的优势，一定要尽力宣传。第三，人优我新。现代技术是日趋成熟，在一般情况下服务都是比较优质的。在这样的情况下，要把产品、服务中那些新的方面介绍出来。第四，诚实无欺。这个也是比较重要的。

（3）尊重对手。在进行自己的业务介绍时，千万不要诋毁他人。事实胜于雄辩，同行不能相妒，同行不是冤家。大家要共同合作，共同发展。任何讲究职业道德的人，都是不会在介绍自己业务时诽谤他人的。尊重竞争对手，不仅是一种教养，而且也是做人的一种风度。

四、名片礼仪

名片是一个人身份的象征，当前已成为人们社交活动的重要工具。它直接承载着个人信息，担负着保持联系的重任。要使名片发挥的作用更充分，就必须掌握相关的礼仪。

1．如何制作名片

一张小小的名片却能表现出名片的主人对待对方的真诚度和可信赖度。一张精美的名片往往能够使对方对自己产生更好的印象，因此，在商务礼仪中，名片的规范化制作也是非常重要的内容。一般情况下，人们需要从以下几个方面把握名片的设计和制作。

1）名片的格式

名片的格式有很多种，主要可以分为以下几种。

（1）简式与详式。依据名片上的内容的繁简可以将名片分为简式名片和详式名片。顾名思义，内容精炼的名片叫做简式名片；内容翔实的名片叫做详式名片。

使用简式名片的场合：在求见等交际活动场合中，名片适宜用简式名片。这类名片只需通报姓名、身份和求见意愿，其他的话语都留待见面时谈。

使用详式名片的场合：在介绍、探询等交际活动场合中，名片适宜用详式名片。这类名片内容翔实，若文字过简就难以达到交际目的。

（2）横式、竖式与可折叠式。按排版方式分横式名片、竖式名片、折卡名片3类。

横式名片是行序由上而下，字序从左到右的名片。竖式是行序由左到右，字序从上到下的名片。可折叠的名片是比正常名片多出一半的信息记录面积的名片。

2）名片的设计

名片的设计包括很多方面，主要有以下内容。

（1）文字设计。在设计名片时，行业常影响文字造型的表现方式。人们可以根据不同的行业来选择不同的字体。例如，软笔字体适合应用在茶艺馆上。

文字设计的题材来源有：公司中英文全名、中英文字首、文字标志……字形则包罗万象，设计的字形、篆刻的字形、传统的字形等。

另外，要注意字体与书面的配合，来营造版面的氛围，将名牌塑造成另一种新视觉语言。

（2）插图设计。插图是名片构成要素中，形成性格以吸引视觉的重要素材。最重要的，插图能直接表现公司的构造或行业，以传达广告内容具理解性的"看读效果"。

（3）色彩的设计。色彩在名片的设计上主要表现在色彩对人的视觉、感官等方面的影响。也在礼仪上，表达不同的含义。

在视觉上的表现：色彩是一种复杂的语言，它具有喜怒哀乐的表情，有时会使人心花怒放，有时会使人惊心动魄。

在感官上的表现：例如，黄色使人联想到酸，柔软的色彩是触觉，很香的色彩是嗅觉。

一般来讲，名片的色彩总体上要控制在 3 种颜色之内，包括标记、图案、公司、徽记。企业形象可识别系统那个象征性的标志，颜色若多于 3 种，在一个空间之内会给别人杂乱无章的感觉。所以名片的颜色最好只有两种颜色，纸张用一种颜色，字体用另一种颜色。

（4）饰框、底纹的设计。名片饰框应以柔和线条为佳，进而诱导视线移到内部主题为主。饰框、底纹既然是以装饰性为主要目的，在色彩应用上就要以不影响文字效果为原则；将主、副关系区别开来，才能得到一张明晰的名片作品，否则，文字与饰框、底纹会有混在一起的情况，形成看读上的反效果。一般情况下，名片最好是铅印的、打印的，最好不要手写。

（5）材料及尺寸设计。在名片选择使用的材料中，一般来说，最好就是使用卡片纸，如果出于环保的考虑，用再生纸甚至用打印纸也可以。名片的材料只是一种文字的载体，只要能把字印清楚，不容易丢失、磨损、折叠、清晰可辨就可以了。

但是需要注意的是，不要借题发挥，故弄玄虚，使用一些昂贵的材料，如黄金名片、白金名片、白银名片等。

在我国，名片的一般尺寸为 5.5cm×9cm。而在国际上，很多人用的名片规格是 6cm×10cm。

3）名片的内容

名片的内容一般要遵循 3 个"三"原则。

（1）归属。归属又有 3 个要点：第一要点是单位的全称。第二是所在的部门，如销售部、广告部、财务部等。第三是企业标志，即企业的徽记（Corporate Identity System，CIS）。

（2）称谓。称谓的 3 个要点是：第一是姓名，第二是职务，第三是职称。

（3）联络方式。联络方式的 3 个要点是：地址、邮编和办公电话。

2．何时交换名片

交换名片需要掌握一定的时机，如果时机不当，非但不能结交新的人际关系，还会给人以不好的印象。

1）适宜交换名片的时机

（1）希望认识对方。

（2）被介绍给对方。

（3）对方向自己索要名片。
（4）对方提议交换名片。
（5）打算获得对方的名片。
（6）初次登门拜访对方。
（7）出席社交活动、参加会议，应该在活动、会议之前或之后。

2）不宜交换名片的时机

（1）对方是陌生人而且不需要以后交往。
（2）不想认识或深交对方。
（3）对方对自己并无兴趣。
（4）对方之间地位、身份、年龄差别悬殊。
（5）对方在用餐、戏剧、跳舞时。

3．如何索要名片

在索要名片时，人们要掌握以下几种方法。

1）交易法

交易法是取得对方名片的最简单和最直接的方法。如果想要对方的名片就先把自己的名片递给对方，然后说："非常高兴认识您，这是我的名片，请多多指教。"此时对方站在商务礼仪的角度上，他也会回赠你一张名片。所以这个交易法是比较方便的。

2）明示法

明示法，即明确表示希望得到对方名片的一种方法，这也是很直接的一种方法。可以说："好长时间没见了，我们交换一下名片吧，这样联系更方便。"

3）谦恭法

谦恭法主要是适用于向长辈、地位高的人打交道时索要名片的一种方法。采取这种方法时，可以说："×××（先生、女士、教授等），以后我怎么向您请教比较方便？"

4）联络法

联络法主要是长辈或地位高的人向晚辈、地位低的人，尤其是女性，索要名片时常用的一种方法。索要者可以说："×××，认识你很高兴，希望以后能够与你保持联络，希望今后还能与你再见，不知道怎么跟你联系比较方便？"

如果被索取者不想给对方名片的话，则可以说："×××（先生、女士、教授等），以后还是我跟您联系吧。"

4．名片使用注意事项

使用名片是现代人交际的重要手段，名片的使用也有礼节。习惯上，名片上应印有工作单位、主要头衔、通讯地址、电话及邮政编码等。名片不是传单，不宜逢人便送。使用名片时，应注意几点。

（1）名片要准备充分，不能匮乏。
（2）名片要保持清洁，不要递出脏兮兮的名片。
（3）名片装在专门的名片夹内，然后放在容易拿的上衣口袋。
（4）递名片时，手的位置应与胸部齐高，要将名片朝向对方，双手恭敬地递上，并说："这是我的名片，请多关照。"
（5）收下名片后，应轻声地读一遍对方的姓名或职称，然后道谢。

（6）收到名片时，应将名片放在名片夹中，而不要将名片放在裤袋中。

（7）交换名片时，地位较低的一方先递出名片。

（8）如果想得到对方的名片，而对方并没有主动给，可以请求的口吻说："如果没有什么不方便的话，请给我一张您的名片。"

（9）不要收到对方的名片后，当场便在名片上书写或折叠。

（10）整理大量名片时，可以把对方的特征、兴趣爱好，以及接收名片的地点、时间、所谈的话题等记在名片后面，或整理成相应的数据表这样下次见面即可投其所好，多谈一些对方感兴趣的话题。

五、握手礼仪

握手在人类社会中起源较早，据说原始人表示友好时，首先亮出自己的手掌，并让对方摸一摸，表示自己手中没有武器。后来逐渐演化，成为现在的握手礼。现在的握手礼已没有最初的用意，只是一种交往礼节。比如老同学、老朋友见面握手表示亲热，初次见面握手表示欢迎等。

1．握手的次序

两人见面，谁先伸手握手，也是对人的尊敬问题，一般的次序是：①年龄较大、身份较高的人先伸手。年龄较小，身份较低的人不宜先伸手，而要等对方伸出手后，立即上前回握。②女性首先伸手。男女之间，当女性伸出手后，男性再伸手轻轻地握。如果女性不伸手，或无握手之意，男性可点头示意或鞠躬。不要贸然伸手，让女性有非握不可之感。③主人首先伸手。主人与客人之间，主人有先伸手的义务。当客人到来时，不管客人的身份如何，性别如何，主人都应首先伸出手表示欢迎，若等客人伸手，则显得主人有怠慢之感。但无论是谁先伸出手，对方都应该毫不迟疑地回握，以避免一方一直伸着手，无所适从。

2．握手的方式

伸出右手，四指并拢，拇指伸开，掌心向内，手的高度大致与对方腰部上方齐平。同时，上身略微前倾，注视着对方，面带微笑。不可一边握手，一边左顾右盼。如果两人比较熟悉且感情比较激动时，握手的力度可以大些，握手时间可以长些，并可双手加握。若对方是长辈或上级，则用力应稍小，否则给人一种强迫的感觉。与晚辈或下级握手可适当用力，只需象征性地轻轻一握即可。但无论对方是谁，都不可被动地让对方握，自己毫无反应，这样会给人一种应付的感觉。男性不可戴着手套与他人握手，这是礼貌性的问题，当对方伸出手后，应迅速脱去手套上前相握。女性可戴着薄手套同他人相握，这不算失礼。不要用湿手、脏手同他人握手。若正在从事体力劳动，对方热情地伸出手来，可以一面点头致意，一面亮出双手，简单说明情况并表示歉意，以取得对方的谅解，同时，赶紧洗好手，热情接待。

3．握手语

在握手时，常伴有一定的问话，称为握手语。常见的握手语有以下几种。

（1）问候型。这是最常见的一种握手语。一般的接待关系可用这种形式。如"您好！""最近怎么样？""工作还那么忙吗？还在那个单位吧？"等。

（2）祝贺型。当对方有突出成绩，受到表彰或遇到喜事，在接待时可用这种形式。如"恭喜您！""祝贺您！"等。

（3）关心型。这种形式特别适用于长辈对晚辈，上级对下级或主人对客人等。如"辛苦了！""一路很累吧？""天热吧？"等。

（4）欢迎型。第一次来的客人、女性或公务接待，均可用欢迎语。如"欢迎光临！""欢迎您！"等。

（5）致歉型。自己有地方做得不对或表示客气时可用此类握手语。如"照顾不周，请多包涵""未能远迎，请原谅"等。

（6）祝福型。送客时多用此握手语。如"祝您一路顺风！""祝您好运！"等。

4．握手的禁忌

（1）握手前应摘掉手套，双目安然注视对方，并示以微笑。切忌握手时以另一手拍打对方身体各部位，也不要一面与对方握手，一面心神不安，目光游移不定。

（2）握手一定要求用右手，在阿拉伯国家及少数西方国家，认为左手是"不洁之手"，用左手握手是对对方的一种侮辱。

六、接待礼仪

迎来送往，是社会交往接待活动中最基本的形式和重要环节，是表达主人情谊、体现礼貌素养的重要方面。尤其是迎接，是给客人留下良好的第一印象的最重要工作。给对方留下良好的第一印象，就为下一步深入接触打下了基础。

1．接待礼仪注意事项

（1）对前来访问、洽谈业务、参加会议的外国、外地客人，应首先了解对方到达的车次、航班，安排与客人身份、职务相当的人员前去迎接。若因某种原因，相应身份的主人不能前往，前去迎接的主人应向客人作出礼貌的解释。

（2）主人到车站、机场去迎接客人，应提前到达，恭候客人的到来，绝不能迟到让客人久等。客人看到有人来迎接，内心必定感到非常高兴，若迎接来迟，必定会给客人心里留下阴影，事后无论怎样解释，都无法消除这种失职和不守信誉的印象。

（3）在人声嘈杂的迎候地点迎接素不相识的客人时，务必要确认客人的身份。通常可以使用接站牌，上书"热烈欢迎××同志"或"××单位接待处"；也可悬挂欢迎横幅。

（4）接到客人后，应首先问候"一路辛苦了"、"欢迎您来到我们这个美丽的城市"、"欢迎您来到我们公司"等。然后向对方作自我介绍，如果有名片，可送予对方。

（5）迎接客人应提前为客人准备好交通工具，不要等到客人到了才匆匆忙忙准备交通工具，那样会因让客人久等而误事。

（6）主人应提前为客人准备好住宿，帮客人办理好一切手续并将客人领进房间，同时向客人介绍住处的服务、设施，将活动的计划、日程安排交给客人，并把准备好的地图或旅游图、名胜古迹等介绍材料送给客人。

（7）将客人送到住地后，主人不要立即离去，应陪客人稍作停留，热情交谈，谈话内容要让客人感到满意，比如客人参与活动的背景材料、当地风土人情、有特点的自然景观、特产、物价等。考虑到客人一路旅途劳累，主人不宜久留，让客人早些休息。分手时将下次联系的时间、地点、方式等告诉客人。

2. 乘车注意事项

1）小轿车

（1）小轿车的座位，如有司机驾驶时，以后排右侧为首位，左侧次之，中间座位再次之，前坐右侧殿后，前排中间为末席。

（2）如果由主人亲自驾驶，以驾驶座右侧为首位，后排右侧次之，左侧再次之，而后排中间座为末席，前排中间座则不宜再安排客人。

（3）主人夫妇驾车时，则主人夫妇坐前座，客人夫妇坐后座，男性要服务于自己的夫人，宜开车门让夫人先上车，然后自己再上车。

（4）如果主人夫妇搭载友人夫妇的车，则应邀友人坐前座，友人的夫人坐后座，或让友人夫妇都坐前座。

（5）主人亲自驾车，坐客只有一人，应坐在主人旁边。若同坐多人，中途坐前座的客人下车后，在后面坐的客人应改坐前座，此项礼节最易疏忽。

（6）女性登车不要一只脚先踏入车内，也不要爬进车里。需先站在座位边上，把身体降低，让臀部坐到位子上，再将双腿一起收进车里，双膝一定保持合并的姿势。

2）吉普车

吉普车无论是主人驾驶还是司机驾驶，都应以前排右座为尊，后排右侧次之，后排左侧为末席。上车时，后排位低者先上车，前排尊者后上。下车时前排客人先下，后排客人再下车。

3）旅行车

在接待团体客人时，多采用旅行车接送客人。旅行车以司机座后第一排，即前排为尊，后排依次为小。其座位的尊卑，依每排右侧往左侧递减。

3. 引领注意事项

接待人员带领客人到达目的地，应该有正确的引导方法和引导姿势。

（1）在走廊的引导方法。接待人员在客人二三步之前，配合步调，让客人走在内侧。

（2）在楼梯的引导方法。当引导客人上楼时，应该让客人走在前面，接待人员走在后面，若是下楼时，应该由接待人员走在前面，客人在后面。上下楼梯时，接待人员应该注意客人的安全。

（3）在电梯的引导方法。引导客人乘坐电梯时，接待人员先进入电梯，等客人进入后关闭电梯门，到达时，接待人员按"开"的钮，让客人先走出电梯。

（4）客厅里的引导方法。当客人走入客厅，接待人员用手指示，请客人坐下，看到客人坐下后，才能行点头礼后离开。如客人错坐下座，应请客人改坐上座（一般靠近门的一方为下座）。

4. 馈赠礼品注意事项

在经济日益发达的今天，人与人之间的距离逐渐缩短，接触面越来越广，一些迎来送往及喜庆宴贺的活动越来越多，彼此送礼的机会也随之增加。但如何挑选适宜的礼品，对很多人都是费精力的问题。懂得送礼技巧，不仅能达到大方得体的效果，还可增进彼此感情。

（1）选择的礼物，自己要喜欢，如果自己都不喜欢，别人怎么会喜欢呢？

（2）为避免几年选同样的礼物给同一个人的尴尬情况发生，最好每年送礼物时做一下记录为好。

（3）千万不要把以前接收的礼物转送出去，或丢掉它，不要以为对方不知道，因为送礼物给你的人会留意你有没有用他所送的物品。

（4）切勿直接去问对方喜欢什么礼物，一方面可能对方要求的会导致你超出预算，另一方面即使照着对方的意思去买，可能会出现这样的情况，就是对方可能会说："呀，我曾经见过更大一点的，大一点不是更好吗？"

（5）切忌送一些将会刺激别人感受的东西。

（6）不要打算以你的礼物来改变别人的品味和习惯。

（7）必须考虑接受礼物人的职位、年龄、性别等。

（8）即使你比较富裕，送礼物给一般朋友也不宜太过，而送一些有纪念意义的礼物较好。如送给朋友儿子的礼物贵过朋友送他的礼物，这自然会引起朋友的不快，同时也会令两份礼物失去意义。

（9）谨记除去价钱牌及商店的袋装，无论礼物本身是如何不名贵，最好用包装纸包装，有时细微的地方更能显出送礼人的心意。

（10）考虑接受者在日常生活中能否应用你送的礼物。

七、会见与会谈礼仪

会见与会谈是外事礼仪中的另一个重要环节。无论是正式访问、谈判，还是礼节性拜访，通常要安排会见与会谈，以加强了解，发展友谊，增进相互间的合作与交流。

1. 会见及其性质

所谓会见，特指为了一定目的而进行的约会、见面。会见，在国际一般称为"接见"或"拜会"。凡身份高的人士会见身份低的，一般称为"接见"或"召见"；凡身份低的人士会见身份高的，或是客人会见主人，一般称为"拜会"或"拜见"。拜见君主，又称"谒见"、"觐见"。我国一般不作上述区别而统称"会见"。接见和拜会后的回访，称"回拜"。

会见的性质有礼节性的、政治性的、事务性的，或兼而有之。其中礼节性的会见时间较短，话题较为广泛。政治性会见一般涉及双边关系、国际局势等重大问题。事务性会见则有一般外交交涉、业务商谈、经贸、科技及文化交流等。

2. 会谈的内涵

所谓会谈，特指双方或多方就某些重大的政治、经济、文化、军事及其他共同关心的问题交换意见。会谈也可以指洽谈公务和业务谈判。一般说来，会谈的内容较为正式，政治性、专业性较强。

3. 会见与会谈的安排

提出政治性会见，东道国和来访者及外交使节的权力是平等的。主客双方都可以在认为合适的时候指出会见的要求。当然，从礼节和两国关系上考虑，东道国应根据对方身份及来访目的，在来访者抵达的当日或次日，安排相应的领导人和部门负责人会见。来访者及外交使节也可根据两国关系和本人身份及业务性质，主动提出拜会东道国某些领导人和部门负责人。

通常，礼节性拜会，由身份低者拜会身份高者，来访者拜见东道主；如果是正式访问或专业访问，则应考虑安排相应的会谈。外交使节到任后和离任前，应对与本国有外交关系的国家驻当地使节作礼节性拜会。外交团之间对同等级别者的到任礼节性拜访，按惯例均应回拜，身份高者对身份低者可以回拜，也可以不回拜。

4. 会场布置与座位安排

1）会见与会谈的场地

高级领导人之间的会见，通常安排在重要建筑物的宽敞的会客厅（室）内进行，也可在宾客下榻的宾馆的会客室进行。会谈桌上常放置两国国旗，现场设置中、外文座位卡，卡片的字体应工整、清晰，以便与会者对号入座。会谈场地正门口，还要安排人员迎送客人。

2）会见座位的安排

会见的座位安排有多种形式，有分宾主各坐一方的，有宾主穿插坐在一起的。通常这样安排：主宾、主人席安排在面对正门位置，客人座位在主人右侧，其他客人按礼宾顺序在主宾一侧就座，主方陪见人在主人一侧按身份高低就座。译员、记录员通常安排在主宾和主人的后面。

3）会谈座位的安排

会谈分为双边会谈与多边会谈。双边会谈通常用长方形或椭圆形桌子，多边会谈采用圆形或摆成方形。不论什么形式，均以面对正门为上座。双边会谈时，宾主相对而坐，以正门为准，主人在背门一侧，客人面向正门，主谈人居中。如会谈长桌一端向正面，则以入门的方向为准，右为客方，左为主方。多边会议，座位可摆成圆形、方形等。小范围的会谈，也有不用长桌，只设沙发，双方座位按会见座位安排。

5. 会见与会谈的几项具体工作

1）会见与会谈的组织工作

会见、会谈的组织者，在会见前，要做好充分的组织准备工作。

（1）提出会见要求，应将要求会见人的姓名、职务及会见什么人、会见目的通知对方，接见方应尽早予以回复，约妥时间，如因故不能接见，应婉言解释。

（2）接见方应主动将会见的时间、地点、主方出席人员、顺序安排及有关事项通知对方。会见方则应主动向对方了解上述情况，并通知有出席人员。

（3）准确掌握会见、会谈的时间、地点和双方参加人员的名单，有关人员和有关单位作好必要安排。

（4）及早安排和布置会见与会谈的厅室、座位、音响等。

2）迎接客人

客人到达前，主人应提前到达会见（会谈）场所。客人到达时，主人在门口迎候。主人的穿着要和自己的职务、身份相称。如果主人不到大楼门口迎接，则可由工作人员迎接并引入会客厅。

3）会见、会谈期间的服务礼仪

会见时所招待的饮料，各国不一。我国一般只备茶水，夏天加冷饮，如会见时间过长，可适当加上咖啡（红茶）和点心。如需合影，要事先安排好合影位置，布置好场地，准备好照相设备。合影时主人和主宾居中，并以主人右侧为上，按礼宾次序，主、宾双方间隔排列。合影时间宜安排在宾主见面握手之后，经合影后再入座，当然也有在会见结束后合影留念的。

4）会见、会谈涉及的人员

领导人之间的会见、会谈，除陪见人和必要的译员、记录员外，其他工作人员安排就绪后均应退出。如允许记者采访,也只是在正式谈话开始前采访几分钟,然后全部离开。谈话过程中,旁人不要随意进出。

5）握别

会见、会谈结束,热情话别并送至车前或门口握别,目送客人离去后再退回室内。

6）一般官员、民间人士的会见

此类会见安排大体同上。也要先申明来意,约妥时间、地点,通知来宾身份、人数,准时赴约。而礼节性的会见,不宜逗留过久,半小时左右即可告辞。客人来访,相隔一段时间后,应予回访。

八、宴会礼仪

宴会,通常是指由集团或个人出面组织的,为了一定的目的,以用餐为具体形式的正式的集体聚会。在社会上,它既是一种常规的社交活动,也是人们与他人联谊的一种主要形式。在日常工作和生活中,国家公职人员有时需要参加一些宴会,有时甚至直接出面主持宴会。不论是身为主人操办宴会,还是身为客人出席宴会,都有必要通晓基本的宴会礼仪。

对主办者而言,举办宴会的主要目的,就是要以宴会友。设宴实际上只是一种形式;借以联络宾朋,才是其主旨之所在。正因为如此,大凡举办宴会,都自然不是安排赴宴者为吃而吃,仅仅满足口腹之欲,而是意在为其提供一种宾主相见或者结识别人的良好机会。从礼仪上来讲,宴会上的会见问题,具体又可以分为来宾的邀请、宴会的排位及社交的进行3个方面。

1. 来宾的邀请

举办正式宴会,首先要妥善处理好来宾邀请的问题。处理此项问题时,又要注意以下两点。

（1）确定邀请范围。举办宴会前,组织者即应根据宴会的具体性质,确定好拟邀请哪些方面、多少人赴宴,己方又将由什么人出席作陪。宴会规模便由此而决定。

（2）提前发出邀请。为了确保宴会的顺利进行和被邀请者的准时赴宴,按常规,组织者应提前向被邀请者正式发出请柬。请柬通常应至少提前一周送达,临时通知被邀请者是一种失礼的行为。

2. 宴会的排位

举办正式宴会,一般均应提前排定其位次。宴会的排位,通常又可分为桌次安排与席次安排两个具体方面。

（1）桌次安排。在宴会上,若所设餐桌不止一台,则有必要正式排列桌次。排列桌次的具体讲究有三。

第一,以右为上。当餐桌分为左右时,应以居右之桌为止。此时的左右,是在室内根据"面门为上"的规则所确定的。

第二,以远为上。当餐桌距离餐厅正门有远近之分时,通常以距门远者为上。

第三,居中为上。当多张餐桌并排排列时,一般以居于中央者为上。

在大多数情况下,以上3条桌次排列的常规往往是交叉使用或同时使用的。

（2）席次安排。席次,在宴会上具体是指同一张餐桌上席位的高低。在中餐宴会上,席次安排的具体规则有四。

第一，面门为主。即主人之位应当面对餐厅正门。有两位主人时，双方则可对面而坐，一人面门，一人背门；其中面门者在地位上高于背门者。

第二，主宾居右。它的含义是，主宾一般应在主人右侧之位就座。

第三，好事成双。根据传统习俗，凡吉庆宴会，每张餐桌上就座之人应为双数。

第四，各桌同向。通常，宴会上的每张餐桌上的排位均大体相似。

3．宴会的程序

（1）主人和少数其他主要官员在门口迎宾线（位于客人进门存衣以后进入休息厅之前）排列成行，迎接客人。

（2）客人握手后，由工作人员引进休息厅并由有相应身份的人照料客人，招待员送饮料。

（3）主宾到达后，由主人陪同进入休息厅与其他客人见面。如其他客人尚未到齐，由迎宾线上其他官员代表主人在门口迎接。

（4）宾主双方在会客室稍事叙谈。如休息厅较少或宴会规模大，可请主桌以外的客人先进宴会厅。期间，视情况分发桌次卡片，将宴会桌次通知每一个出席者。

（5）主人陪同主宾进入宴会厅，全体出席人员按指定席位入座，宴会开始。

（6）招待员顺次上菜：中餐上菜顺序：冷盘（事先摆好）—酒—饮料—热菜（一般四道）—汤—甜品—水果；西餐上菜顺序：头盘—汤—副菜—主菜—色拉（可与主菜一起上）—甜品—咖啡、茶。

（7）宴会主人致祝酒词，一般可安排在上每一道热菜之后，也可以安排在一入席就致祝酒词。祝酒后，视情况赠送礼品、纪念品，也可放在宴会结束之前进行。

（8）主宾在主人讲话之后致答谢词，并视情况回赠礼品、纪念品。

（9）吃完水果，主人与主宾起立，宴会结束。

（10）主宾告辞，主人应送至门口。主宾离去后，原迎宾人员顺序排列，与其他客人握别。

4．社交的进行

参加宴会时，宾主双方均应巧用时机，进行适当的社交活动。

（1）主人的社交。在宴会上，主人除了要确保宴会的顺利进行，还应进行适度的社交。对于主宾，应认真作陪。对待有特殊要求的客人，主人应认真满足。对待不善社交的人士，应为之打破尴尬，为其介绍朋友。尤其重要的是，与客人进行交流时，主人既要有重点，又要注意在总体上一视同仁，不搞有亲有疏。

（2）客人的社交。客人在赴宴时，除了要大快朵颐，还要积极开展社交活动。在宴会上，客人们一定要寻找机会问候一下主人，联络老朋友。此外，还要努力创造机会结识新朋友。结识新朋友，不仅可以"毛遂自荐"，而且也可以托人引见。不过，一定要以双方两厢情愿为前提。

知识链接

涉外交往中常见的宗教禁忌

一、基督教

进教堂要态度严肃，保持安静。在聚会和礼拜活动中禁止吸烟。基督徒一般饮食中不吃血制品。

二、天主教

根据教会的传统，天主教的主教、神父、修女是不结婚的。所以，同天主教人士交往时，见到主教、神父、修女不可问他（她们）"有几个子女""爱人在哪里工作"等问题。进入教堂应保持严肃的态度，切忌衣着不整或穿拖鞋、短裤。禁止在堂内来回乱串、大声喧哗、交头接耳、东张西望、打情骂俏、争抢座位等，更不允许在堂内吃东西、抽烟。

三、伊斯兰教

接待穆斯林客人一定要安排清真席，特别要注意不要出现他们禁食的食物。穆斯林禁食自死物、血液、猪肉，以及诵非真主之名而宰的、勒死的、捶死的、跌死的、抵死的、野兽吃剩的动物。穆斯林严禁饮用一切含酒精的饮料。对他们是不能祝酒的。

虔诚的穆斯林每天都要面向圣城麦加方向礼拜五次，要注意避开他们朝拜的方向。伊斯兰国家规定星期五为休息日（聚礼日），穆斯林晌午要到清真寺集体做礼拜，即聚礼。如果遇星期五注意安排时间让虔诚的穆斯林做礼拜。

穆斯林忌讳用左手给人传递物品，特别是食物。给穆斯林递东西时，注意不要用左手。

四、佛教

在信奉佛教的国家里，如缅甸、泰国等东南亚国家，人们非常敬重僧侣。僧侣和虔诚的佛教徒一般都是素食者。他们非常注重头部，忌讳别人提着物品从头上掠过；长辈在座，晚辈不能高于他们的头部；小孩子头部也不能随便抚摸，他们认为只有佛和僧长或是父母能摸小孩的头，意为祝福，除此就是不吉利，会生病。当着僧人的面不能杀生、吃肉、喝酒等，男女也不能做过分亲昵的举动。在与僧人有直接面对的场合，女性穿着要端庄，不要穿迷你裙等过于暴露的衣着。

五、印度教

信仰印度教（比如印度、尼泊尔等国）的教徒奉牛为神，认为牛的奶汁哺育了幼小的生命，牛耕地种出的粮食养育了人类，牛就像人类的母亲一样。他们不吃牛肉，而且也忌讳使用牛皮制成的皮鞋、皮带。

六、犹太教

犹太教认为可以食用的哺乳动物是反刍并有分蹄的动物，如牛等，不允许吃猪肉和马肉。大多数饲养禽类（如鸡、鸭、鹅等）是被允许的，但禁食鸵鸟和鸸鹋，食用的鱼类必须有鳍和鳞，禁食软体动物和甲壳类动物。犹太教认为血是"生命的液体"而严禁食用。此外，奶品和肉品必须分开食用。

七、道教

道教是中国的传统宗教，包括正一派和全真派两大派别，所有道士不分男女可尊称为道长。农历初一、十五及道教节日期间，道士和虔诚的道教徒一般都要素食。道教活动场所特别是殿堂内禁止大声喧哗、打闹嬉戏、行为不端。在与道士直接面对的场合和进入道教活动场所，女性衣着要端庄，不能过于暴露。道士的服饰物品特别是法服冠帽等忌讳别人触摸。与道士交往一般行抱拳礼。与全真派道士交往，一般不询问年龄、出家入道原因和有关家庭的问题。

（资料来源：金泽.宗教禁忌[M].北京：社会科学文献出版社，2002）

知识与技能检测

一、名词解释

1. 礼仪。
2. 公共关系礼仪。

二、思考题

1. 礼仪的特征与原则是什么？
2. 塑造个人形象时应注意哪些礼仪规范？
3. 在社交场合中应注意哪些礼仪规范？

三、实训题

1. 项目：公共关系礼仪训练。
2. 目的：掌握公共关系礼仪的基本要求和规范。
3. 内容：假设你是某集团的公关部经理，现已经进入啤酒销售旺季，为了稳定老客户，保持和提高市场占有率，拟定于 12 月 28 日邀请公司各地经销商到某宾馆赴宴，你应该如何布置、安排整个宴席？
4. 组织：把全班同学分成 4 组并选出组长，分组讨论确定礼仪策划方案，下次课时推选代表发言，教师作出点评并考核。
5. 考核：礼仪策划方案及发言情况作为作业，教师分别给出成绩并计入学生平时成绩。

任务十

运用公共关系沟通工具

YUNYONG GONGGONG GUANXI GOUTONG GONGJU

 引例

圣元乳业"致死门"事件

2012年1月,圣元乳业经历了一次"致死门"危机事件,圣元乳业通过一场危机公关成功化解了此次危机,成为企业危机公关案例中的一个典范。

2012年1月11日,媒体报到江西都昌县一龙凤胎一死一伤,疑因食用圣元优博所造成,消息一出,一石激起千层浪,将刚走出"激素门"的圣元乳业再次推向了舆论的风口浪尖。

据报道,2012年1月10日上午,在江西省九江市都昌县周溪镇一家"家家福超市"附近的路上,一对年轻的父母将出生不到5个月的儿子尸体摆放在地上,身边摆放着两罐圣元优博奶粉。这个男婴江健就是这次悲剧的主角,他和姐姐江云欣是出生不到5个月的龙凤胎,两人一直食用圣元优博奶粉,未曾出现问题。1月初,家长继续购买了圣元一个批次为"20111112B11"的奶粉供小姐弟食用,不久,小姐弟陆续出现腹泻等症状,最终男婴江健抢救无效死亡,他的双胞胎姐姐则仍在病床上。

死者家属到超市门前停尸问责,当日圣元江西分公司主动向当地工商和公安部门报案,事件升级。2012年1月11日圣元营养食品有限公司、客服部人员、生产总监表态积极配合相关部门调查,公司统一向外界发布信息。2012年1月12日圣元发布《20111112B11批次出厂检验报告》,所有检验项目检测结果均为"合格",国际董事长兼 CEO 张亮表示,非常同情遭受了这一悲剧的家庭,与此同时,坚信这是与圣元产品无关的孤立事件,已决定不召回其任何产品。2012 年 1 月 13 日第三方检测结果出炉,九江都昌县人民政府也对该事件发布公告,江西二套《都市现场》就事件采访了都昌县工商局秦局长,事情得以澄清。

(资料来源:http://www.prywt.com/291.html,节选,有删改)

在企业与危机公关的沟通过程中,应当尽可能采取合作而非对抗的姿态,尽可能息事宁人,最好不要与受害人打官司。与组织相比,受害人是弱势群体,人们是天生同情弱者的。企业在危机公关的沟通中,倾听是了解对方底线的很好方法,也是了解沟通对象的最好方法。绝大部分的组织之所以被所谓的"刁民"所纠缠,并不在于这些"刁民"真的刁,而是在危机的一开始及处理危机的过程中,危机处理人员并没有很好地倾听受害人的需求、想法,也没有让受害人有足够的机会发泄内心的抱怨或者说是不快,以至于受害人的情绪发生了巨大的变化。

 子任务一 进行一次有效倾听

- 了解沟通的概念、过程及要素
- 了解沟通中有效倾听的原则及技巧
- 理解合作沟通中有效倾听的注意事项

- 能运用合作沟通中有效倾听的技巧进行倾听

如果你是深圳××机械设备有限公司公共关系部经理,公司需要在 2013 年 8 月对生产线的喷涂技术进行改善。东莞××机械(台湾)有限公司相关人员张××获悉后到你公司介绍该喷涂技术。请你做一次有效的倾听,向总经理汇报情况,方便随时制定公关策略。

【任务分析】

倾听,是一种美德,是一种尊重,是一种与人为善,心平气和,谦虚谨慎的姿态。善于倾听是成熟人最基本的素质,智者善听,仁者善听。要在沟通中有效地倾听,首先要了解沟通的含义及有效倾听的含义,其次要掌握有效倾听的技巧,理解沟通的过程。

一、倾听的含义

1. 定义

听(Hearing):注意与接收声音的能力,是声波撞击耳膜的生理行为。倾听(Listening)有狭义和广义之分:狭义的倾听是指凭助听觉器官接受言语信息,进而通过思维活动达到认知、理解的全过程，包含听以及敏锐寻找声音中的线索，观察身体的动作与评估说话内容的前后关联性。广义的倾听包括文字交流等方式。倾听的过程应该是接收—理解—记忆—评估—反应。

2. 倾听包含的要素

（1）信息接收——专注、预备接受信息、专心的听、正确观察肢体语言。

（2）发送信息技巧——沟通、验证正确性。

（3）注意、理解、记忆、评估、反应的过程。

（4）专心、参与的姿态、凝视的眼神、表达对谈话内容的兴趣。

二、倾听在沟通中的作用

（1）体现对别人的尊重。一个人耐心地听别人说话，可以给对方满足感，激发对方的表达欲望。当一个人滔滔不绝的时候，一定是感觉很棒的时候，对方甚至已经把你当成知心朋友。

（2）充分地获取信息。倾听可以掌握尽可能多的信息。每个人表达信息的层次是不一样的，可能有的人开门见山，有的人半天也说不到正题。比如经常有客户提出各种问题，各种抱怨，但客户只是想找个对象发泄一下，并不想怎么样。或者是由于个人在生活中心情不好，借题发挥。这些情况都需要用心地去倾听，只有这样才能掌握尽可能多的信息，以便处理和解决问题。倾听是获取信息最直接、最有效的办法。获取信息的种类可以分为两种：第一种是直接的信息，即说话者直接说出来的内容，如时间、地点、发生什么事等；第二种是间接信息，如他的口头禅，可以判断他是不是伪装。

（3）倾听的同时可以静心地观察对方的肢体动作及表情。有时肢体动作和表情可以表达出比说话内容更真实的内容。

三、倾听的基本原则

1. 专注性原则

即以对方为中心，聚精会神，不轻易插话。要用体态语言和简单的言语回应对方，让对方知道你在倾听。

被人真心地倾听是一份特殊的礼物。在讲求效率的现代社会里，耐心地倾听确实不是一件容易的事情。尼克尔斯把倾听看成一门"失去的艺术"，他认为这要部分归因于现在时间的压力，它分散了人们的注意力，减弱了人们在生活中进行倾听的质量。倾听的缺乏破坏了人与人之间的关系，导致人际间的冲突，使人们有一种失落感。

真正有效的倾听需要倾听者具备全身心关注说话人和避免各种干扰的能力，需要倾听者在情感高度卷入的同时，仍能相当平静从容。最善于倾听的人通常培养出了这种"专注"，这样的倾听者能够非常专心地将能量集中在说话人身上，而同时使干扰降到最低——无论是来自他们的内部过程还是来自外部环境。

倾听中，倾听者必须随着说话人言语与非言语行为的变化，随时调整自己的言语与非言语行为，以同样的脚步跟随说话人，才能反映出倾听者的专注与倾听。

专注性是倾听中首要的原则，但在某些情况下可以采用适当的不专注技巧。例如，说话人可能一次又一次地谈论同一个话题，或者说话人只想谈论消极的事情，这时，有意地不予专注会有所帮助。通过中断目光接触，微妙的身体姿势和语气的变化，以及故意跳入积极话题等，可以推动会谈进程。

2．有效性原则

良好的注意并不等于有效的倾听。在讲座甚至会谈中，人们能自动作出良好的目光接触，真诚地点头，用恰当的语调说话，甚至重复关键词语来进行言语追踪，但实际上人们并没有听到和记住对方所说的内容。人们心不在焉，而自动地作出练习有素的技能反应。当说话人感到倾听者在出神时，他们可能会说"嗯，打扰了，是不是你还有其他事情"之类的话的冲动。

在倾听的过程中，倾听者听到想听的内容，听出预先没有考虑过的问题。这才是良好的、有效的倾听。

3．反应性原则

倾听不是一种被动的活动，而是积极地对说话人传达的全部信息作反应的过程。因此，不仅要听，还需要给予适当的反应。恰当的反应既是为了向说话人传达倾听者的倾听态度，鼓励对方叙述，促进会谈关系，也是为了澄清问题，深入了解，促进交流。倾听中的反应，是倾听者和说话人互动的形式。

四、倾听的技巧

倾听技巧的核心包括 4 个步骤加上一个身体姿态，另外还有部分具体的要求。只有主动的倾听才是真正的倾听。

1．主动倾听的 4 个基本步骤

（1）对说话人当时正在表达的内容作出呼应。

（2）对说话人正在表述的内容公开说出自己的感受。

（3）表示理解和接受别人所说的内容。

（4）鼓励对方进一步袒露自己的意见。

2．倾听的身体姿态

（1）说话时面向对方，不要背向他们，以表示愿意接近；但最好不要面对面，双方应该坐在侧身的方位，这样没有对视的压力。

（2）谈话时不可端架子，不要因为位高权重就不可一世。

（3）采用开放姿态，不要抱臂、跷二郎腿或靠在椅背上。

（4）保持目光接触，但不可死盯着不放，面带和善，以真诚而专注的目光去看对方。

（5）在深度沟通时，选择会议室或者茶馆、咖啡厅等比较中立的场所，身体尽量前倾，关注对方。

3．具体的倾听技巧

（1）闭嘴。一个人不可能在同一时间内又说又听，因为这对一些人是最难掌握的技巧。

（2）耐心。时间和注意力是能够送给别人最珍贵的礼物。

（3）凝视。当说话人重复说同一件事的时候，要集中注意力。内容也许是相同的，但是语气上的微妙变化，经常能够透露说话人不一样的意图或立场。

（4）忘掉自己的感受。请不要说"我知道你有怎样的感受"，因为在大多数情况下不可能知道其他人的真实感受。

（5）不要分心。倾听需要百分百的注意力。

（6）观察说话人。说话人的态度和姿势将显露出他们要表达的感受。如果他们说的和他们用身体语言显露出的意义不一致，那么，也许无意识的肢体语言更贴近事实的真相。

（7）不要争论。既不要在心里辩解也不要直接地争论。如果希望别人接受不同的思想，那么就先认真地倾听并提出问题后再说。

（8）听出说话人的特点。越是能发现说话人的特点，如他们喜欢什么、不喜欢什么，他们的动机、希望和价值观等，越是能很好地回应他们。

（9）不要先入为主。避免因为自己是否喜欢他们的发型或他们穿衣的品位等作出即时的判断，或者根据人们的社会阶层或性别分门别类地硬放入某些框框。要当心自身的偏见可能干扰倾听。

（10）在倾听的过程中做好记录。

五、无效倾听的类型

（1）假性倾听：无兴趣谈话，回答离题。

（2）独断：注意自我而非对象，打断他人谈话。女性易倾向表现兴趣和赞同而打断谈话，男性易为控制和赢得说话地位而打断谈话。

（3）选择性倾听：拒绝枯燥的不舒服的谈话。

（4）防卫式倾听：无此意图却对他人进行人身攻击、批评，甚至表现出敌意，把赞美视为讽刺。

（5）攻击倾听：有目的地倾听，找弱点反击。

（6）字面倾听：无法理解话中有话。

六、倾听中应注意的事项

不耐心倾听，过早下判断、作解释、提忠告和不恰当的赞扬与道德谴责，是导致交流和会谈失败的主要原因。夸夸其谈的或说教式交流不可能获得成功。很多人往往不重视倾听，不愿意倾听，常常犯一些错误。

1. 急于下结论

有些人往往没有耐心充分地倾听，常会有迫使自己发现问题、解决问题的倾向。因为太想得到想要的结果，以致有些人会向说话人提出大量的问题，以便在会谈开始5分钟之内解决问题。这会将会谈引入歧途，弄错对方的主要问题。

2. 轻视问题

有些人在听到对方谈到一个问题时产生类似经验的联想（"这个问题我以前遇到过"），并按照自己的既定思路去询问、推测和过早无根据地作出解释。

3. 转移话题

有些人进行倾听时，实际更多的是关注自己。经常会出现以下情况：在会谈过程中过多无关动作等"噪声"对说话人产生干扰，或不耐心听说话人述说自己感兴趣的话题，或通过提问转移说话人的话题。

4. 过多的价值判断

不成熟的倾听者会对说话人的行为作过多的价值判断。如"你这样是不对的"，"你就应该这样"等，不仅是倾听的忌讳，而且也是会谈的大忌。

5. 运用不适当的会谈技巧

有些人在会谈中常会运用一些不适当的技巧，如询问过多、概述过多等。因此，倾听过程的参与技巧是"可问可不问时，不问；可说可不说时，不说"。

知识链接

沟通的七个"C"原则

1. 可信赖性（Credibility）

沟通讲求诚信，双方应该在彼此信任的气氛中开始沟通，应该由组织创造，这反映了社会组织是否具有真诚的、满足被沟通者愿望的要求。被沟通者应该相信沟通者传递的信息，并为沟通者在解决他们共同关心的问题上加大工作力度。

2. 一致性（Context）

沟通计划必须与组织的环境要求相一致，必须建立在对环境充分调查研究的基础上。

3. 内容（Content）

信息的内容必须对目标公众有意义，必须与受众原有价值观念具有同质性，必须与目标公众所处的环境相关。

4. 明确性（Clarity）

信息必须用简明的语言表述，复杂的内容要列出标题或采用分类的方法，使其明确与简化。如果信息需要传递的环节多，信息就要简单明确。一个组织对公众讲话的口径要保持一致，不能多种口径，使公众无所适从，不利于形成统一的形象。

5. 持续性与连贯性（Continuity and consistency）

沟通是一个连续不断的过程，要达到渗透的目的，必须对信息进行重复，并在重复中不断补充新的内容，有所创新，这一过程才能持续地坚持下去。

6. 渠道（Channels）

沟通者应该利用现实社会生活中已经存在的信息传送渠道，这些渠道多是被沟通者日常使用并习惯使用的。在信息传播过程中，不同的渠道在不同阶段具有不同的影响，所以，应该有针对性地选用不同渠道，以达到向目标公众传递信息的作用。

7. 被沟通者的接受能力（Capability of audience）

沟通必须考虑被沟通者的接受能力，当用来沟通的材料对被沟通者的要求很小，也就是沟通信息最容易为被沟通者接受时，沟通成功的可能性就越大。被沟通者的接受能力，主要包括接受信息的习惯、阅读能力与知识水平。

子任务二　进行一次口头沟通

【知识目标】

- 把握口头沟通中叙述、提问及应答方法
- 理解并掌握口头沟通中的叙述、提问及应答技巧
- 理解并掌握口头沟通中的叙述、提问及应答的注意事项

【技能目标】

- 能运用口头沟通中叙述、提问及应答的技巧进行口头沟通

【任务导入】

如果你是深圳××机械设备有限公司公共关系部经理，公司需要在2013年12月对生产线的喷涂技术进行改善。2013年12月中旬，东莞××机械（台湾）有限公司谈判组到达深圳。请你运用叙述、提问及应答的技巧与对方谈判组进行一次谈判前的协商，了解对方的有关情况。

【任务分析】

该任务中主要涉及运用口头沟通工具进行叙述、提问及应答等沟通问题。叙述主要运用于产品推介和谈判开场陈述，提问主要是用来了解对方的意图和异议提出，而应答是谈判中谈判人员的义务。因此，了解叙述、提问及应答的技巧对谈判人员而言在用口头工具与合作商协商时具有重大意义。

一、叙述

1. 叙述的含义

商务谈判中的叙述包括"入题"和"阐述"两个部分。

谈判刚刚开始时，双方的谈判人员都有一种紧张的心理，尤其是一些重大谈判项目或是谈判新手，都会感到心理负担很重。在这种情况下往往会出现冷场，或突然入题使双方不知所措，使谈判陷入僵局。为了避免这种情况的发生，在谈判刚开始的时候可以采取如下语言策略。

（1）迂回入题的方法。从介绍本企业情况入题，或者从谈判本行业现状甚至于谈论天气、新闻等方面入题。

（2）先谈细节，后谈原则性问题。当人们谈到重大原则问题时心情都会比较紧张，可以先谈一些具体细节问题，使双方比较平和地进入谈判过程，为谈判的后期工作创造良好的气氛。

（3）先谈一般原则、后谈细节问题。一些大型的经贸谈判，由于需要洽谈的问题很多，往往需要双方高级人员先谈判原则问题，然后基层人员就其细节问题进行谈判。

在叙述过程中要注意正确使用语言，要求语言要准确易懂、简明扼要、具体，发言要紧扣主题，措辞得体、不走极端，注意语调、语速、声音要适中，停顿和重复得当，并注意第

一次就要说准，并始终如一。陈述时要实事求是，与对方坦诚相见，以求得对方的真诚合作，要观察对方反应，随时要调整自己的谈话内容、语气、声调，以适应对方而变化。要善于使用解围用语，使自己从被动中走出来，如当谈判出现僵局时，为了避免这种情况发生，可以在陈述时加进这样的话"我相信，我们都不希望前功尽弃"。不以否定性的语言结束陈述，以人们听觉习惯考察，在一般场合，他所听到的第一句话和最后一句话给他留下的印象最深，对他的情绪影响也最大。所以在陈述问题时，不应用否定性语言结束陈述，这样可以调动双方的积极情绪，有利于谈判顺利进行。

2. 叙述的技巧

1）叙述应注意具体而生动

为了使对方获得最佳的倾听效果，在叙述时应注意生动而具体。这样做可使对方集中精神，全神贯注的收听。

叙述时一定避免令人乏味的平铺直叙，以及抽象的说教，要特别注意运用生动、活灵活现的生活用语，具体而形象地说明问题。有时为了达到生动而具体，也可以运用一些演讲者的艺术手法，声调抑扬顿挫，以此来吸引对方的注意，达到本方叙述的目的。

2）叙述应主次分明、层次清楚

商务谈判中的叙述不同于日常生活中的闲叙，切忌语无轮次、东拉西扯。为了方便对方记忆和倾听，应在叙述时符合听者的习惯，便于其接受；同时，分清叙述的主次及其层次，这样可使对方心情愉快地倾听。

3）叙述应客观真实

商务谈判中叙述基本事实时，应本着客观真实的态度进行叙述。不要夸大事实真相，也不隐瞒实情，以使对方信任本方。如果由于自己修饰事实真相的行为被对方发现，哪怕是一点点破绽，也会大大降低本方的信誉，从而使本方的谈判实力大为削弱，再想重新调整，也不好补救。

4）叙述的观点要准确

另外在叙述观点时，应力求准确无误，力戒含混不清，前后不一致，这样会给对方留有缺口，为其寻找破绽打下基础。

当然，谈判过程中观点有时可以依据谈判局势的发展需要而发展或改变，但在叙述的方法上，要能够令人信服。这就需要有经验的谈判人员来掌握时局，不管观点如何变化，都要以准确为原则。

二、提问

在商务谈判中，精妙的提问不仅能获取所需的信息，而且还能促进双方的沟通。所以，谈判人员总是不断地向对方提出各种问题，以试探虚实，获取信息。

1. 提问的方式

商务谈判中常用的提问方式主要有如下几种。

1）封闭式提问

即在一定范围内引出肯定或否定答复的提问。这种提问可使提问者获得特定的资料，而一般情况下答复者也不需要太多的思考过程和时间即能给予答复。

2）开放式提问

即在广泛的领域内引出广泛答复的提问。这类提问通常无法以"是"或"否"等简单字句答复。由于开放式提问不限定答复的范围，所以答复者可以畅所欲言，提问者也可以得到广泛的信息。

3）婉转式提问

即在没有摸清对方虚实的情况下，采用婉转的语气或方法，在适宜的场所或时机向对方提问。这种提问，既可避免被对方拒绝而出现难堪局面，又可以自然地探出对方的虚实，达到提问的目的。

4）澄清式提问

即针对对方的答复重新措词，使对方证实或补充原先答复的一种提问。不仅能确保谈判双方在同一语言层面上沟通，而且可以从对方处进一步得到澄清、确认的反馈。

5）探索式提问

即针对谈判对手的答复要求引申举例说明的一种提问。不仅可以探测到对方对某一问题的进一步的意见，而且可以发掘更多的信息。

6）借助式提问

即借助权威人士的观点和意见影响谈判对手的一种提问。应当注意，所借助的人或单位应是对方所了解并且能对对方产生积极影响的，如对方不了解借助人，或对他有看法，就可能引起反感，效果适得其反。

7）强迫选择式提问

即以自己的意志强加给对手，并迫使对方在狭小范围内进行选择的提问。运用这种提问方式要特别慎重，一般应在己方掌握充分主动权的情况下使用。否则，很容易造成谈判出现僵局，甚至出现破裂。

8）引导式提问

即具有强烈的暗示性。这类提问几乎使对方毫无选择余地地按你所设计的提问作答。

9）协商式提问

即为使对方同意你的观点，采用商量的口吻向对方发出的提问。这种提问，语气平和，对方容易接受。而且即使对方没有接受你的条件，但是谈判的气氛仍能保持融洽，双方仍有继续合作的可能。

2. 提问的时机

1）在对方发言完毕之后提问

在对方发言的时候一般不要急于提问，因为打断别人的发言是不礼貌的，容易引起对方的反感。当对方发言时，要认真倾听，即使发现了对方的问题，很想立即提问，也不要打断对方，可先把发现的和想到的问题记下来，待对方发言完毕再提问。

2）在对方发言停顿和间歇时提问

如果谈判中，对方发言冗长、不得要领、纠缠细节或离题太远而影响谈判进程，这时可以借他停顿、间歇时提问。例如，当对方停顿时，可以借机提问："您刚才说的意思是？""细节问题我们以后再谈，请谈谈您的主要观点好吗？"

3）在议程规定的辩论时间提问

大型外贸谈判，一般要事先商定谈判议程，设定辩论时间。在双方各自介绍情况和阐述的时间里一般不进行辩论，也不向对方提问。只有在辩论时间里，双方才可自由提问、进行辩论。在这种情况下，要事先做好准备，可以设想对方的几个方案，针对这些方案考虑己方对策，然后再提问。

4）在己方发言前提问

在谈判中，当轮到己方发言时，可以在谈己方的观点之前，对对方的发言进行提问；不必要求对方回答，而是自问自答。这样可以争取主动，防止对方接过话茬，影响己方的发言。

3．提问的要诀

为了获得良好的提问效果，需掌握以下发问要诀。

（1）要预先准备好问题。
（2）要避免提出那些可能会阻碍对方让步的问题。
（3）不强行追问。
（4）既不要以法官的态度来询问对方，也不要接连不断地提问题。
（5）提出问题后应闭口不言，专心致志地等待对方作出回答。
（6）要以诚恳的态度来提问。
（7）提出问题的句子应尽量简短。

以上几点技巧，是基于谈判者之间的诚意与合作程度提出的，切忌将这些变成谈判者之间为了自己的利益而进行必要竞争的教条。

4．提问的其他注意事项

1）在谈判中一般不应提出下列问题
（1）带有敌意的问题。
（2）对方的个人生活和工作问题。
（3）直接指责对方品质和信誉方面的问题。
（4）为了表现自己而故意提问。

2）注意提问的速度

提问时说话速度太快，容易使对方感到你是不耐烦，容易引起对方的反感；反之，如果说话太慢，容易使对方感到沉闷、不耐烦，从而降低了提问的力量，影响提问的效果。

3）注意对手的心境

谈判者受情绪的影响在所难免。谈判中，要随时留心对手的心境，在认为适当的时候提出相应的问题。例如，当对方心情好时，常常会比较容易满足所提出的要求，而且会变得有些随意，会在不经意间透露一些相关的信息。此时，抓住机会，提出问题，通常会有所收获。

三、应答

在商务谈判中，有问就要有答。回答的难度要比提问的难度更大，其原因就是提问提得不准确还有机会经过修补后再进一步提问，而回答若是有失误就很难补救了。所以回答问题的能力是衡量谈判者谈判水平的另一个重要标志。

在回答问题之前，必须理解对方问题的真正含义，否则不能随便答复。在理解对方真实意图基础上，还应该进一步判断对方持有的强烈态度，以此来决定本方的回答方式和范围，哪些应该正面地回答，哪些应该做侧面的回答，哪些应该暂时不回答，哪些应该全部或部分地回答或者是拒绝回答。

回答问话的一些技巧如下。

1. 不要彻底回答

不要彻底回答就是指答话人将问题的范围缩小，或只回答问题的某一部分。有时对方问话，全部回答不利于我方。例如，对方问："你们对这个方案怎么看，同意吗？"，这时如果马上回答同意，时机尚未成熟，你可以说："我们正在考虑。关于付款方式只讲两点，我看是否再加上……"。这样就避开了对方问话的主题，同时也把对方的思路引到你的内容上来。

2. 不要马上回答

对于一些问话，不一定要马上回答。特别是对一些可能会暴露我方意图、目的的话题，更要慎重。例如，对方问："你们准备开价多少？"，如果时机还不成熟，就不要马上回答，可以找一些其他借口谈别的。或是给出开放式的、不置可否的回答。如产品质量、交货期限等。等时机成熟再摊牌，这样，效果会更理想。

3. 不要确切回答

模棱两可，弹性较大的回答有时很必要。许多谈判专家认为，谈判时针对问题的回答并不一定就是最好的回答。回答问题的要诀在于知道该说什么和不该说什么，而不必考虑所答的是否对题。例如，对方问："你们打算购买多少？"，如果考虑先说出订数不利于讲价，那么就可以说："这样根据情况而定，看你们的优惠条件是什么"，这类回答通常采用比较的语气，"据我所知……"、"那要看……而定"、"至于……就看您怎么看了"。

4. 使问话者失去追问的兴趣

在许多的场合下，提问者会采取连珠炮的形式提问，这对回答者很不利。特别是当对方有准备时，会诱使回答者落入圈套。因此，要尽量使问话者找不到继续追问的话题和借口。比如好的方法是：在回答时，可以说明许多客观理由，但却避开自己的原因。例如，"我们交货延期，是由于铁路运输……许可证办理……"，但不说本方可能出现的问题。

有时可以借口无法回答或资料不在，回避难以回答的问题，冲淡回答的气氛。此外，当对方的问题不能予以清晰、有条理的回答时，可以降低问题的意义，如"我们考虑过，情况没有你想的那样严重"。

🌐 知识链接

管理沟通技巧与方法

一、上下级的沟通

上下级的沟通也称为上下沟通。上下级沟通中要注意以下两个问题。

1. 在上司面前不找理由，而是要去找提高工作效率的方法

因为理由有千万种，而结果只有一个。所以在事情面前，我们一定要找出原因，下级可以虚心地向上司请教，切不可明知不会做，还要把事情做糟下去。因为每一个上级，他总希望自己的部属能力都很强，所以在教的时候他都是很乐意的。同样，当下级把一件事情做错的时候，要经得起上司的批评，不要由于被批评了，就觉得受了委屈，作为一个真正有所为的年青人，在批评中总会得到前所未有的经验。通过这一次批

评,下级以后便不会出现类似这样的错误,这于公司于下级都不是一件坏事,俗话说经不起挨骂的人是永远长不大的人。

2. 在下属面前,上级一定要倾听他们心里的声音

上级通过倾听可以知道下属心里所想。在知道自己下属的心里所想的前提下,上级还应该施加于教,做任何事,都是有一个过程,当下属对一件事不知所措的时候,作为一个上司,一定不要忽略了"教"。作为一个成功管理者,他下属应该是他管理中最结实的垫石,所谓"水涨船高",其意义就在于此。所以教会下属,是每一个管理者特别注意的问题,同时亦是与下级沟通工作中最有利的一种方式。

二、同级间的沟通

同级间的沟通也称为水平沟通。在工作中,同级间的关系比上下级的关系要常见得多。要处理好与同事的关系,要注意以下两个问题。

1. 同部门的同事关系沟通

作为同事,我们首先要清楚自己的工作职责。在一些公司里往往就是因为每个人的职责不分明,做事互相推诿。因此工作职责的不明确导致沟通不顺畅,这就需要上司能制定出明确的工作职责。另外,同事间在工作中经常有一些小摩擦是难免的,而这些小摩擦往往又是影响沟通的导火线。怎样处理好这些小摩擦让沟通朝正确的方向前进。我们必须先抱着共同面对工作的心态,因为只有调整了心态,沟通的时候只是对事不对人,小摩擦会很容易化解。在工作中,我们要经常热情地去找别人沟通,相信自己一定能与对方沟通好,把各项工作共同做好。有些事情与同事沟通后还无法解决,可以一起去找上司,那么工作一定会做得更好。

2. 不同部门的同事关系沟通

在上面说过,不管做什么,按流程,按制度,是处理好每一件事的前提,尤其在不同部门间的沟通,更能体现出这一点。在与其他部门的沟通中,第一,要注意级别差。所谓你有你的上级我有我的上级。在工作中出现问题,我们能够相互把工作处理好,不要找上司是最好不过的。如果两个人实在解决不了,便相互找自己的上司来商量,切不可不通过自己的上司,而且触起了对方对你的成见,同时对方的上司可以根本不会理会你。第二,在与其他部门沟通的时候,要以双方共赢为前提,在此过程中,不要正面去改变别人的观点,而是双方尽量寻找双方的共同点。这样沟通起来便如鱼得水,相互有个空间,最终达成满意的效果。

管理沟通过程中,除要注意语言的礼貌外,还要注意一些小节问题。比如级别,当发书面文件给同级的同事时,可以让自己的助理去送,但发给自己的上司,就必须亲自去送。这样一些小节问题,如果能顾全到,就可体现出个人的修养程度。所以平常加强个人修养,也是沟通成功的一个关键。总之,不管工作还是平常生活中,处理好沟通必须切实寻找双方的共同点,尽量避免双方的分歧点。

子任务三 进行一次非语言沟通

【知识目标】

- 掌握非语言沟通工具的类型和特点
- 理解并掌握沟通中的非语言沟通工具使用的技巧

【技能目标】

- 能运用沟通中非语言沟通的技巧进行沟通

【任务导入】

如果你是深圳××机械设备有限公司公共关系部经理，公司需要在2013年12月对生产线的喷涂技术进行改善。2013年12月中旬，东莞××机械（台湾）有限公司谈判组到达深圳。请你运用非语言沟通工具与对方谈判组进行一次谈判前的协商，了解对方的有关情况。

【任务分析】

该任务中主要涉及在沟通协商中非语言沟通工具的正确使用问题。美国传播学家艾伯特·梅拉比安曾提出一个公式：信息的全部表达=7%语调+38%声音+55%表情。人们把声音和表情都作为非语言交往的符号，那么沟通过程中信息沟通就只有7%是由言语进行的。

非语言沟通和语言沟通相互加强，但它们之间存在着明显的区别。语言沟通在词语发出时开始，它利用声音这个渠道传递信息，它能对词语进行控制，是结构化的，并且是被正式教授的。非语言沟通是连续的，通过声音、视觉、嗅觉、触觉等多种渠道传递信息，绝大多数是习惯性的和无意识的，在很大程度上是无结构的，并且是通过模仿学到的。

一、非语言沟通的含义

非语言沟通是相对于语言沟通而言的，是指通过身体动作、体态、语气语调、空间距离等方式交流信息、进行沟通的过程。在沟通中，信息的内容往往通过语言来表达，而非语言则作为提供解释内容的框架，来表达信息的相关部分。因此非语言沟通常被错误地认为是辅助性或支持性角色。伯贡与赛因指出："非语言交流是不用言辞表达的、为社会所共知的人的属性或行动，这些属性和行动由发出者有目的地发出，由接收者有意识地接受并可能进行反馈。"萨摩瓦认为："非语言交际指在一定环境中语言因素以外的，对输出者或接收者含有信息价值的那些因素。这些因素既可以人为生成，也可以由环境造成。"

二、非语言沟通的形式

1. 标记语言

如聋哑人的手语、旗语，交通警察的指挥手势，裁判的手势，以及人们惯用的一些表意手势，如"OK"和胜利的"V"等。再比如基督教的十字、伊斯兰教的新月、美元的$符号及许多现代企业的标志。

2. 动作语言

动作语言包括目光接触、面部表情、手势、体态和肢体语言、身体接触等。例如，饭桌上的吃相能反映出一个人的修养；一位顾客在排队，他不停地把口袋里的硬币弄得叮当响，这清楚地表明他很着急。

3. 物体语言

总把办公物品摆放很整齐的人，能看出他是个干净利落，讲效率的人；穿衣追求质地，不对所谓时尚盲从，这样的人的品位很高。

4．时空语言

时空语言即不同民族和文化有不同的时间观念、空间观念及相应的行为方式。例如，在时间上，德国人对准时赴约的要求近于苛刻，非洲一些国家的人却漫不经心，伊朗人甚至失约；美国人喜欢对未来做周密的时间安排，而伊朗人却无计划性。在空间上，英国人常常人在心不在，进行精神上的自我封闭；美国人办公实行"开门政策"，而德国人却实行"关门政策"。美国人处理人与人之间距离时有礼有节，而阿拉伯人却很"莽撞"。以上不同的行为习惯碰到一起必然发生冲突和碰撞。

三、非语言沟通的特点

1．无意识性

例如，与自己不喜欢的人站在一起时，保持的距离比与自己喜欢的人要远些；如果有心事，不自觉地就给人忧心忡忡的感觉。

正如弗洛伊德所说，没有人可以隐藏秘密，假如他的嘴唇不说话，则他会用指尖说话。一个人的非语言行为更多的是一种对外界刺激的直接反应，基本都是无意识的反应。

2．情境性

与语言沟通一样，非语言沟通也展开于特定的语境中，情境左右着非语言符号的含义。相同的非语言符号在不同的情境中会有不同的意义。同样是拍桌子，可能是"拍案而起"，表示怒不可遏；也可能是"拍案叫绝"，表示赞赏至极。

3．可信性

当某人说他毫不畏惧的时候，他的手却在发抖，那么人们更相信他是在害怕。英国心理学家阿盖依尔等人的研究认为，当语言信息与非语言信息所代表的意义不一样时，人们相信的是非语言信息所代表的意义。

由于语言信息受理性意识的控制，容易作假，人体语言则不同，人体语言大都发自内心深处，极难压抑和掩盖。

4．个性化

一个人的肢体语言，同说话人的性格、气质是紧密相关的，爽朗敏捷的人同内向稳重的人的手势和表情肯定是有明显差异的。每个人都有自己独特的肢体语言，它体现了个性特征，人们时常从一个人的形体表现来解读他的个性。

四、非语言沟通的功能

非语言沟通的功能作用就是传递信息、沟通思想、交流感情。归纳起来如下。

1．重复作用

使用非语言沟通符号重复语言所表达的意思或加深印象的作用。如人们使用自己的语言沟通时，附带有相应的表情和其他非语言符号。

2．替代语言

有时候某一方即使没有说话，也可以从其非语言符号比如面部表情上看出他的意思，这时候，非语言符号起到代替语言符号表达意思的作用。

3. 辅助作用

非语言符号作为语言沟通的辅助工具，又作为"伴随语言"，使语言表达得更准确、有力、生动、具体。

4. 调节与控制

调整和控制语言，借助非语言符号来表示交流沟通中不同阶段的意向，传递自己的意向变化的信息。

五、非语言沟通技巧

1. 目光

目光接触，是人际间最能传神的非语言交往。"眉目传情"、"暗送秋波"等成语形象地说明了目光在人们情感交流中的重要作用。

在销售活动中，听者应看着对方，表示关注；而讲话者不宜再迎视对方的目光，除非两人关系已密切到可直接"以目传情"。讲话者说完最后一句话时，才将目光移到对方的眼睛。这是在表示一种询问"你认为我的话对吗？"或者暗示对方"现在该轮到你讲了"。

在人们交往和销售过程中，彼此之间的注视还因人的地位和自信而异。推销学家在一次实验中，让两个互不相识的女大学生共同讨论问题，预先对其中一个说，她的交谈对象是个研究生，同时却告知另一个人说，她的交谈对象是个高考多次落第的中学生。观察结果，自以为自己地位高的女学生，在听和说的过程都充满自信地不住地凝视对方，而自以为地位低的女学生说话就很少注视对方。在日常生活中能观察到，往往主动者更多地注视对方，而被动者较少迎视对方的目光。

2. 衣着

在谈判桌上，人的衣着也在传播信息，与对方沟通。意大利影星索菲亚·罗兰说："你的衣服往往表明你是哪一类型，它代表你的个性，一个与你会面的人往往自觉地根据你的衣着来判断你的为人。"

衣着本身是不会说话的，但人们常在特定的情境中以穿某种衣着来表达心中的思想和建议要求。在人际交往中，人们总是恰当地选择与环境、场合和对手相称的服装衣着。谈判桌上，可以说衣着是谈判者"自我形象"的延伸和扩展。同样一个人，穿着打扮不同，给人留下的印象也完全不同，对交往对象也会产生不同的影响。

美国有位营销专家做过一个实验，他本人以不同的打扮出现在同一地点。当他身穿西服以绅士模样出现时，无论是向他问路或问时间的人，大多彬彬有礼，而且发问者本身看来基本上是绅士阶层的人；当他打扮成无业游民时，接近他的多半是流浪汉，或是来找火借烟的。

3. 体势

达·芬奇曾说过，精神应该通过姿势和四肢的运动来表现。同样，人际交往中，人们的一举一动，都能体现特定的态度，表达特定的含义。

人的体势会流露出他的态度。身体各部分肌肉如果绷得紧紧的，可能是由于内心紧张、拘谨，在与地位高于自己的人交往中常会如此。推销专家认为，身体的放松是一种信息传播行为。向后倾斜15°以上是极其放松。人的思想感情会从体势中反映出来，略微倾向于对方，表示热情和兴趣；微微起身，表示谦恭有礼；身体后仰，显得若无其事和轻慢；侧转身子，表示嫌恶和轻蔑；背朝人家，表示不屑理睬；拂袖离去，则是拒绝交往的表示。

我国传统是很重视在交往中的姿态，认为这是一个人是否有教养的表现，因此素有大丈夫要"站如松，坐如钟，行如风"之说。在日本，百货商场对职员的鞠躬弯腰还有具体的标准：欢迎顾客时鞠躬30°，陪顾客选购商品时鞠躬45°，对离去的顾客鞠躬45°。

如果在销售过程中想给对方一个良好的第一印象，那么首先应该重视与对方见面的姿态表现。如果和人见面时耷着脑袋、无精打采，对方就会猜想也许自己不受欢迎；如果不正视对方、左顾右盼，对方就可能怀疑销售的诚意。

4．声调

恰当自然地运用声调，是顺利交往和销售成功的条件。一般情况下，柔和的声调表示坦率和友善，在激动时自然会有颤抖，表示同情时略为低沉。不管说什么样话，阴阳怪气的，就显得冷嘲热讽；用鼻音哼声往往表现傲慢、冷漠、恼怒和鄙视，是缺乏诚意的，会引起人不快。

案例

有一次，意大利著名悲剧影星罗西应邀参加一个欢迎外宾的宴会。席间，许多客人要求他表演一段悲剧，于是他用意大利语念了一段"台词"，尽管客人听不懂他的"台词"内容，然而他那动情的声调和表情，凄凉悲怆，不由使大家流下同情的泪水。可一位意大利人却忍俊不禁，跑出会场大笑不止。原来，这位悲剧明星念的根本不是什么台词，而是宴席上的菜单。

5．礼物

礼物的真正价值是不能以经济价值衡量的，其价值在于沟通了双方的友好情意。原始部落的礼品交换风俗的目的是在双方之间产生一种友好的感情。同时，人们通过礼品的交换，同其他部落氏族保持着社会交往。人们在生日时收到鲜花，会感到很高兴，与其说是花的清香，不如说是鲜花所带来的祝福和友情的温馨使人陶醉，而自己买来的鲜花就不会引起人如此愉悦的感受。

在公关过程中，赠送礼物是免不了的，向对方赠送小小的礼物，可增添友谊，有利于巩固彼此的交易关系。在大多数场合，贵重的礼物不一定会使受礼者高兴。相反，可能因为礼物过于贵重使受礼者觉得过意不去，倒不如送点富于感情的礼物，更会使公关对象欣然接受。

6．时间

在一些重要的场合，有的重要人物往往姗姗来迟，等待众人迎接，以此显得身份尊贵。然而，以迟到来抬高身份，毕竟不是一种公平的交往，这常会引起对方的不满而影响彼此之间的合作与交往。

赴约一定要准时，如果对方约定7点钟见面，那么准时或提前片刻到达才能体现交往的诚意。如果8点钟才到，尽管口头上表示抱歉，也必然会使对方不悦，对方会认为不被尊重，而无形之中为以后的人际交往设下障碍。

文化背景不同，社会地位不同的人的时间观念也有所不同。如德国人讲究准时、守时；如果应邀参加法国人的约会千万别提早到达，因为法国人的时间观念不那么紧迫。有位驻非洲某国的美国外交官应约准时前往该国外交部，过了10分钟毫无动静，他要求秘书再次通报，又过了半个小时仍没人理会他，这位外交官认为是有意怠慢和侮辱他，一怒之下拂袖而去。后来他才知道问题出在该国人的时间观念与美国人不同，并非有意漠视自己。

7. 微笑

"相逢一笑泯恩仇"，可见笑的力量。英国某出版社出版的《百国旅游手册》中指出："访问日本的外国人必须懂得，日本人即使受到你的责备时，他仍会向你微笑，这并不说明他们无羞耻感，他们的想法是用微笑来使本来已很不愉快的事，稍微变得愉快一些。甚至，当日本人家中有人去世，你向他表示慰问，他也会微笑着向你道谢，这当然不是说日本人毫无心肝，亲人去世竟然不会哭，而是他们觉得不能因为个人的痛苦使别人感到烦恼。"

微笑能够创造快乐，在人际交往过程中，微微笑一笑，双方都从发自内心的微笑中获得这样的信息："我是你的朋友"，微笑虽然无声，但是它说出了如下许多意思：高兴、欢悦、同意、尊敬。

沟通是组织的生命线。上述内容比较理论化地给与了一定的论述。人与人之间的信息传播与文化背景、性格、气质、环境、职务和年龄等各方面的影响有关。东方人的隐晦、含蓄有时使沟通显得有"距离感"，但是，每个人的内心深处又渴望着及时沟通，这一对矛盾要靠后天的不懈努力才能解决。社会上成功人士尽管有不同的性格、气质等，但他们中的多数都善于沟通。沟通的理论很多，关键是要身体力行地去做。

知识链接

跨文化沟通应注意的问题

一、语言

跨文化沟通中大多用英语进行，而双方的母语往往又不都是英语，这就增加了交流的难度。在这种情况下，我们要尽量用简单、清楚、明确的英语，不要用易引起误会的多义词、双关语、俚语、成语。也不要用易引起对方反感的词句，如："to tell you the truth"，"I'll be honest with you..."，"I will do my best."，"It's none of my business but ..."。这些词语带有不信任色彩，会使对方担心，从而不愿积极与我们合作。跨文化交流的一个严重通病是"以己度人"，即主观地认为对方一定会按照我们的意愿、我们的习惯去理解我们的发言，或从对方的发言中我们所理解的意思正是对方想表达的意思。

最典型的例子就是"yes"和"no"的使用和理解。

(1) 有家美国公司和一家日本公司进行商务谈判。在谈判中，美国人很高兴地发现，每当他提出一个意见时，对方就点头说："yes"，他以为这次谈判特别顺利。直到他要求签合同时才震惊地发现日本人说的"yes"是表示礼貌的"I hear you"的"yes"，不是"I agree with you"的"yes"。实际上，"yes"这个词的意思是非常丰富的，除了以上两种以外，还有"I understand the question"的"yes"和"I'll considerate"的"yes"。

(2) "no"的表达方式也很复杂。有些文化的价值观反对正面冲突，因此人们一般不直接说"no"，而用一些模糊的词句表示拒绝。例如，巴西人用"somewhat difficult"代替"impossible"，没有经验的谈判者若按字面意思去理解，就会浪费时间，延缓谈判进程。因此，我们必须尽量了解对方的文化，对方的价值观和风俗习惯，只有这样才能正确无误地传递和接受信息。

为了避免误会，我们可用释义法确保沟通顺利进行。释义法就是用自己的话把对方的话解释一遍，并询问对方我们的理解是否正确，这样做的另一个好处是可以加深对方对这个问题的印象。

二、礼仪

礼仪在人们的交往过程中具有重要作用。首先，它可以沟通人们之间的感情，感受人格的尊严，增强人们的尊严感；其次，它有助于发展我国人民同世界各国、各地区人民的友谊。在涉外交往中，遵守国际惯例和一定的礼节，有利于我国的对外开放，有利于展现中国礼仪之邦的风貌；最后，健康、必要的礼仪可以赢得人们的尊敬和爱戴，广交朋友，避免隔阂和怨恨。如果一个人在日常生活、工作中，彬彬有礼，待人接物恰如其分，诚恳、谦恭、和善，就必定受到人们的尊重。

国际社交场合，服装大致分为礼服和便装。正式的、隆重的、严肃的场合着深色礼服（燕尾服或西装），一般场合则可着便装。目前，除个别国家在某些场合另有规定（如典礼活动，禁止妇女穿长裤或超短裙）外，穿着趋于简化。

在涉外交往中任何服装都应做到清洁、整齐、挺直。上衣应熨平整，下装熨出裤线。衣领、袖口要干净，皮鞋应上油擦亮。穿中山装要扣好领扣、领钩、裤扣。穿长袖衬衣要将前后摆塞在裤内，袖口不要卷起，长裤裤筒也不允许卷起。两扣西服上衣若系扣子，可系上边一个，若是一扣或多扣西服上衣。均应扣全。男同志在任何情况下均不应穿短裤参加涉外活动。女同志夏天可光脚穿凉鞋，穿袜子时，袜口不要露在衣、裙之外。

涉外交往中，在与外商谈话时表情要自然，语言和气亲切，表达得体。谈话时可适当做些手势，但动作不要过大，更不要手舞足蹈，用手指点人。谈话时的距离要适中，太远太近均不适合，不要拖拖拉拉、拍拍打打。

参加别人谈话要先打招呼，别人在个别谈话时，不要凑前旁听；有事需与某人谈话，可待别人谈完；有人主动与自己说话，应乐于交谈；发现有人欲与自己谈话，可主动询问；第三者参与谈话，应以握手、点头或微笑表示欢迎；若谈话中有急事需离开，应向对方打招呼，表示歉意。

三、禁忌与宗教信仰

在对外活动包括涉外商务活动中，禁忌是不得不考虑的事项，特别是东亚、南亚、中亚、北非这些宗教盛行的地区。了解一些国家的风土人情、习惯禁忌，对于与对方交流，准备把握对方的谈判思路，及时完成谈判任务，具有非常重要的作用。

1. 日本人

日本人的谈吐举止都要受到严格的礼仪约束，称呼他人使用"先生"、"夫人"、"小姐"等，不能直称其名。而且鞠躬是很重要的礼节，与日本人交换名片时，要向日方谈判班子的每一位成员递送名片，不能遗漏，日本人不喜欢有狐狸图案的礼品，他们把狐狸视为贪婪的象征。日本人忌讳"4"与"9"两个数字，因为日文中"四"与"死"发音相同，"九"与"苦"发音相同。日本人的宗教信仰比较复杂，按日本的传统，多数人信奉佛教和本国特有的神道教。

2. 美国人

美国人在饮食上一般没什么禁忌，除各种动物内脏之外，忌13日和星期五。对菜肴要求量少质高，用餐省时快速。美国人不喜欢谈个人私事，特别尊重个人隐私权。与美国人谈论无论在何种场合，必须说话谨慎，因为他认为你说的话是算数的。

在美国人口中，30%信奉基督教，20%信奉天主教。美国人过的宗教节日主要是圣诞节和复活节。此外，他们还过感恩节。很多美国人在感恩节时回家团聚。节日期间举行各种体育竞赛和文娱活动，晚上围着壁炉谈天说地，共享欢乐。

3. 东南亚人

新加坡人喜欢红、绿、蓝色，视黑色为不吉利；在商品上不能用如来佛的形象，禁止使用宗教用语。

印度视牛为神圣的动物，视孔雀为祥瑞，并将其视国鸟，喜欢红、黄、蓝、紫等鲜艳的色彩，不欢迎黑色和白色。

东南亚国家习俗、忌讳特别多。一般谈判时，不允许跷二郎腿。如果谈判者无意之中将鞋底朝向对方，则谈判宣告失败。东南亚人崇奉佛教文化，很多特征与中华民族相通，这得自于当地华人甚多这因素。

（资料来源：毛伟. 国际商务谈判中的跨文化问题及沟通技巧[J]. 商场现代化，2007（18），节选，有删改）

子任务四 撰写公共关系文书

【知识目标】

- 掌握商务信函的常用种类和格式
- 熟悉常见商务信函撰写的方法
- 掌握商务请柬的常用种类和格式
- 熟悉常见商务请柬撰写的方法

【技能目标】

- 能运用商务信函撰写的技巧撰写商务信函
- 学生能运用商务请柬撰写的技巧撰写商务请柬

【任务导入】

如果你是深圳××机械设备有限公司公共关系部经理，公司需要在2013年12月对生产线的喷涂技术进行改善。请你拟写一份商务信函请对方传真一份该生产线的相关情况，信函的收信人是东莞××机械（台湾）有限公司业务部人员张×，写信时间是2013年11月29日。另外，公司决定于2013年12月22日邀请东莞××机械（台湾）有限公司部经理张×到公司进行考察。请你拟写一份商务请柬。

【任务分析】

该任务中主要涉及商务信函和商务请柬撰写的问题。要完成该项信函和请柬的写作，首先熟悉商务信函和请柬的样本，了解商务信函和请柬写作的基本原则，掌握商务信函和请柬写作的技巧，理解商务信函和请柬的内容和格式。

一、商务信函

1．商务信函的概念

商务信函，简称为商函，是企业联系业务、商洽交易事项的信函。商务信函和公文函有较大的区别。公文函适用于不相隶属机关之间商洽工作，询问和答复问题，请求批准或答复审批等事项。而商务信函是不相隶属企业之间相互商洽、相互询问和答复的函件。商务信函是企业或企业的代表人按照惯例制作且用于交易磋商的函件。

2．商务信函的特点

1）内容单一

商务信函以商品交易为目的，以交易磋商为内容。不涉及与商品交易无关的事情。一文一事，即一份商务信函只涉及某一项交易。

2）结构简单

内容单一，篇幅较短，结构简单，体现实用性，便于对方阅读和把握。

3）语言简练、表达的准确性

商务信函以说明为主，直截了当，言简意赅。因涉及经济利益，任何的数字、用词等均要求准确无误。

4）格式的国际化

商务信函要按照国际通行的格式和国际惯例来制作。

3．商务信函的种类

商务信函基本上可以分为交易磋商函和争议索赔函两大类。

1）交易磋商函

交易双方就买卖商品或交易条件如品质、规格、数量、包装、价格、支付方式、交货、提货等进行协商，通过信函或电报、电传等方式磋商所形成的信函。使用交易磋商函的主要目的是：建立贸易关系、确定贸易方式、介绍一般交易条款、征求订货、要求报价、报价、商洽价格、商洽价格外其他交易条件、订购、寄购货合同、催货、通知出运和催提货等方面。

2）争议索赔函

争议发生过程中发生后索理赔过程使用的函。使用争议索赔函的主要目的是：交涉货品质量、要求支付货款、拒绝货款、要求赔偿、拒绝赔偿、理赔等方面。

4．商务信函的格式

商务信函一般由信头、标题、行文对象、正文、附件和生效标志6个部分组成。

1）信头

信头一般包括企业名称、地址、邮政编码、电话号码、电报挂号、传真号码等，有的还有商函编号，常用横线与其他部分隔开，有的商函信笺把信头内容写在最下端，也用横线隔开。英文信函的信头一般包括信函发出者的地址和发出时间，位于信笺的右上方。

2）标题

准确简要地概括商函的主要内容，标明文种名称，例如，关于调整××牌菜刀价格的函；关于要求支付××牌雨衣货款的函。外贸商函的标题一般用能够表达主旨的词语或短语点明事由即可，如事由：建立贸易关系。

3）行文对象

收函方的公司、商号名称（顶格写），有时写给对方领导，则需写明姓名和职务。商函的行为对象只有一个。

4）正文

正文包括发函缘由、发函事项、结束语等内容。

（1）发函缘由。初次给对方去函，可先作简单的自我介绍，使对方了解本企业的业务范围或产品情况；有过合作关系的，可先简述合作情况，以示亲近；对方频繁来往的，可直截了当说明发函目的，进入主旨；答复对方来函的，应先说明来文日期、来文事由。

（2）发函事项。根据不同的发函目的，或介绍情况，或告知事项，或说明具体情况，或提出解决问题的办法，或针对来函作出答复。如果事项较多，有几层意思，可分条写，以使眉目清楚。

（3）结束语。即对收文者的希望或要求，如希望对方同意，要求对方办理等。结束语表述要语气恳切，而索赔函有时要比较严正。有的商函用惯用语结束，如"特此函达""特此函复""此复"等。

5）附件

正文所附材料，在正文下左空两格标志附件：名称，如有两个以上则标序号，如"1. ……2. ……"名称后不加标点符号。附件应与商函一起装订，并在左上角第一行标志，如"附件1"。

6）生效标志

生效标志应该设在正文下或附件说明下。发文单位印章或签署（企业领导人签字或盖章，职务后空一个字签名），成文时间，直接关系到商函的时效，应完整写出年、月、日。外贸商函的成文时间有的写在信头部分。

5. 商务信函写作原则

为达到通过信函有效沟通的目的，有必要掌握写好国际商务函电的原则。一般地，商务信函有以下7个方面的写作规则，通常被称为"7C原则"。

1）清楚

清楚原则包括两个方面的内容，一是写信者在拟文前知道自己要写什么；二是对方收到信函时可以完全了解写信者要表达的意思，不会产生误解。这就要求写信者头脑清楚、条理清晰、表达准确，避免使用一些含混不清、模棱两可的词汇。

2）简洁

简洁是指用最少的语言表达最丰富完整的内容，并且不影响信函的礼貌性。简洁使信函更加简明有力。商务信函的格式要简明扼要，语言要通俗易懂，内容要精练丰富。这就要求写信者在行文过程中尽量选用单间、易懂、朴素的词汇，采用简洁、直接的句子。

3）准确

商务英语的信函与买卖双方的权利、义务、利害关系、企业形象等息息相关，是制作各种商业单据的依据，以及进行商业活动往来的重要凭证。准确无误是商务信函写作中最重要的原则。准确原则不仅指词汇、标点符号无误，语法使用、结构格式正确，还应确保信函所涉及的信息、数字、事实准确无误。因此，在进行商务信函写作中应反复审核相关信息，如：收信人的职称、姓名、地址、交货时间、地点、货物品质、颜色、尺码、单价、总价、包装等。

4）具体

具体原则是指信函中涉及的内容要言之有物，信息要翔实具体、丰富生动，表达要完整。商务信函写作中注意避免笼统的、含混不清的表达法。例如，"我将不久后把样品寄来"，该句不如改为"我将于两周内把样品寄来"。如果能再具体，那就更好了，例如，"我将于下周一把样品寄来"。

5）礼貌

为了建立、保持一个友好商务关系，商务信函往来一般要注意礼貌原则，以礼待人。礼貌原则不仅体现在使用"请"、"谢谢"等这些词汇上面，而且要在字里行间体现我国的外贸政策和外交礼节，做到不卑不亢、得体大方。具体的礼貌原则基本包括这样几个方面：遵守国际商务往来惯例；尊重对方风俗习惯；语言表达要客气，有分寸，避免使用命令口气；多用友好、肯定的语气，尽量用委婉语气指出对方不尽如人意的地方，复信要及时。

6）体谅

体谅是指以对方利益为出发点，站在对方的立场，周到、细致地考虑问题，以便得到对方的好感而达到所预期的目的。体谅原则是商务交往中为了促成交易所使用的一种技巧。

7）完整

一封完整的商务信函应该对对方提出的问题逐一回答，而且要对自己表达的重要信息说明清楚。信函的完整性有助于建立良好的企业形象，节省双方的商务往来时间而达到预期的效果，避免因重要信息不全而引起不必要的纠纷。

6. 常见商务信函的写作格式

1）推销商品函

标题：关于推销××商品的函

开头：突出产品的特点和优点

正文：介绍产品、证据、保用期或免费试用、价格合理性，在信的最后概括优点的句子中谈价格，可以与同类产品比较。

结尾：充满信心地呼吁，激发购买欲望。

【例10-1】

××夫人：

您可见过装进了罐头的新鲜桃子？

兹送上我们的一罐桃子样品，定让您大开眼界。

这样的桃子罐头，具有新鲜桃子那样的松脆、坚实、新鲜和香味。

它们生长在龙泉山的小河谷里，那里有从山上潺潺流下的溪水，灌溉着肥沃的土壤，我们用手小心地把它们采摘下来，洗净并消除掉上面的绒毛，将它们装在罐头瓶里。这样就可以保持它们的香味。

请您尝试一下吧！看它们与普通的桃子罐头有什么不同。注意，我们的桃子罐头的价格并不比其他的桃子罐头多一分钱。

××公司
××××年××月××日

2）希望建立关系函

开头：告知对方如何得知对方的经营范围和地址的，然后提出愿意建立业务关系，进行交易，希望与对方的合作。

主体：自我介绍企业性质，基本业务状况、经营范围、分支机构等，希望推销什么产品。

礼节性结尾。

【例10-2】

××公司：

我们从商会那里看到贵公司的名称和地址，得知贵公司有兴趣建立进出口商品的业务联系。

如果贵公司在本地尚无固定客户，希望考虑以本公司为交易伙伴。本公司原经营工业机械在本国的批发零售业务，由于最近在经营方面的变化，本公司在销售方面的政策也发生了变化。

本公司有多年的外贸经验，希望……

我们也愿意从贵国进口一两种优良产品，以有竞争力的价格在本国销售……

我们希望聆听贵公司的意见、要求及建议，以及如何才能使双方协力合作，互惠互利。此外，本公司愿意以收取佣金为条件充当贵公司在本国的采购代理。

恭候回音。

××公司
××××年××月××日

3）答复客户建立贸易关系函

开头：引用对方来函的日期。

正文：说明自己的态度意愿以及交代汇寄有关资料的情形。如果不能满足对方，要及时地婉转地说明原因，为以后可能的交易留有余地。

结尾：说明己方的明确打算。

【例10-3】

××经理：

1月21日来信暨附红茶推销方案一份均收悉。为了打开中国袋泡红茶在贵国市场的销路，贵公司已经进行了各项工作并制定了有关推销方案，对此表示赞赏。

对于贵公司推销红茶业务，我公司愿从多方面给予支持。首先，……由于我们双方还没有当面洽谈的机会，因而不能立即达成交易。我方期待您早日来访，共商发展业务之大计。

××进出口公司
××××年××月××日

4）询问函

向卖方要主要商品目录表、价目表、商品样品、样本等，也可以是发询问单或订单的方式询问某种商品的具体情况。

【例10-4】

××先生：

我公司对贵厂生产的绿茶感兴趣，需订购君山毛尖茶。品质：一级。规格：每包100克。望贵厂能就下列条件报价。

1．单价。

2．交货日期。

3．结算方式。

如果贵厂报价合理，且能给予优惠折扣，我公司将考虑大批量订货。

希速见复。

××公司
××××年××月××日

5）回复商业询问函

首先写明收到对方信函日期，并对对方信函的问题作出明确的回答，最后写上礼节性词语。

【例10-5】

××先生：

10月2日的信函收讫。我们很高兴随函附寄一份贵方索要的产品说明书和价目表。在准备这份最新的说明书时……

我们建议……

希望我们能有机会在任何方面给您提供服务，只要贵方愿意采用，我们将尽可能满足您的需要。

××敬上
××××年××月××日

6）报价函

卖方向买方提供商品的有关交易条件的信函。

开头：注明对方询价函的日期。

报价内容：产品的价格、结算方式、发货期、产品规格、可供数量、产品包装和运输方式等。

【例 10-6】

××公司：

贵方 11 月 11 日询价函收悉，谢谢。兹就贵方要求，报价详述如下。

商品：君山毛尖茶

规格：一级

容量：每包 100 克

单价：×元（含包装费）

结算方式：现金

交货日期：收到订单 10 日内发货

我方报价极具竞争力，如果贵方订货量在 1000 包以上，我方可按 95%的折扣收款。如贵方认为我们的报价符合贵公司的要求，请尽早订购。

恭候佳音。

××公司
××××年××月××日

7）交易磋商函

对商品的品质规格、包装、数量、保险、意外事故、索赔、仲裁等方面进行磋商。

【例 10-7】

××公司：

××月××日来函收悉。对贵公司要求与我公司建立业务关系的愿望，我们表示欢迎。从来函获悉贵公司对中国真丝绢花感兴趣，并希望了解该商品的有关情况及我方的贸易做法。现将我公司销售绢花的一般交易条款介绍如下。

品质规格：

包装：

数量：

付款：

保险：

不可抗力：

索赔：

仲裁：

如有任何疑问，请向我们提出。

××公司
××××年××月××日

8）接受函

开头：指出对方报价函日期

正文：接受对方报价，包括商品名称、规格、单价、数量、包装，以及结算方式、交货日期、地点。

【例 10-8】

××先生：

  贵厂 10 月 2 日的报价函收悉，谢谢。我方接受贵厂的报价，并乐意按贵厂提出的条件订货。

  商品：五粮液

  规格：特曲

  容量：每瓶 500 克

  单价：每瓶 200 元（含包装费）

  数量：100 瓶

  包装：标准纸箱，每箱 100 瓶

  结算方式：转账支票

  交货日期：××××年××月××日

  交货地点：××市火车站

  请速予以办理为荷。

××公司

××××年××月××日

9）催款函

  催款函需写明双方交易往来的原因、日期、发票号码、欠款金额、拖欠货款情况等，以及处理意见。

【例 10-9】

××公司：

  贵公司于××××年××月××日向我厂订购真丝衬衫××件，货款金额合计××××万元，发票编号为：××××。可能由于贵公司业务过于繁忙，以致忽略应付。故特致函提醒，请即解行结算，我厂银行账号：××××。逾期按银行规定，加收 0.2%的罚金。如有特殊情况，请即与我厂财务处王×联系。

  电话：××××××××，邮编：××××××，地址：××市××路××号

  特此函达。

××制衣厂

××××年××月××日

10）索赔函

  简单叙述争议或纠纷的发生、经过、结果，陈述对方的违约事实，说明索赔的理由，陈述对方违约给自己带来的损失，提出索赔要求。

【例 10-10】

××茶具厂：

  随函寄上××市××检验所的检验报告（2013）××号。报告所证明贵厂售出的玻璃茶具中，有一部分的质量明显低于贵厂所提供的样品，因此，特向贵厂提出不符合质量标准的货物按降低原成交价 30%的折扣处理。

  特此函达，候复。

  附件：××市××检验所检验报告

××公司

××××年××月××日

11）理赔函

理赔函写作要求：引述来函要点；分析对方索赔是否合理，提供的证据是否有效，索赔金额是否合理，索赔期限是否逾期；表明己方态度，提出处理意见。

【例 10-11】

××公司：

贵公司××××年××月××日函及货样收悉。对信中提到部分玻璃茶具的质量与样品不符一事，我方立即进行了调查，发现是由于装箱时误装了部分二等品。这是我方工作的疏忽，对此，我们深表歉意。因此，我方愿意接受贵公司的要求，部分质量不符的产品按降低成交价30%的折扣价处理。

我方保证以后将不再出现类似的失误。

特此函复。

××茶具厂
××××年××月××日

12）投诉处理函

投诉处理函写作要求：引述投诉的要点；表明己方的态度，提出处理意见。态度要真诚，语言礼貌得体，用词冷静平和，不管对方理由是否充分，都应对投诉表示接受，并且感谢对方的意见。

【例 10-12】

××先生：

××月××日来函收到，感谢您在信中提出我们工作的差错。由于我们工作的疏忽，未及时发货。对由此而给贵方工作带来的不便，我们深表歉意。我们已作安排，今天以加快方式将所订的货发往贵方。

我们保证今后不会出现类似情况，望能继续加强合作。

特此函复。

××公司
××××年××月××日

二、商务请柬

1. 商务请柬概述

请柬，又称为请帖、简帖。请柬是人们在节日和各种喜事中请客用的一种简便邀请信。是为邀请宾客参加某一活动时所使用的一种书面形式的通知。一般用于联谊会，与友好交往的各种纪念活动、婚宴、诞辰或重要会议等，发送请柬是为了表示举行的隆重。请柬通常也称作请帖。商务请柬是用于邀请有关单位或个人参加某种活动而发出的礼仪文书。

商务请柬的作用如下。

（1）使用商务请柬，既可以表示对被邀请者的尊重，又可以表示邀请者对此事的郑重态度。

（2）凡召开各种会议，举行各种典礼、仪式和活动，均可以使用请柬。

所以请柬在款式和装帧设计上应美观、大方、精致，使被邀请者体会到主人的热情与诚意，感到喜悦和亲切。

2. 商务请柬写作的文字要求

我国文化历史悠久，历来对语言文字的推敲十分重视，何况请柬是较庄重正式的一种文体，而且文字容量有限，所以要摒弃那些繁冗造作或干瘪乏味的语言。具体而言有如下几点。

（1）求其"达"，既要通顺明白，又不要堆砌辞藻或套用公式化的语言。

（2）求其"雅"，即要讲究文字美。请柬是礼仪交往的媒介，乏味的或浮华的语言会使人很不舒服。

（3）请柬文字尽量用口语，不可为求"雅"而去追求古文言。要尽量用新的、活的语言。雅致的文言词语可偶尔用一用，需恰到好处。

（4）整体而讲，要根据具体的场合、内容、对象、时间具体认真地措词，语言要文雅、大方、热情。

3．商务请柬的样式

请柬一般有两种样式：一种是单面的，直接由标题、称谓、正文、敬语、落款构成。一种是双面的，即折叠式；一为封面，写"请柬"二字，一为封里，写称谓、正文、敬语、落款等。

请柬的篇幅有限，书写时应根据具体场合、内容、对象，认真措词，行文应达。在遣词造句方面，有的使用文言语句，显得古朴典雅；有的选用较平易通俗的语句，则显得亲切热情。不管使用哪种风格的语言，都要庄重、明白，使人一看就懂，切忌语言的乏味和浮华。

4．商务请柬的结构

从撰写方法上说，不论哪种样式的请柬，都有标题、称谓、正文、敬语、落款和日期等。

1）标题

双柬帖封面印上或写明"请柬"二字，一般应做些艺术加工，即采用名家书法、字面烫金或加以图案装饰等。有些单柬帖，"请柬"二字写在顶端第一行，字体较正文稍大。

2）称谓

顶格写清被邀请单位名称或个人姓名，其后加冒号。个人姓名后要注明职务或职称，如"××先生"、"××女士"。

3）正文

另起行，前空两格，要写清活动内容，如开座谈会、联欢晚会、生日派对、国庆宴会、婚礼、寿诞等。写明时间、地点、方式。如果是请人看戏或其他表演还应将入场券附上。若有其他要求也需注明，如"请准备发言"、"请准备节目"等。

4）敬语

要写上礼节性问候语或恭候语，如"致以—敬礼"、"顺致—崇高的敬意"、"敬请光临"等。

5）落款和日期

写明邀请单位或个人姓名，下边写日期。

6）商务请柬写作的注意事项

请柬主要是表明对被邀请者的尊敬，同时也表明邀请者对此事的郑重态度，所以邀请双方即便近在咫尺，也必须送请柬。凡属比较隆重的喜庆活动，邀请客人均以请柬为准，切忌随便口头招呼，顾此失彼。请柬是邀请宾客用的，所以在款式设计上，要注意其艺术性，一张精美的请柬会使人感到快乐和亲切。选用市场上的各种专用请柬时，要根据实际需要选购合适的类别、色彩、图案。请柬要在合适的场合发送。一般来说，举行重大的活动，对方又是作为宾客参加，才发送请柬。寻常聚会，或活动性质极其严肃、郑重，对方也不作为客人参加时，不应发请柬。措词务必简洁明确、文雅庄重、热情得体。

案例

中秋茶话会请柬

××女士/先生：
　　兹定于9月12日晚7:00～9:00在市政协礼堂举行中秋茶话会，届时敬请光临。
　　此致
敬礼！

××市政治协商会
××××年××月××日

诗歌朗诵会请柬

××电视台：
　　兹定于5月4日晚八时整，在××大学学习堂举行"五四"青年诗歌朗诵会，届时恭请贵台派记者光临。

××大学团委会
××××年××月××日

座谈会请柬

××同志：
　　兹定于11月4日上午9点，在本社召开建社40周年座谈会。敬请光临指导。
　　致以敬礼。

××人民出版社
××××年××月××日

评析：以上3篇范文，范文一是政协邀请有关人士中秋聚会发份请柬，既庄重严肃，又显得喜庆和对知名人士的尊重。时间、地点和具体内容在短短的一句话中全部表达出来，显得简洁明确。范文二也是以团体的名义发出的，所不同的是该文的请邀对象不是要作为客人参加会议或聚会，而是要前往进行采访工作。这份请柬实际还起到了提供某种新闻信息的作用。语言上也是用语不多，却将所要告知的信息全部说出，简洁明快，不拖泥带水。范文三将请柬封面一并刊出，也是一个竖排形式的请柬。竖排是最为常用的形式，它符合中国人的文化传统。因此在购买已印制好的请柬时，可根据对方的具体情况选择合适的请柬版式。另外在书写请柬时，还应注意字体的大小疏密、排列等问题，务必做到美观大方。

7）使用商务请柬应注意的事项

（1）托人转递商务请柬是不礼貌的。商务请柬的递送方式很有讲究。一定注意不能托人转递，转递是很不礼貌的。商务请柬如果是放入信封当面递送，要注意信封不能封口，否则造成又邀客又拒客的误会。

（2）商务请柬中应避免出现"准时"的字样。在正文后可根据不同的情况采用"敬请光临"、"恭请光临"、"请光临指导"等结语。在一些商务请柬上时常可以看到"请届时光临"的字样，"届时"是到时候的意思，表示出邀请者的诚意。但是有些商务请柬把"届"改成了"准"字，这样就成了命令式，体现了邀请者的高高在上，对被邀请者的不尊敬，在商务请柬中应该避免出现这样的结语。

在当代的商务请柬中一般用"此致、敬礼"的祝颂语作最后致意。在文面的右下角签署邀请人的姓名。如果是单位发出的商务请柬，要签署主要负责人的职务和姓名，以主邀请人的身份告知对方。发文日期最好用汉字大写，以示庄重正式。

有些舞会、音乐会、大型招待会的商务请柬还写有各种附启语，如"每柬一人"、"凭柬入场"、"请着正装"等，通常写于商务请柬正文的左下方处。

（3）能否赴约都应以书面形式告知。

应邀信是被邀人接到主人的邀请信后，同意赴约而给主人的复函，古时也称"谢帖"。应邀信的发出，体现了被邀人对活动的重视和对主人的尊重。应邀信一般由称谓、正文、祝颂语、署名落款4部分组成，表明接受邀请的态度。最后以"我将准时出席"做结语。最后的祝颂语可用"祝活动圆满成功"等词语。

谢绝信是被邀请人收到邀请信后，因为某种原因不能应邀赴约而写给邀请人婉言谢绝的礼仪文书。从礼仪上讲，不管何种原因不能应邀赴约，一定要以书面形式及时告知邀请人，以体现尊重他人。从信中文字讲，更要字字讲究，句句谨慎，避免产生误解。

知识链接

外 贸 信 函

一、外贸信函的概念

外贸信函，即商贸英文书信，在中国又称为外贸书信，它是指外贸公司（企业）及其人员在对外贸易活动中，与涉外企业及其人员之间相互往来的以商贸交往为内容的各种英文信件。广义上的外贸信函还包括电报、电传、明信片以及各种商务报告书、广告词等。

外贸信函是外贸交往的重要工具，外贸人员不仅要懂得外贸英语，而且必须善于运用外贸英文与贸易伙伴进行书信交流。

外贸信函中最通用的格式是齐头式。主要特征就是每行均从左边顶格写，常常采用开放式的标点方式，即除了信文部分，其他部分在必要时才使用标点。信中各段落之间均空一行。外贸信函的结构主要包括：信头、编号（写信人的名字缩写）和日期、封内地址、事由、称呼、开头语、正文、结尾语、结束语、签名、附件等。

二、外贸信函范文

1. 要求对方付款信函

Dear Sirs

We have pleasure in advising you that your order of March 6 has been shipped today by M/Y 'Applol' from Tokyo.

Please find enclosed our invoice for $ 6182 and note that we have drawn on you for this amount at sight attaching the shipping documents to our draft.

As arranged, we have instructed our bankers to send the documents against payment of our draft which we recommend to your protection.

Yours faithfully

中文对照

敬启者

阁下3月6日订货已交由阿波罗轮承运，今天已从东京港启航，特此奉告。

现随函附上美金6182元汇票，开给贵方的汇票是见票即付期票，同时附上装船文件，敬请查收。

依照安排，现已指示我方银行发出我方汇票付款文件，对贵方是有利的。

×××敬上

2. 建立贸易关系

（1）我们愿与贵公司建立商务关系。

We are willing to eatablish trade relations with your company.

（2）我们希望与您建立业务往来。

Please allow us to express our hope of opening an account with you.

(3) 我公司经营电子产品的进出口业务，希望与贵方建立商务关系。

This corporation is specialized in handing the import and export business in electronic products and wishes to enter into business relations with you.

3．自我推荐

(1) 请容我们自我介绍，我们是……首屈一指的贸易公司。

Let us introduce ourselves as a leading trading firm in…

(2) 本公司经营这项业务已多年，并享有很高的国际信誉。

Our company has been in this line of business for many years and enjoys high international prestige.

(3) 我们的产品质量一流，我们的客户一直把本公司视为最可信赖的公司。

Our products are of very good quality and our firm is always regarded by our customers as the most reliable one.

(资料来源：http://baike.baidu.com)

 知识与技能检测

一、名词解释

1．非语言沟通。
2．倾听。

二、思考题

1．倾听的技巧包括哪些？
2．如何有效地进行口头沟通？
3．如何解读非语言传播的信号？
4．商务信函写作的原则有哪些？
5．使用商务请柬应注意哪些事项？

三、实训题

1．项目：运用沟通工具训练。
2．目的：沟通的基本方法和技巧。
3．内容：

（1）某学校新建办公培训大楼两座，拟采购电脑200台，××集团了解此信息后，特派出销售部精干人员组成谈判组来洽谈，请一方代表学校采购部，另一方代表××集团销售部。现请做一次谈判前的协商活动。

（2）深圳××机械设备有限公司业务部人员在2013年7月中旬的赣粤经济交流会上获悉江西赣州农机总公司需在2014年3月购进一批农机设备。现拟写一份希望建立业务关系函、一份报价函和一份交易磋商函。

4．组织：把全班同学分成8组并选出组长，分组谈判并撰写有关文书，教师作出点评并考核。

5．考核：教师根据各组谈判情况和文书撰写情况分别给出成绩并计入学生平时成绩。

参 考 文 献

[1] 廖为建. 公共关系学[M]. 北京：高等教育出版社，2000.
[2] 居延安. 公共关系学[M]. 上海：复旦大学出版社，2008.
[3] 杨丽敏. 公共关系理论与实务[M]. 北京：科学出版社，2008.
[4] 余明阳. 公共关系学[M]. 北京：北京师范大学出版社，2006.
[5] 何伟祥. 公共关系原理与实务[M]. 3 版. 大连：东北财经大学出版社，2009.
[6] 张践. 公共关系学[M]. 北京：中国人民大学出版社，2008.
[7] 朱晓杰. 公共关系理论与实训[M]. 北京：清华大学出版社，2009.
[8] 朱崇娴. 公共关系原理与实务[M]. 北京：高等教育出版社，2008.
[9] 罗建华，阿木尔. 公共关系学[M]. 北京：机械工业出版社，2006.
[10] 张锡东. 公共关系实用教程[M]. 北京：清华大学出版社，2008.
[11] 朱权. 公共关系基础与实务[M]. 北京：机械工业出版社，2008.
[12] 徐白. 公共关系[M]. 上海：同济大学出版社，2008.
[13] 严成根，王学武. 公共关系学[M]. 北京：清华大学出版社，2006.
[14] 毛经权. 沟通创造价值——优秀公关案例选集[M]. 上海：复旦大学出版社，2004.
[15] 张静容，张月娥. 新编公共关系实务[M]. 北京：北京大学出版社，2009.
[16] 金正昆. 社交礼仪教程[M]. 3 版. 北京：中国人民大学出版社，2009.
[17] 熊源伟. 公共关系学[M]. 3 版. 合肥：安徽人民出版社，2003.
[18] 熊经浴. 现代商务礼仪[M]. 2 版. 北京：金盾出版社，2009.
[19] 张佑青. 公共关系实务与礼仪[M]. 北京：中国对外经济贸易出版社，2003.
[20] 张萍. 公共关系实务[M]. 重庆：重庆大学出版社，2004.
[21] 汪磊. 新闻发布会在协调政府公共关系中的作用[J]. 改革与战略，2004(2)：48-53.
[22] 何春晖. 中外公关案例宝典[M]. 杭州：浙江大学出版社，2003.
[23] 徐秋儿. 现代应用写作实训[M]. 杭州：浙江大学出版社，2005.
[24] 郭海鹰. 与公关高手过招（公关锦囊168）[M]. 广州：华南理工大学出版社，2003.
[25] 方宪轩. 公共关系学教程[M]. 6 版. 杭州：浙江大学出版社，2005.
[26] 张岩松，等. 公共关系案例精选精析[M]. 2 版. 北京：经济管理出版社，2003.
[27] 谢红霞. 公关实训[M]. 大连：东北财经大学出版社，2008.
[28] 曾琳智. 新编公共关系学[M]. 上海：上海财经大学出版社，2005.
[29] 司爱丽，王祥武. 公共关系实用教程[M]. 北京：机械工业出版社，2010.
[30] 罗建华. 实用公共关系[M]. 北京：机械工业出版社，2009.
[31] [英]萨姆•布莱克. 公共关系学新论[M]. 陈志云，等译. 上海：复旦大学出版社，2000.
[32] [美]斯科特•卡特里普，等. 公共关系教程[M]. 明安香，译.8 版. 北京：华夏出版社，2001.
[33] [英]迈克尔•里杰斯特. 危机公关[M]. 陈向阳，等译. 上海：复旦大学出版社，1995.
[34] [澳]克里斯•科尔. 怎样说话才能打动人：智慧沟通的35 种策略[M]. 刘永俊，等译. 2 版. 北京：中央编译出版社，2005.

[35] [美]伦纳德·萨菲尔. 强势公关[M]. 梁浈洁,等译. 北京:机械工业出版社,2002.

[36] 新浪博客:http://blog.sina.com.cn/

[37] 新华网:http://news.xinhuanet.com/

[38] 中国公关网:http://www.chinapr.com.cn/

[39] 百度百科:http://baike.baidu.com/

[40] 智库文档:http://doc.mbalib.com/

[41] 公关一网通:http://www.prywt.com/

北京大学出版社第六事业部高职高专经管系列教材目录

书 名	书 号	主 编	定价
财经法规与会计职业道德	978-7-301-26948-0	胡玲玲，等	35.00
财经英语阅读（第2版）	978-7-301-28943-3	朱 琳	42.00
公共关系实务（第2版）	978-7-301-25190-4	李 东，等	32.00
管理心理学	978-7-301-23314-6	蒋爱先，等	31.00
管理学实务教程（第2版）	978-7-301-28657-9	杨清华	35.00
管理学原理与应用（第2版）	978-7-301-27349-4	秦 虹	33.00
经济法原理与实务（第2版）	978-7-301-26098-2	柳国华	38.00
经济学基础	978-7-301-22536-3	王 平	32.00
经济学基础	978-7-301-21034-5	陈守强	34.00
人力资源管理实务（第2版）	978-7-301-25680-0	赵国忻，等	31.00
Excel在财务和管理中的应用（第2版）	978-7-301-28433-9	陈跃安，等	35.00
财务管理（第2版）	978-7-301-25725-8	翟其红	35.00
财务管理	978-7-301-17843-0	林 琳，等	35.00
财务管理实务教程	978-7-301-21945-4	包忠明，等	30.00
财务会计	978-7-301-20951-6	张严心，等	32.00
财务会计实务	978-7-301-22005-4	管玲芳	36.00
成本会计	978-7-301-21561-6	潘素琼	27.00
成本会计（第2版）	978-7-301-26207-8	平 音，等	30.00
成本会计实务	978-7-301-19308-2	王书果，等	36.00
初级会计实务	978-7-301-23586-7	史新浩，等	40.00
初级会计实务学习指南	978-7-301-23511-9	史新浩，等	30.00
管理会计	978-7-301-22822-7	王红珠，等	34.00
会计电算化技能实训	978-7-301-23966-7	李 焱	40.00
会计电算化项目教程（即将第2版）	978-7-301-22104-4	亓文会，等	34.00
会计基本技能	978-7-5655-0067-1	高东升，等	26.00
会计基础实务	978-7-301-21145-8	刘素菊，等	27.00
会计基础实训（第2版）	978-7-301-28318-9	刘春才	30.00
基础会计教程与实训（第3版）	978-7-301-27309-8	李 洁，等	34.00
基础会计实务	978-7-301-23843-1	郭武燕	30.00
基础会计实训教程	978-7-301-27730-0	张同法，边建文	33.00
企业会计基础	978-7-301-20460-3	徐炳炎	33.00
税务会计实用教程	978-7-301-26295-5	周常青，等	37.00
商务统计实务（即将第2版）	978-7-301-21293-6	陈晔武	29.00
审计实务	978-7-301-25971-9	涂申清	37.00
审计业务实训教程	978-7-301-18480-6	涂申清	35.00
实用统计基础与案例（第2版）	978-7-301-27286-2	黄彬红	38.00
统计基础理论与实务	978-7-301-22862-3	康燕燕，等	34.00
统计学原理	978-7-301-21924-9	吴思莹，等	36.00
预算会计	978-7-301-20440-5	冯 萍	39.00
中小企业财务管理教程	978-7-301-19936-7	周 兵	28.00

个人理财规划实务	978-7-301-26669-4	王建花，等	33.00
保险实务	978-7-301-20952-3	朱丽莎	30.00
货币银行学	978-7-301-21181-6	王　菲，等	37.00
纳税申报与筹划	978-7-301-20921-9	李英艳，等	38.00
企业纳税计算与申报	978-7-301-21327-8	傅凤阳	30.00
企业纳税与筹划实务	978-7-301-20193-0	郭武燕	38.00
商业银行会计实务	978-7-301-21132-8	王启姣	35.00
商业银行经营管理	978-7-301-21294-3	胡良琼，等	27.00
商业银行综合柜台业务	978-7-301-23146-3	曹俊勇，等	30.00
税务代理实务	978-7-301-22848-7	侯荣新，等	34.00
新编纳税筹划	978-7-301-22770-1	李　丹	30.00
报关实务（第2版）	978-7-301-28785-9	槀云婷，等	35.00
报关与报检实务（第2版）	978-7-301-28784-2	农晓丹	39.00
报检报关业务	978-7-301-28281-6	姜　维	38.00
国际海上货运代理实务	978-7-301-22629-2	肖　旭	27.00
国际金融	978-7-301-21097-0	张艳清	26.00
国际金融实务（即将第2版）	978-7-301-21813-6	付玉丹	36.00
国际贸易结算	978-7-301-20980-6	罗俊勤	31.00
国际贸易实务	978-7-301-22739-8	刘笑诵	33.00
国际贸易实务	978-7-301-20929-5	夏新燕	30.00
国际贸易实务（第2版）（即将第3版）	978-7-301-26328-0	刘　慧，等	30.00
国际贸易实务	978-7-301-19393-8	李湘滇，等	34.00
国际贸易实务	978-7-301-16838-7	尚　洁，等	26.00
国际贸易实务操作	978-7-301-19962-6	王言炉，等	37.00
国际贸易与国际金融教程（即将第2版）	978-7-301-22738-1	蒋　晶，等	31.00
国际商务单证	978-7-301-20974-5	刘　慧，等	29.00
国际商务谈判（第2版）	978-7-301-19705-9	刘金波，等	35.00
国际市场营销项目教程	978-7-301-21724-5	李湘滇	38.00
国际投资	978-7-301-21041-3	高田歌	33.00
互联网贸易实务	978-7-301-23297-2	符静波	37.00
商务谈判	978-7-301-23296-5	吴湘频	35.00
商务谈判（第2版）	978-7-301-28734-7	祝拥军	30.00
商务谈判实训	978-7-301-22628-5	夏美英，等	23.00
商务英语学习情境教程	978-7-301-18626-8	孙晓娟	27.00
外贸英语函电	978-7-301-21847-1	倪　华	28.00
外贸综合业务项目教程	978-7-301-24070-0	李浩妍	38.00
新编外贸单证实务	978-7-301-21048-2	柳国华	30.00
ERP沙盘模拟实训教程	978-7-301-22697-1	钮立新	25.00
连锁经营与管理（第2版）	978-7-301-26213-9	宋之苓	39.00
连锁门店管理实务	978-7-301-23347-4	姜义平，等	36.00
连锁门店开发与设计	978-7-301-23770-0	马凤棋	34.00
连锁门店主管岗位操作实务	978-7-301-26640-3	吴　哲	35.00
连锁企业促销技巧	978-7-301-27350-0	李　英，等	25.00

书名	ISBN	作者	定价
秘书与人力资源管理	978-7-301-21298-1	肖云林，等	25.00
企业管理实务	978-7-301-20657-7	关善勇	28.00
企业经营ERP沙盘实训教程	978-7-301-21723-8	葛颖波，等	29.00
企业经营管理模拟训练（含记录手册）	978-7-301-21033-8	叶 萍，等	29.00
企业行政工作实训	978-7-301-23105-0	楼淑君	32.00
企业行政管理（第2版）	978-7-301-27962-5	张秋堃	31.00
商务沟通实务（第2版）	978-7-301-25684-8	郑兰先，等	36.00
商务礼仪	978-7-5655-0176-0	金丽娟	29.00
推销与洽谈	978-7-301-21278-3	岳贤平	25.00
现代企业管理（第2版）（即将第3版）	978-7-301-24054-0	刘 磊	35.00
职场沟通实务（第2版）	978-7-301-27307-4	吕宏程，等	32.00
中小企业管理（第3版）	978-7-301-25016-7	吕宏程，等	38.00
采购管理实务（第2版）	978-7-301-17917-8	李方峻	30.00
采购实务（第2版）	978-7-301-27931-1	罗振华，等	36.00
采购与仓储管理实务（第2版）	978-7-301-28697-5	耿 波	37.00
采购与供应管理实务（第2版）	978-7-301-29293-8	熊 伟，等	37.00
采购作业与管理实务	978-7-301-22035-1	李陶然	30.00
仓储管理实务（第2版）	978-7-301-25328-1	李怀湘	37.00
仓储配送技术与实务	978-7-301-22673-5	张建奇	38.00
仓储与配送管理（第2版）	978-7-301-24598-9	吉 亮	36.00
仓储与配送管理实务（第2版）	978-7-301-24597-2	李陶然	37.00
仓储与配送管理实训教程（第2版）	978-7-301-24283-4	杨叶勇，等	35.00
仓储与配送管理项目式教程	978-7-301-20656-0	王 瑜	38.00
第三方物流综合运营（第2版）	978-7-301-27150-6	施学良，高晓英	33.00
电子商务物流基础与实训（第2版）	978-7-301-24034-2	邓之宏	33.00
供应链管理（第2版）	978-7-301-26290-0	李陶然	33.00
进出口商品通关	978-7-301-23079-4	王 巾，等	25.00
企业物流管理（第2版）	978-7-301-28569-5	傅莉萍	39.00
物流案例与实训（第2版）（即将第3版）	978-7-301-24372-5	申纲领	35.00
物流成本管理	978-7-301-20880-9	傅莉萍，等	28.00
物流成本实务	978-7-301-27487-3	吉 亮	34.00
物流经济地理（即将第2版）	978-7-301-21963-8	葛颖波，等	29.00
物流商品养护技术（第2版）	978-7-301-27961-8	李燕东	30.00
物流设施与设备	978-7-301-22823-4	傅莉萍，等	28.00
物流市场营销	978-7-301-21249-3	张 勤	36.00
物流信息技术与应用（第2版）（即将第3版）	978-7-301-24080-9	谢金龙，等	34.00
物流信息系统	978-7-81117-827-2	傅莉萍	40.00
物流营销管理	978-7-81117-949-1	李小叶	36.00
物流运输管理（第2版）	978-7-301-24971-0	申纲领	35.00
物流运输实务（第2版）	978-7-301-26165-1	黄 河	38.00
物流专业英语（第2版）	978-7-301-27881-9	仲 颖，等	34.00
现代生产运作管理实务（即将第2版）	978-7-301-17980-2	李陶然	39.00